우　　촌
전　진　한
평　　전

우 촌 전 진 한 평 전

초판 1쇄 발행 2021년 12월 15일

지은이 │ 조규태
펴낸이 │ 윤관백
펴낸곳 │ 도서출판선인

등 록 │ 제5-77호(1998.11.4)
주 소 │ 서울시 마포구 마포대로 4다길 4(마포동 324-1) 곳마루 B/D 1층
전 화 │ 02) 718-6252 / 6257
팩 스 │ 02) 718-6253
E-mail │ sunin72@chol.com

정가 28,000원
ISBN 979-11-6068-640-1   93990

* 이 저서는 2015년 대한민국 교육부와 한국학중앙연구원(한국학진흥사업단)의
  한국학총서사업의 지원을 받아 진행된 연구임(AKS-2015-KSS-1230009)

우촌
전진한
평전

조규태 지음

도서
출판 선인

　우촌 전진한은 일제강점기 자유주의에 입각하여 협동조합운동과 신간회운동을 전개한 민족운동가이고, 해방 후 대한노총의 위원장으로 자유민주주의의 대한민국정부 수립에 기여하고 초대 내각의 사회부장관으로 활동한 정치가이다. 또 그는 제헌의원과 2·3·5·6대 국회의원으로서 노동자의 권익을 지키는 입법 활동을 하였고, 노농당, 민족주의민주사회당, 민정당, 민중당의 국회의원으로 이승만과 박정희 정권의 독재에 맞서 민중을 위한 자유협동주의의 민주사회를 구현하려 한 실천적 이상사회론자였다.

　그에 관한 연구는 일제강점기 민족주의 우파의 형성 과정과 교유 관계, 민족운동론과 정치사회관 등을 해명하는 데에 도움이 된다. 해방 후 이승만정권의 수립 배경에 대한 이해, 제1공화국과 제3공화국의 야권의 정당 활동에 대한 파악도 가능하다. 해방 직후부터 1970년대 초까지 우리나라 노동단체의 변화와 노동운동의 흐름도 그의 삶을 추적함으로써 밝혀질 수 있다.

전진한의 민족운동사적 위상이 높고, 민족운동·정치운동·노동운동에 대한 연구사적 가치가 크므로 이미 선학들이 그를 연구한 바 있다. 임송자는 전진한의 일제강점기 협동조합운동과 해방 후의 우익 노조 활동을 검토하였고, 이홍재는 전진한의 노동법 제정 활동에 대하여 연구하였다. 남시욱은 한국진보세력의 대표적 인물로 전진한과 노농당을 검토하였다. 또 김현숙은 일제하 민간 협동조합운동을 살피면서 전진한을 다루었고, 윤효원은 잡지에서 그의 자유협동주의에 대해 소개하기도 하였다.

그렇지만 자유를 근본으로 하면서도 구성원 간의 조화와 협동을 강조한 그의 신자유주의적 자율협동주의 사상의 형성 과정과 그 논리와 내용에 대해서는 거의 주목하지 못했다. 그가 대한민국정부 초대 내각의 사회부장관이 될 수 있었던 정치적 역할과 업적 및 그의 정치 활동의 사상적 기저를 알아보려는 시도도 부족했다. 야당의 지도자로서 이승만정권과 박정희정권에 맞서 민주화투쟁을 전개한 그의 험난한 정치 여정과 이것의 사상적 배경과 의미가 무엇인지에 대한 고민도 충분하지 않았다.

이런 연유에서 『우촌 전진한 평전』이 탄생하였다. 이 책은 크게 세 부분으로 구성된다. 제1부는 〈출생 및 성장과 일제강점기의 민족운동(1901~1945)〉이고, 제2부는 〈해방과 정부수립 직후의 정치 활동과 노동운동(1945~1952)이고, 제3부는 〈야당 정치인으로서의 정당 활동(1952~1972)이다.

제1부에서는 태어나서 서울과 일본에 유학하여 민족주의 우파와 교류하면서 민족주의와 자유협동주의 사상을 형성하고, 이에 입각하

여 일제강점기 신간회 동경지회 설립을 통한 민족운동과 협동조합운동사를 통한 협동조합운동을 전개하였음을 밝혔다. 제2부에서는 해방과 정부수립 직후의 정치 활동과 노동운동에 주목하였다. 여기에서는 그가 우파 정당과 정치단체와 청년단체와 노동단체 활동을 통해 대한민국정부의 수립과 이승만정권의 탄생에 기여하고 사회부장관으로 활동한 점을 고찰하였다. 아울러 제헌국회의원과 제2대국회의원으로 친노동자적 헌법과 노동법의 제정에 미친 그의 역할에 대하여 살펴보았다. 제3부에서는 1952년부터 1972년까지 그가 야당 정치인으로서 행했던 정당 활동에 대해서 살펴보았다.

이 책을 통하여 전진한의 인간존중의 심성과 털털한 면모, 민족과 민중을 위한 치열한 삶과 활동이 널리 알려지기를 기대한다. 아울러 노동자와 농민을 위한 그의 자율협동주의 사상이 자유민주주의와 사회민주주의의 간극을 줄여 국민통합을 이루게 하는 데 도움을 주었으면 하는 바람이다. 그와 함께 노동운동을 전개하고 발자취를 따라간 동지, 그리고 전진한과 애환을 함께했던 가족과 친지에게도 작은 기쁨이 되었으면 한다.

우촌 전진한 평전이 나올 수 있었던 것은 무엇보다 〈대한민국정부 초대 내각의 각료 평전〉 연구팀원의 도움이 컸다. 애산 이인, 철기 이범석, 상산 김도연을 연구한 중앙대의 김인식 교수와 숭실대의 황민호 교수와 독립기념관의 김형목 박사는 연구기획과 연차보고와 최종보고의 작성을 함께했다. 용어와 개념을 정립하고, 활동의 실제를 규명하고, 의미를 파악하는 등 힘든 과정이었지만 함께해서 즐거웠다.

다음으로 앞서 전진한을 연구한 성균관대 동아시아역사연구소 임송자 책임연구원은 자문을 통해 『우촌 전진한 평전』의 완성도를 높이는 데 많은 도움을 주었다. 이 자리를 빌려 감사드린다.

자료의 수집과 검토 등을 통해 도움을 준 한성대학교의 대학원생 권영수와 유상수 박사, 국가기록원의 박종연 선생의 고마움도 잊을 수 없다. 특히, 수업을 듣느라 바쁨에도 불구하고 국립중앙도서관 등을 다니며 회고록을 복사해준 권영수 선생에게 재차 감사를 표한다.

마지막으로 이 책은 출판사의 도움이 없었다면 결코 출간될 수 없었다. 바쁜 일정에도 불구하고 간행을 맡아 준 도서출판 선인의 윤관백 사장과 편집팀, 표지디자인을 해준 국학자료원에도 감사의 마음을 전한다.

2021년 12월 1일
낙산에서 저자 조규태

제1부 출생 및 성장과
일제강점기의 민족운동(1901~1945) / 21

전진한은 자유협동주의의 민족운동가이고, 민족주의 우파의 정치인이자 노동운동가이며, 독재정권에 맞선 야당의 정치인이다. 3 · 1운동 후 일본의 와세다대학에 유학한 전진한은 신자유주의적 자유협동주의를 수용하고 1920~30년대 협동조합운동을 통하여 농민의 경제적 상태를 개선하는 한편 신간회에 참여하여 소위 비타협적 민족운동을 전개하였다. 해방 후에는 자유주의에 입각한 민족주의 우파의 한민당과 독립촉성중앙협의회, 대한독립촉성전국청년총연맹과 대한독립촉성노동총연맹 활동에 의하여 대한민국정부의 수립과 이승만정권의 탄생에 기여하였다. 또 초대와 2대 국회의원으로 헌법에 친노동자 조항을 반영하고 노동법을 제정하여 노동자와 농민의 권익을 옹호하였다. 1953년부터 1972년 사망하기까지 노농당, 민족주의민주사회당, 민정당, 민중당 등 야권의 정치지도자로 여당의 비민주적 독재와 부정과 불법에 항거하였고, 자유주의 민족 · 민주세력을 민족주체세력으로 삼아 국가의 발전과 민족의 통일을 이루려 하였다.

이처럼 일제강점기, 해방공간, 제1공화국부터 3공화국까지 민족운동, 정치 활동, 노동운동 등 다양한 활동을 전개하였기에, 전진한은 한국근현대사 연구에 있어 가치 있는 대상이다. 첫째 1920년대 민족주의 우파의 형성 과정과 인맥과 사상과 협동조합운동과 신간회운동 등의 활동을 파악하는 데 도움이 된다. 둘째 해방 후 청년운동과 노동운동을 통해 이승만과 김성수 등의 민족주의 우파가 정권을 장악할 수 있었던 배경을 밝히는 데에도 기여할 수 있다. 셋째 대한노총의 결성 배경과 세력 관계와 변천 과정, 국제노동연맹과의 연계활동 등을 규명하는 데에 도움을 줄 수 있다. 넷째 이승만정권과 박정희정권에 맞서 민주화투쟁을 전개한 야권의 동향을 밝히는 데에도 도움이 된다.

이처럼 전진한이 우리의 민족운동사에서 차지하는 위상이 높고, 그의 연구가 우리 근현대사의 규명과 이해에 도움이 되므로, 그는 연구자들의 관심의 대상이 되어 왔다. 지금까지 이루어진 전진한에 대한 연구는 크게 네 부류로 나뉜다. 첫째 그의 생애와 활동을 전반적으로 다룬 연구이다.[1] 전진한의 아들 전창원이『매일경제신문』등에 연재된 전진한의 회고록을 재구성해 놓은 측면이 강하다.

둘째 일제강점기 전진한의 협동조합운동에 관한 연구이다.[2] 임송자의 연구가 대표적이다. 임송자는 전진한의 동경 유학과 동경에서의 협동조합운동사 조직과 이후 국내에서의 강연과 협동조합 설립 활동에 대하여 검토하였다. 조형열은 전진한의 활동에 초점을 두지 않았지만 협동조합운동사 설립의 주도층이 전진한과 같이 와세다대학 출신과 한빛 구성원이 중심을 이루고 있음을 밝혔다. 김현숙은 일제하 민간협동조합운동을 전반적으로 다루면서 전진한의 협동조합 운동사에 대해 검토하였다.

셋째 전진한의 입법 활동에 대한 일련의 연구이다.[3] 이흥재는 전진한의 헌법상의 이익균점권, 노동법, 노동조합법에 담겨 있는 그의 사회법 사상을 높이 평가하였다. 그는 전진한의 정치이념을 자유협동주의에 기초한 민족통일의 지향으로 보고 있다. 그는 전진한이 '자주국가 수립과 균등사회 건설'의 건국이념, '민주주의와 공산주의를 초극·지양한 사상적 통일'의 민족통일관, '압박과 착취가 없는 최이상적 국가 건설'의 국가관을 가졌다고 보았다. 그리고 그는 전진한이 '이익균점권'에 입각하여 노자일치(勞資一致)의 관념으로 자유평등 사회를 실현하려 하였고, 개인과 사회의 원융을 지향한 자유협동주의 사상을 가졌다고 보았다.

넷째 전진한의 대한노총 등의 단체와 노농당 등의 정당 활동에 관한 연구이다.[4] 임송자는 해방 후 전진한이 대한독립촉성전국청년총연맹 위원장이나 민족통일총본부 노동부장, 대한노총 위원장으로 이승만-한민당세력에 참여하여 활동할 수 있었던 배경을 일제강점기 고학생활 중 김성수, 송진우와 만난 인연, 동경유학을 통한 인맥 형성, 반공주의에 입각한 철저한 신념으로 신간회 동경지회를 둘러싸고 공산주의자와 투쟁한 점 등에서 찾았다. 대한노동총연맹의 위원장인 전진한이 조선방직회사쟁의와 관련하여 이승만과 대립하고, 대한노총 내에서의 세력 간 대결에 패해 대한노총에서 지도력을 상실하는 과정을 잘 밝혔다. 남시욱은 한국진보세력에 대한 연구를 하면서 전진한의 남노당에 대해 아주 간략히 언급하였다.

이러한 연구를 통하여 전진한의 협동조합운동과 입법 활동, 대한노총에 대한 부분이 어느 정도 해명되었다. 그렇지만, 그의 출신 배경, 그가 와세다대학에 유학할 수 있었던 배경, 일본에서 다닌 학교와 그 교육 체계, 수업 내용과 교유 관계 등에 대한 것은 분명히 연구되어 있지 않다. 그리고 그가 협동조합운동과 신간회운동을 전개한 배경과 그의 지지세력에 대해서는 아직 검토의 여지가 있다고 판단된다. 또한 해방 후 전진한이 대한독립촉성중앙회와 대한독립촉성전국청년총연맹과 대한독립촉성노동총연맹 등을 통해 대한민국과 이승만정부의 수립에 기여한 역할도 검토의 대상이다. 그리고 대한노총의 최고위원에서 낙선하여 지도력을 상실한 후, 그가 민주당과 진보당에 참여하지 않고 독자적으로 노농당을 결성한 배경 및 이와 관련된 그의 정치사회관과 그 토대로서의 자율협동주의도 더 규명해야 할 부분이다. 또한 제1공화국 시기에 창당한 노농당과 민족주의민주사회당, 제2공화국 시기에 조직한 한국사회당, 제3공화국 시기에 조직하거나 가입한 민정당과 민중당과 신민당과 한독당 내에서의 그의 활동과 역할과 의미도 검토의 여지가 있다고 판단된다.

이 평전에서는 첫째 전진한의 출신 배경, 품성, 민족주의사상의 형성, 일본에서의 수학 경로와 교육과정과 그에게 영향을 미친 인물과 사상, 교우관계와 동지 등에 대하여 고찰하고자 한다. 그리고 이에 기반하여 그가 전개하였던 협동조합운동과 신간회운동에 대하여 살펴보겠다. 둘째 해방 후 청년운동과 노동운동과 입법과 행정 활동 등을 통해 그가 대한민국과 대한민국정부 수립에 기여하였음을 밝히려한다. 셋째 이승만정권과 박정희정권의 독재와 반민주적 정치행태에 맞서, 정당과 정치단체를 조직하여 벌인 그의 민주적·친노동자적 정치 활동을 검토하려고 한다. 여기에서는 노동당·민족주의민주사

회당·민정당 등의 활동과 그의 자유협동주의의 논리와 내용에 대해
서 검토하려고 한다.

제1부

출생 및 성장과 일제강점기의
민족운동(1901~1945)

제1장

문경 향리 집안 출신의
농부의 아들

1. 문경 향리 집안의 출신

우촌(牛村) 전진한(錢鎭漢)은 1901년 음력 11월 5일 경북 문경에서 문경(聞慶) 전씨(錢氏) 전석기(錢晳起, 1879~1955, 자 京俊)와 상산(商山) 박씨 박성악(朴城岳, 1880~1968) 사이에서 차남으로 출생하였다. 그보다 세 살 형으로 준한(俊漢, 호 牧村)이 있었고, 동생으로 도한 (道漢, 1908~1978)과 우홍(雨洪)이 있었다.[1]

전진한의 집안은 향리 출신이었다. 고조부인 순모(淳模, 1792~1857, 자 浩汝)는 문경지역의 안일호장(安逸戶長)을 지냈다. 향리직의 우두 머리인 호장(戶長)은 부호장(副戶長)과 함께 향리들이 수행하던 실무 행정을 총괄하던 자리였는데, 70세가 되어 이 호장을 물러나 받던 직 위가 안일호장이었다. 그가 안일호장을 지낸 것으로 보아 이 지역에 서 상당한 영향력을 행사하였음을 알 수 있다. 그는 통정대부(通政大

夫)라는 정3품 상계의 품계와 호조참판(戶曹參判)이란 증직(贈職)을 받았고, 안동 권씨 부인도 정3품 당상관의 아내에게 주는 숙부인(淑夫人)이란 봉작(封爵)을 받았다.

증조부인 이권(履權, 자 士綬, 1808~1853)도 문경에서 안일호장(安逸戶長)을 지냈다. 그는 종2품의 가선대부(嘉善大夫)라는 종 2품의 품계와 호조참판(戶曹參判)이란 증직(贈職)을 받았고, 부인 경주 이씨도 2품의 부인에게 주던 정부인(貞夫人)이란 봉작을 받았다. 이권(履權)은 승종(承宗, 1825~1845)과 약우(若雨, 1827~1891)라는 두 아들이 있었는데, 장남인 승종이 21살에 요절하여 향리의 직은 차자(次子)인 약우가 계승하였다. 약우는 가선대부(嘉善大夫)라는 종2품의 품계와 동지중추부사(同知中樞府事)라는 증직을 받았고, 그의 본부인(嫡妻)인 상산(商山) 박씨는 정부인(貞夫人)이란 2품의 봉작(封爵)을 받았다.

조부인 약우(若雨)의 향리직을 계승한 사람은 그의 장남으로 요절한 형 승종(承宗)의 양자로 간 문기(文起)였다. 문기는 가선대부(嘉善大夫)라는 종2품의 품계와 동지중추부사(同知中樞府事)라는 증직을 받았고, 그의 부인 경주(慶州) 이씨는 정부인(貞夫人)이란 2품의 품계를 받았다.

전진한의 아버지 석기(晳起)는 향리인 약우(若雨)와 세 번째 부인 함녕(咸寧) 김씨 사이에서 난 아들이었다. 전석기의 출생 시 아버지의 나이는 57세였고, 어머니 함녕 김씨의 나이는 40세였다.[2] 그러니까 전진한은 향리 집안의 비향리(非鄕吏) 아들의 차남이었던 것이다.

그의 출생지는 그의 집안이 향리였던 점으로 미루어보면 문경군 문경읍[3]이었을 것으로 짐작된다. 문경읍은 조선시대에 부산에서 서울로 올라오는 영남대로 상의 한 도읍으로 문경새재(鳥嶺)를 넘기 전에 위치한 교통과 방어의 요지였다. 읍의 치소는 문경읍 상리(上里)에 위치하였다.[4] 전진한 아버지의 묘소가 읍의 치소인 상리(上里)에 위치한 것[5]으로 보면, 전진한의 출생지는 문경읍 상리 혹은 그 인근이었을 것으로 판단된다.

2. 가난한 농부의 아들

전진한은 소년시절 "아버지와 어머니는 자애스러웠지만, 극빈한 가정에 태어나서 빈한의 고통이 무엇인지를 맛보았다."[6]고 하였다. 아버지가 향리 집안의 아들인데 전진한이 아주 극심한 가난의 고통을 맛보았다는 것이 선뜻 이해되지 않는다.

이것이 사실이라면, 전진한의 아버지 혹은 할아버지가 특별한 사건을 겪었음에 틀림없다. 이와 관련하여 전진한의 할아버지 전약우(錢若雨)가 1876년 9월에 '조령의 소나무를 벤 죄'(鳥嶺斫松罪)로 1,500냥의 벌금을 낸 사실[7]이 확인된다. 이 돈은 쌀 300석을 살 수 있을 정도로 엄청나게 큰돈이었다. 따라서 전진한의 할아버지 전약우는 이 돈을 내느라고 경제적으로 심한 타격을 입었음에 틀림이 없다. 그리고 전진한의 삼촌인 전문기(錢文起)도 향리직을 유지하기가 쉽지 않았을 것 같다.

전진한의 아버지 전석기는 1896~7년경 상산(商山) 박씨를 배필로 맞았다.[8] 대대로 문경에서 향리로 생활해온 지식인의 집안이었기에, 전석기는 집안이 쇠락하였음에도 불구하고 함창군 오사리에 살고 다소 여유가 있는 상산 박씨의 딸과 결혼할 수 있었던 것 같다.

세 살 때이던 1903년 전진한은 외가가 있던 함창군(咸昌郡) 현내면(縣內面) 오사리로 이사하였다. 이곳은 문경군 상리에서 소백산 남쪽으로 30㎞ 정도 떨어진 평야지대였다.[9]

아버지가 소작할 땅을 얻기 위하여 처가살이 겸 그곳으로 옮기게 된 것이다. 전진한은 집의 양식이 넉넉하지 않아서 형과 같이 외가에서 숙식을 해결한 경우가 많았다고 회고하였다.[10]

힘든 시기였지만, 이 시절이 전진한에게 부정적인 영향만 미친 것은 아니었다. 이는 다음과 같은 그의 회고를 통하여 알 수 있다.

> 결국 나의 소년시절은 부모의 자애 속에서 자라났다고 하겠지만 극빈한 가정에 태어나서 빈한의 고(苦)가 무엇인가를 맛보았다.
> 나는 성격상 모순성이 남보다 심한 것 같다. 낙관적이며, 평화적이며, 다른 사람과 타협하기를 좋아하는 성격을 가져서 사람들이 나를 호인으로 본다. 그런 반면에 나의 주관세계는 너무나 강하고 또 그 폭도 꽤 넓은 모양이다. 그래서 독구쟁이의 성격이 다분히 있고 요즈음 말로 표현한다면 주관적 이상주의자인 '돈키호테'식 성격의 소유자라고 보이는 일면도 있다. 나의 이와 같은 성격은 나의 60평생을 끊임없이 투쟁의 인생으로 만들어 놓은 이유인가도 싶다.[11]

즉, 위와 같이 전진한의 어렸을 적의 가난한 생활은 그가 자기의 고집대로 실천하고, 악착스럽게 역경을 극복하는 원동력이 되었던 것이다.

3. 소년의 꿈

전진한이 어려서 어떠한 공부를 하였는가는 자세히 알 수 없다. 다만, 그가 상경할 때 『대학(大學)』을 갖고 올라왔고, 올라와서도 『대학』
과 『채근담(菜根譚)』 등의 수양서를 열심히 읽었던 점을 통해서 보면
한학을 배웠던 것으로 보인다.[12] 향리 집안 출신의 아들로서 너무나
자연스러운 행보였다.

어렸을 적에 그에게 큰 영향을 미친 인물은 세 살 형인 준한(俊漢)
이었다. 전준한은 전진한과 외모가 닮았을 뿐만 아니라, 성격과 사고
방식과 이상도 그와 유사하였다. 따라서 전진한은 형과 함께 자주 꿈
과 이상에 대해 이야기하였고, 이의 실현을 위해 함께 웅변 연습도
하였다.[13]

어릴 적 전진한의 꿈은 위인이 되는 것이었다. 그가 꿈꾼 위인은
공자, 예수, 석가와 같은 사상계 혹은 종교계의 비조였다. 그는 이들
을 단지 목표로 지향한 것만이 아니라, 충분히 이 정도의 인물은 될
수 있다고 자신하였다.[14]

전진한이 지향한 공자와 예수와 석가는 한 나라의 통치자나 장군
이 아닐 뿐만 아니라 특정한 신분과 계급의 이익을 추구한 사람도 아
니었다. 이들은 유교, 기독교, 불교와 같은 새로운 보편적인 사상으
로 한 나라를 넘어 세계 여러 나라의 사람들을 변화시킴으로써 새로
운 세계를 만든 사람들이었다. 이것으로 볼 때, 전진한은 특정한 계
급이나 집단만이 아닌 모든 사람들이 어울려 행복한 삶을 누릴 수 있
는 이상적 사회를 만들려는 꿈을 갖고 있었고, 그에게는 이를 달성할
수 있다는 자신감도 충만하였다. 이러한 그의 꿈은 신분적 한계로 출
세가 제한될 수밖에 없던 향리 출신의 인물에게 형성된 '트라우마'의
승화였다.

제2장

서울 상경과
꿈 많은 고학생

1. 함창공립보통학교의 늦깎이 학생

전진한은 15세이던 1915년 함창에서 보통학교에 입교하였다고 한다.[1] 이 학교는 1912년 함창읍에 설립된 함창공립보통학교로 짐작되는데[2], 당시 전진한은 1학년이 아닌 2학년으로 입교하였다. 이는 그가 어려서 한문을 배웠기에, 학교 당국이 그의 수학능력을 인정한 때문으로 생각된다. 보통학교는 8세 이상이면 입학이 가능하였으므로, 전진한은 자기보다 한참 어린 학생들과 공부를 해야만 하였다.

전진한은 함창공립보통학교에서 수신, 국어(일본어), 조선어 및 한문, 산술, 이과, 창가, 체조, 도화, 수공 등의 과목을 배웠을 것이다. 이는 일본어와 도덕, 보통의 지식과 기능 등 국민을 양성하기 위한 기초적인 교육이었다.[3]

한편, 전진한은 보통학교 시절 자기의 형인 전준한과 웅변연습을

하였다. 그리고 어떠한 영웅이 될지 꿈꾸어 보고, 이의 실현을 위해 나름대로의 수련도 하였다.[4)]

1917년 봄 4학년에 진학하자 그는 함창공립보통학교의 교육 내용에 만족하지 못하였다. 그는 우리 민족의 처지를 보건대, 자신도 우리 민족의 독립을 위해 무슨 일이든 해야 할 것 같은 생각을 하였다고 한다.[5)] 청년 전진한은 우리 민족의 현실을 깨닫고, 민족 문제를 해결하기 위한 방안을 자기 나름대로 모색해보았던 것이다.

2. 원대한 꿈을 품고 서울로

그는 1917년 봄 상주를 떠나 서울로 올라왔다. 이는 중국에 가서 고학하여 우리 민족을 구출하는 데 이바지 하겠다는 큰 뜻에서 비롯되었다.[6)]

서울에 올라온 전진한은 경북 상주에 거주하던 강참봉의 소개장을 갖고 강판서댁을 찾았다. 그러나 전진한은 냉대를 받고 하룻밤도 자지 못하고 나와야만 하였다.[7)]

이후 전진한은 고향 학생의 소개로 계동에서 학생을 하숙하던 고향선배를 찾아갔다. 그 선배는 우리나라부터 알고 가라고 말하며 간곡히 중국행을 만류하고, 자신의 집에서 사환으로 일할 것을 제의하였다. 숙소도 정하지 못하여 곤란한 처지에 있던 전진한은 선배의 제의를 순순히 받아들였다.[8)]

이 결정에 따라 서울의 계동에 머무르고 있을 때, 전진한은 형 전준한(錢俊漢)으로부터 10여조의 교시를 받았다. 대표적인 조항은 첫째 3년 이내에 명예를 경성에 떨칠 것, 둘째 큰 뜻(大志)을 절대 남에게 누설하지 말 것, 셋째 건강에 특히 주의할 것, 넷째 영어 중국어 등 어학에 힘쓸 것 등이었다.[9] 이 가르침에 따라, 전진한은 경성에서 큰 뜻을 품고 어려운 처지이지만 최고의 인물이 되기 위해 영어와 중국어를 배우는 등의 각고의 노력을 행하였다.

3. 서울에서 만난 민족 지도자

전진한이 머무르던 계동의 하숙집은 계동 1번지에 위치하였다.[10] 여기에는 김성수(金性洙), 송진우(宋鎭禹), 현상윤(玄相允), 고재욱(高在旭), 이상백(李相伯), 신용욱(愼鏞頊) 등이 머무르고 있었다.[11] 당시 그가 하숙집에서 만났던 인물들의 약력을 간략히 정리하면 다음의 〈표 1〉과 같다.

〈표 1〉 전진한이 계동 하숙집에서 만난 민족 지도자(1917)[12]

이름	출생	출신	학력	경력 및 직위
金性洙	1891~1955	전북 고창	세이소쿠(正則) 영어학교 입학(08) 긴조(錦城)중학교 5학년 편입(09) 와세다대 정경학부 졸업(14)	중앙고보 인수 교장(1917.3)
宋鎭禹	1887~1945	전남 담양	세이소쿠(正則) 영어학교 입학(08) 긴조(錦城)중학교 5학년 편입(09) 와세다대학 입학(10) 메이지대학 법과 입학(11) 메이지대학 법과 졸업(15)	중앙고보 교감(1917.3)
玄相允	1893~ ?	평북 정주	와세다대 인문학부 사학과 졸업(18)	중앙고보 교사(1918)

이름	출생	출신	학력	경력 및 직위
高在旭	1903~1976	전남 담양	한학 수학(12-16) 중앙학교(1917~21) 동경아자부(麻布)중학교 야마가타(山形)고등학교 교토제국대학 경제학부(27-31)	중앙고보 학생(17-21) 김성수의 생질 동아일보사 편집국장(38)
李相伯	1904~1966	경북 대구	대구고보 졸(15) 와세다 제일고등학원 졸 와세다대 문학부 사회철학과 졸(27)	중국에서 동양학 연구(39~41) 진단학회 창립(34)
愼鏞頊	1901~1961	전북 고창	오구리비행학교 졸(23) 도아비행학교 졸(24)	휘문고보 학생(17-21) 조선항공공업주식회사 사장(44)

위와 같이 전진한은 중앙고등보통학교의 교장 김성수, 교감 송진우, 교사 현상윤을 만날 수 있었다. 그런데 이들은 모두 와세다대를 졸업하였거나 다닌 인물이었다. 김성수는 와세다대 정경학부를 다니고 1910년 졸업하였고, 현상윤은 와세다대 인문학부 사학과에서 수학하고 1918년 졸업하였다. 그리고 송진우는 1910년 와세다대에 입학하였다가 중퇴한 인물이었다. 송진우는 전진한을 '대사(大士)', 현상윤은 전진한을 '클레버 보이'라고 부를 정도로, 송진우와 현상윤은 전진한을 각별히 아꼈다.[13] 이것으로 볼 때, 후일 전진한이 와세다대학에서 수학한 것은 김성수 · 현상윤 · 송진우의 영향이 컸던 것으로 보인다.

그리고 전진한은 이 하숙집에서 중앙고보 학생인 고재욱, 휘문고보 학생인 신용욱, 일본 유학 준비 중인 이상백 등을 만날 수 있었다. 이 인물 중에서 전진한은 1920년대 중반 와세다대의 교정에서 이상백과 만나 교류하기도 하였다.

1917년 봄부터 가을까지 전진한은 계동 1번지의 하숙집에서 사환으로 있으면서 갖은 고생을 하였다. 그러면서도 전진한은 『대학(大學)』과 『채근담(菜根譚)』과 수양서 등의 책을 도로에 다니면서도 읽

을 정도로 열심히 공부하였다고 한다.[14]

전진한은 1917년 가을 상경한 형 전준한의 명령으로 하숙집 사환을 그만 두고 고향 선배 손홍원(孫弘遠)의 소개로 남산 밑의 수정(壽町, 현 중구 주자동)에 있던 시계 대리점인 테라다(寺田)상회에 들어가 근무하였다. 그러다가 1918년 정월 5일, 전진한은 자신을 노예처럼 부리면서도 자신에게 교육의 기회를 주지 않던 테라다상회를 그만두고 계동(桂洞) 1번지의 이전의 하숙집을 찾아갔다. 그리고 얼마 뒤 그는 김성수의 소개로 김성수가 인수하여 운영하던 경성직뉴회사[15]에 들어가 매월 8원의 월급을 받으면서 몇 개월 간 일을 하였다.[16]

이후 전진한은 기숙사 고향 선배의 소개로 한용운(韓龍雲)을 만나 상좌(上座)가 된다는 조건으로 계동 40번지의 한용운의 집으로 갔다. 전진한은 금욕생활을 하는 것이 거리꼈으나 공부를 하려는 욕심에 한용운의 제의를 받아들였던 것이다. 그는 한용운의 집에 머무르며 김성수가 운영하던 계동의 중앙학교[17]의 2학년에 보결생으로 들어가 고재욱 등과 2개월 동안 수학할 수 있었다. 이곳에 있으면서 전진한은 김은호(金殷鎬) 화백 집에 가서 달마화상을 찾아오는 심부름도 하였다. 그런데 전진한은 갑자기 탈장증이 생겨 건강이 나빠졌고, 이것이 계기가 되어 집에 가서 치료하고 오라는 한용운의 만류도 뿌리치고 한용운의 집을 나왔다.[18]

한용운의 집을 나온 후 그는 죽는 한이 있더라도 목적을 이루지 않고는 고향에 돌아갈 수 없다는 각오 하에 아픈 몸을 이끌고 중동학교[19]의 급사로 취직하였다. 각 교실의 석유등을 닦고, 난로를 피우고 전 교정을 청소하는 일이라도 중병에 걸린 전진한에게는 힘든 일이었다고 한다. 전진한은 월급 8원을 받아 6원의 하숙비를 내고 최규동

(崔奎東) 교장댁에 머물렀다.[20]

따라서 전진한은 최규동으로부터 사상적 감화를 받았으리라 짐작된다. 1882년 경북 성주에서 출생한 최규동은 1911년 일본사립정리사(日本私立精理舍) 수학연구과를 졸업하였고, 1908년 평양대성학교 교원, 1909년 휘문의숙(徽文義塾) 교원, 1911년 중앙학교 교원으로 활동하였으며, 1915년 중동야학교장에 취임하여 활동하였고, 1919년 1월에는 중동학교를 설립하여 설립자 겸 교장으로 활동하였다.[21] 그리고 최규동은 18세에 도보로 서울에 올라오고, 대성학교 교원 시 매일 12시간을 가르치고, 중동학교에서는 3부제 수업을 할 정도의 '노동적 교육가'였다. 그리고 그는 오십 평생 활동사진을 보거나 극장 출입을 하지 않았다고 한다.[22] 전진한이 갖은 고난을 무릅쓰고 학업에 정진하였던 것은 이러한 최규동으로부터의 영향도 무시하지 못할 것 같다.

1919년 3·1운동 시 전진한은 "『독립신문』도 뿌리고, 노동자로서 한 몫의 독립운동도 하였다"고 한다.[23] 1919년 3월 1일부터 3월 10일까지 이종일과 이종린 등이 수송동과 관훈동에서 『조선독립신문(朝鮮獨立新聞)』을 발간하고, 3월 21일부터 28일 무렵까지 관훈동에서 김일선, 장용하, 김유인, 장채극 등이 『조선독립신문』을 발간하였을 때[24], 인근에 거주하던 전진한이 이의 전달과 배포 등의 역할을 하였던 것이나 아닌지 모르겠다.

1919년 3·1운동 직후 전진한은 창덕궁 근처에서 쌀가게를 내서 경영하던 이수영(李遂榮)을 도와 쌀 배달과 잡역을 담당하였다고 한다. 그는 1922년 의열단의 군자금 모집에 기여하였고, 1923년 경북의용단 사건으로 옥고를 치른 민족운동가였다.[25] 그와의 교류가 전진한의 민족의식 형성에 영향을 주었을 것이다. 1919년 여름 두 달 동안 중동학교의 영어강습을 매일 두 시간씩 받았다.[26] 당시 영어 교사는 윤태헌(尹泰憲)으로 그는 1894년 경성관립중학교에 입학하였을 때부터 영어를 배우기 시작하여 1899년 외국어학교 부교관, 1906년 한성영어학교 교관, 그 후 청년학관과 중동학교에서 시간강사를 담당하던 인물이었다.[27]

1919년 가을 전진한은 청년학관 영어야간반 3학년에 편입하였다. 이곳에서 그는 김기진(金基鎭), 이영희(李英熙) 등과 한 반이 되어 공부하였다. 그는 그 학기에 반에서 1등의 성적을 거두었다고 한다.[28] 당시 중앙기독교청년회학관은 어학부의 국어과와 영어과, 공예실습부의 여러 과가 있었는데, 학생수는 학과 당 27명에 불과하였다.[29] 비록 27명밖에 되지 않았지만 약간의 수업을 받고 27명 중에 1등을 차지하는 것으로 보아, 그의 어학 능력이 탁월하였음을 알 수 있다.

제3장

기미육영회 장학생 선발과
일본 유학

1. 토론회 참여와 기미육영회 장학생 선발

1919년 9월 부임한 사이토 총독이 소위 '문화통치'를 주장하며 제한적이나 언론과 출판, 집회와 결사의 자유를 허용하자 국내에서는 문화운동이 전개되었다. 1920년 초 기독교와 천도교의 청년단체 및 지역 청년단체들은 강연회를 개최하고, 잡지를 발간하는 등 문화운동을 전개하였다. 그리고 『동아일보』와 같은 신문이 발간되어 문화운동론을 전파하기도 하였다.

이 무렵인 1920년 이른 봄, 전진한은 종로의 중앙기독교청년회관을 지나다가 "현대문명의 중심은 도덕이냐 과학이냐?"라는 제목의 토론대회 소식을 듣고 참가하였다. 예정된 연사의 강연이 끝난 후 자유롭게 등단이 허락되자, 전진한은 등단하여 도덕을 중시하는 입장에서 강연을 하였다. 전진한의 논리 정연한 강연에 관중들은 경탄

을 금치 못하였다. 이후 쌀가게로 전진한을 찾아오는 일도 있었다고
한다.[1]

1920년 년 초 전진한은 경남 동래군 복천동 출신으로 전 경성의학
전문학교 학생인 이병호(李炳虎, 22세), 경남 동래군 동래면 출신인
이제만(李濟晩, 27세), 동래군 동래면 복천동 출신인 문시환(文時煥,
22세)과 함께 기미육영회(己未育英會)의 장학생으로 선발되었다. 기
미육영회는 1919년 11월 안희제·윤진태·윤병호 등 백산상회의 이
사와 부산과 경남 지역 상회의 간부들이 조선을 이끌 인재를 양성하
기 위해 조직한 장학단체였다. 1920년 당시 43명의 회원이 있었고,
수재를 선발하여 국내와 일본 등의 국외에 유학시켜 인재를 양성하
는 것을 주요 사업으로 하고 있었다.[2]

전진한이 선발 배경과 과정은 다음의 '기미육영회 선발내규'를 통
해서 짐작할 수 있다.

> 1. 본회에서 파견되는 학생은 간사회에서 전형한 자를 평의회에서 반수
>   이상의 결의로써 정한다.
> 2. 간사회는 좌의 조건을 심리하여 평의회에 제출하고, 본인의 이력서와
>   논문을 첨부함을 요한다.
>   1) 학자금이 없는 자.
>   2) 전문학교 또는 대학교를 졸업하여 연구과에 입학할 희망이 있
>   는 자.
>   3) 중등교졸업정도자로서 각종 고등학교 또는 전문학교 또는 대학교
>   의 수재를 선발하여 내외국에 유학시키려 함.
> 3. 본회에서 파견된 학생 중 본회의 本志에 위반하는 행위가 있을 때는
>   役員會에서 유학을 중지함.[3]

위의 내용으로 보면, 전진한은 중등학교 졸업자는 아니었지만, 가난한 '중등교졸업정도자'였기에 이력서와 논문을 첨부하여 신청하였고, 간사회와 평의회의 전형을 거쳐 선발되었던 것 같다. 전진한은 그의 선발이 "김성수, 송진우, 최규동, 이강현 등이 그를 적극 추천한 때문이었다."[4]고 하였다. 그러나 이것과 아울러 황성기독교청년회 주최의 강연에서 그의 명성이 높아졌고, 기미육영회의 주도 인물처럼 그가 영남 출신인 점도 작용한 것으로 보인다.

2. 와세다대학 정경학부 경제과의 유학생

전진한은 1920년 4월 26일 다른 기미육영회의 유학생과 같이 일본으로 떠났다.[5] 부산을 거쳐 시모노세키에 도착한 전진한은 열차편으로 도쿄에 도착하였다.

1921년경 전진한은 간다(神田)에 있던 순천중학교(順天中學校)의 4학년에 편입하였다.[6] 이 학교는 1834년 오사카에서 순천당숙(順天堂塾)으로 개교하여 1871년 도쿄로 옮기면서 순천구합사(順天求合社)로 발전하였다가 이후 순천구합사중학교, 1900년 순천중학교로 발전한 중등교육기관이었다. 1913년 간다의 대화재 후 교사를 신설하여 보통교실(普通敎室) 15실, 특별교실(特別敎室) 2실, 교정(校庭) 350평, 교사(校舍) 440평의 설비를 갖추고 있었는데, 원칙적으로 초등교육 6년을 받은 고등소학교 졸업자 또는 동등한 실력을 가진 사람이 입학할 수 있던 학교였다.[7] 전진한은 보통학교 3학년을 마치고, 간헐적으로 1~2년 정도의 중등학교 교육을 받았지만, 한문과 영어 등의 수학

능력이 우수하여 순천중학교의 4학년에 편입할 수 있었던 것으로 보인다.

순천중학교(順天中學校)는 1920년 무렵 다이쇼(大正) 데모크라시의 분위기 속에서 학생운동이 활발하였다. 1920년 12월에는 순천중학 5학년의 학생들이 중심이 되어 기꾸지(菊池) 교두(教頭) 외 4명의 교유(教諭)를 배척하는 동맹휴교를 벌였다가 102명 중 75명이 무기정학을 당하기도 하였다.8) 전진한이 이 동맹휴교에 가담하였는지의 여부는 잘 알 수 없지만, 그가 이러한 학생운동의 분위기를 보았음에는 틀림이 없을 것이다.

일본 순천중학교 4학년을 마친 전진한은 1922년 와세다대학부속(早稻田大學附屬) 제일고등학원(第1高等学院)에 입학하였다.9) 이 학교는 중학교 4년 과정을 마치고 입학하여 문과 혹은 이과에서 3년의 수업을 받도록 되어 있었다. 전진한은 3년의 문과(文科) 수업을 받고 와세다대학에 진학할 수 있었다.10) 계동 1번지의 하숙집에서 만난 이상백(李相伯)이 한 해 전 이 학교에 들어갔는데, 그가 전진한의 와세다 입교에 적지 않은 도움을 주었을 것으로 짐작된다.

1925년 전진한은 와세다대학 정치경제학부에 입학하였다.11) 그가 와세다대학에 입학하였던 것은 제일고등학원(第1高等学院)을 거쳐 1924년 와세다대학 문학부 철학과에 입학한 이상백, 계동 1번지의 하숙집에서 만난 김성수와 현상윤이 각각 와세다대 정경학부(1914년 졸업)와 인문학부 사학과(1918년 졸)를 졸업한 것과 무관하지 않았을 것이다.12)

전진한은 와세다(早稻田)대학 정경학부(政經學部)에 입학한 후 3년 동안 경제과의 과목을 듣고 1928년 3월 졸업하였다.13) 당시 와세다대학 경제과에는 시오자와 마사사다(鹽澤昌貞, 1870~1945), 하야시 기미오(林癸未夫, 1883~1947), 이노마타 스나오(猪俣津南雄, 1889~1942), 아베 소오(安部磯雄, 1865~1945) 등의 교수와 강사가 있었다. 이들은 강단사회주의자로 신역사학파의 영향이 두드러진 인물이었다.[14]

시오자와 마사사다는 1891년 와세다대학의 전신인 동경전문학교(東京專門學校)를 졸업하고 1896년부터 1902년까지 위스콘신대학 대학원, 독일의 하레대학과 베를린대학에서 수학하였다. 1921년부터 1923년까지 와세다대학의 제4대 학장이었고, 1923년에는 제2대 총장이 되었다.[15] 그는 미국 유학에서 독일역사학파를 계승한 엘리(Richard T. Ely) 밑에서 공부를 하였는데, 1900년대 초 일본이 경제공황을 맞게 되자 노동문제에 관심을 갖고, 자본가계급이 노동자계급의 훈련을 지원하고 노동조합을 인정하라고 주장했다.[16]

하야시 기미오는 와세다대학을 졸업하고 후루카와광업(古河鑛業)에 들어가 노동문제를 조사하고 구미를 시찰하고, 1923년 와세다대학교수가 되었다. 저작으로『이윤분배제도』(1919),『온정주의적 시설』(1919),『국제노동운동사』(1923) 등의 저작이 있었다. 하야시는 협동적 본연사회 건설의 이상을 바탕으로 노자 양 계급의 대립을 폐지하는 것이 필요하다고 주장하였다.[17]

이노마타 스나오는 미국 위스콘신대학에서 유학하고 와세다대학 강사로 활동하였으며, 일본공산당에 입당한 후 재야학자로 농업문제를 중심으로 글을 발표하였고, 일본 자본주의를 분석하고 맑스주의 논쟁을 일으킨 인물이었다.[18]

아베 소오는 그리스도교 인도주의적 사회주의자였다. 아베 소오는 1884년 동지사영학교(同志社英學校)를 졸업한 후 미국의 하트포드신

학교와 베를린대학에서 공부하였다. 그는 1899년 와세다대학의 전신인 동경전문학교(東京專門學校)를 거쳐 1907년 교수가 되었다. 그는 1901년 사회민주당을 결성하였고, 1924년 페비안협회를 설립하기도 하였다. 저서로는 『노동문제와 생디칼리즘』(역서, 1914) 『최근의 사회문제』(1915), 『구주사회당의 현상』(1907, 발매 금지), 『사회문제개론』(1921), 『사회주의는 위험사상이 아니다』(1923), 『토지국유론』(1924), 『자본주의문명의 조락』(역서, 1924) 등의 저작을 출간하였다.19) 그는 노동조합, 소비조합, 협동조합이 사회문제와 노동문제를 해결하는 방책이라고 보았다.20)

한편 전진한은 와세다대학에 다니던 시기에 유행한 기독교사회주의자들의 협동조합론을 받아들였을 가능성이 높다. 비슷한 시기인 1923년부터 일본에 유학한 유재기는 일본의 대표적인 기독교사회주의자인 가가와 도요히코(賀川豊彦)와 스기야마 모토지로(杉山元治郎)의 책을 읽고 농업협동조합에 관한 사상을 받아들였었다.21)

일본 협동조합의 아버지 가가와 도요히코(賀川豊彦, 1888~1960)는 1919년 고베에서 노동운동을 하면서 소비조합운동을 하였고, 오사카(大阪)에서 구매조합 공익사(共益社)를 설립하였다. 그는 1921년에는 고베에서 신호구매조합과 탄구매조합을 설립한 대표적인 협동조합운동가였다.22) 또, 오사카 소작농의 집에서 태어난 스기야마 모토지로(杉山元治郎, 1885~)는 오사카농업학교를 졸업 후 센다이(仙臺) 동북학원신학부(東北學院神學部)을 졸업하고 목사로 활동하였다. 그는 1921년 동지 가가와 도요히코를 방문하고 농민조합의 설립을 결심하였다. 1922년 4월 9일 고베(神戸) 기독교청년회관에서 일본농민조합의 창립대회를 개최하고 오사카, 교토, 와카야마, 군마에서 농민조합운동을 전개하였다. 이렇게 활동한 결과 1926년에 이르러 조합원이 6만 명을 추산하게 되었다. 이어 그는 일본농민조합의 무산정당운동의 결과 설립된 노동농민당의 집행위원장으로 활동하기도 하였다.[23] 그는 농민조합에 관한 책으로 『농민조합의 이론과 실제』(1925)를 발간하기도 하였다.[24]

그리고 함상훈의 글에 따르면, 일본 도쿄상과대학(東京商科大學)의 조교수였던 이타니 젠이치(いたにぜんいち, 猪谷善一, 1899~1980)도 협동조합운동에 관한 주장을 한 바 있었다.[25] 이타니 젠이치는 도쿄상과대학(東京商科大學) 우에다 테이지로(上田貞次郎)의 뛰어난 제자였다. 전진한이 일본에 유학하던 1920년대 후반 그는 『경제학설의 상대성』(1927.11), 『명치유신경제사(明治維新經濟史)』(1928.1) 등을 저술하였는데, 그는 우에다 테이지로와 같은 신자유주의사상을 갖고 있었다.[26]

전진한은 와세다대학 교수들의 경제학 수업을 듣거나 기독교사회주의자들의 저술을 읽고, 조선의 농민문제를 해결하기 위한 방안으로 협동조합의 설립을 구상해 보았다. 아울러 그는 노동자의 권익을 보장하고, 신장하기 위한 여러 가지 노동법의 제정 등에 대해서도 생각해보기도 하였다.

제4장

협동조합운동사의 설립과
협동조합운동의 전개

1. '한빛'의 조직

일본에 머무르던 전진한은 1923년 9월 관동대지진(關東大地震)을 경험하였다. 1923년 9월 1일 간토지방에서 일어난 대지진으로 20만 명 이상의 이재민이 발생하고, 10만 명의 사망자와 100억 원 이상의 재산 피해를 입었다.[1] 뿐만 아니라 3일부터 시작된 일본인 자경단 등의 조선인 학살로 부녀자와 어린이를 포함한 수천 명의 한인이 희생을 당하였다.[2] 이처럼 재난과 학살로 한인들이 죽어가던 상황을 전진한은 현장에서 생생히 목격하였을 가능성이 높다. 이런 상황을 보고 민족의식이 남달랐던 전진한이 민족문제를 도외시하기는 어려웠을 것이다.

1923년 말 도쿄에 머무르던 재일조선인들은 조선인의 재난과 학살에 주목하여 이를 구제하고 조사하기 위한 활동을 전개하였다. 유학생과 기독교청년회와 천도교청년회의 회원을 중심으로 구성된 이재조선동포위안반(罹災朝鮮同胞慰安班)은 이재를 당한 조선인을 조사·구제하고, 학살의 진상을 파악하였다. 그리고 1923년 말 북풍회, 도쿄조선노동동맹회, 오사카조선노동동맹회, 고베조선노동동맹회 등 사회주의계 인사들은 조선인학살에 대한 진상 조사, 원호 요구, 조위금 모금 등의 활동을 전개하였다.[3]

이처럼 사회주의자들이 활발히 움직이는 상황에서, 1924년경 전진한은 "민족운동을 개척할 핵심조직체"[4]로 한빛을 조직하였다. 한빛의 구성원인 이선근과 정의섭의 주장에 따르면, 이것은 사회주의운동의 방법론에 동의하지 않았던 인사들이 현실을 타개할 방책으로 조직한 것이었다.[5]

여기에 참여한 사람으로는 전진한 외에 김원석, 함상훈, 진태완, 김윤기, 김봉집, 김노수, 정인섭, 이선근, 서원출, 유한상, 김태룡, 임태호, 윤종식, 공진항, 공진오, 장용하, 이세환, 이시목, 이하윤, 홍재범, 조재호, 강재호, 김명엽, 권오익, 임일식, 유동연, 박준섭, 함태훈, 장복록, 권오정, 김용채, 박용해 등이 있었다.[6] 이 33명 가운데, 절반이 넘는 사람들은 와세다대(早稻田大) 대학생이었다. 그리고 나머지는 아오야마학원(青山學院), 도쿄농업(東京農業), 도요대(東洋大), 호세이대(法政大), 도쿄고등사범학교(東京高等師範學校), 도쿄상대(東京商大), 도쿄공대(東京工大), 메이지대(明治大), 도쿄외대(東京外大), 니혼대(日本大) 출신이었다.

한빛은 협동조합 연구모임, 외국문학연구회, 사이언스클럽, 농우회(농우연맹) 등 네 개의 연구회를 만들어 활동하였는데, 전진한은 협동조합의 연구모임을 주도하였다. 와세다대학 문학부의 이선근, 정인섭, 서원출, 임태호, 진태완, 호세이(法政)대학 문학부의 이하윤, 홍재범, 도쿄고등사범대학의 강재호, 김병엽, 아오야마학원(靑山學院)의 장용하, 외국어학교의 함대훈 등은 문학방면에 뜻을 두었다. 그리고 와세다대학 이공학부의 김봉집, 김윤기, 김노수, 류한상, 도쿄공업대학의 류동진, 임일식 등은 공학방면을 담당하였다. 농업대학의 이세환이 농우연맹을 추진하였고, 지께이(慈惠)의학대학의 박용하가 의학방면을 담당하였다. 전진한은 와세다대학의 함상훈, 김원석, 메이지대학 정경과의 김준섭, 도요오(東洋)대학의 이시목, 릿교(立敎)대학의 김용채 등과 함께 정치와 경제 방면에 관심이 많았다.[7]

2. 협동조합운동사의 설립

전진한은 1926년 5월 24일 와세다대 스코트홀에서 함상훈(咸尙勳), 김용채(金容采), 손봉조(孫奉祚), 권오익(權五翼), 이선근(李瑄根), 이시목(李時穆), 김원석(金源碩), 임태호(林泰虎) 등과 협동조합운동사를 발기하였다.[8] 이를 발기한 동기는 무엇일까? 이는 다음과 같은 전진한의 글을 통하여 짐작할 수 있다.

> 조선사회의 경제적 토대인 농촌의 피폐는 극도에 달하여 전 인구의 8할을 점유한 대다수의 농민생활은 나날이 파멸의 심연에 陷하며 있다. 祖先 전래의 토지는 대자본에 겸병되고, 천신만고의 생산은 상인, 고리대금자에 희생되어 多緣한 향토를 떠나 流離途上에 방황하고 있다. 이러한 현실에 처하는 방도는 과연 여하할까? 조선사회에는 고대의 사회제도라든지 각종 계라든지 현대조합에 흡사한 경제조직이 고대부터 전래하였다. 따라서 조선

> 사회에 협동조합의 현실성이 가장 풍부한 동시에 모든 객관적 정세로 보아
> 이 협동조합운동이 대중으로 하여금 경제적으로 단결하며 자주적으로 훈련
> 하여 분산적 생산에서 조직적·집단적 생활로 유도하기에 최적한 방편일 것
> 이다.9)

즉, 전진한은 대자본에 겸병되고, 고리대금업자에 희생되어 향촌을 떠나 도상(途上)에 방황하는 등 파멸된 농촌의 현실을 개선하는 최선의 방책이 협동조합운동이라고 보았다. 그는 조선에는 전통적으로 협동조합과 유사한 조직인 '계'가 있었으니 이것을 살려 협동조합운동을 전개하자고 하였다. 그는 몰락한 농촌의 대중으로 하여금 경제적으로 단결하며 자주적으로 훈련하여 분산적 생산에서 조직적·집단적 생활로 유도하는 데 최선의 방편이 협동조합운동이라고 보았던 것이다.10)

그런데 협동조합운동사의 발기는 이러한 배경 외에도 민족주의세력의 민족운동의 주도권 장악과도 관련이 있었다. 협동조합운동사의 발기인 중 한 사람인 함상훈은 다음과 같이 설명하였다.

> 당시 우리 민족의 운동은 사회주의운동이 대세를 이루고 있었다. 문화
> 운동 등의 민족주의 운동은 사회주의단체 및 여기서 발행된 문서로 심하게
> 공격을 받는 상황이었다. 심지어 열악한 반동자류로 간주되기도 하였다.
> 이러한 상황에서 대부분의 민족주의자들은 산업·교육의 진흥과 같은 실력
> 양성운동을 추진하였다. 이에 반하여 전진한 등 협동조합운동사의 발기인
> 들은 조선의 농촌을 구하기 위해 협동조합운동사를 발기하였던 것이다.11)

즉, 민족주의운동이 사회주의자들에게 심하게 공격을 받는 상황에서 조선의 농촌을 구하기 위해 협동조합운동사를 발기하였던 것이

다. 협동조합운동사의 한 간부도 협동조합운동사의 목적을 "농촌에 산업조합사상을 보급하고, (농민의) 자주 정신을 주안으로 하면서도, 어떠한 의미에서는 민족적 단결을 촉구하는 것[12]이라 하였다.

그런데 이러한 표면적인 이유 외에 협동조합운동사를 설립한 숨겨진 동기는 일본이 조선에 자치권을 부여할지 모른다는 기대감 때문이었다고 생각된다. 조선에 대한 자치부여 문제는 이미 1919년 3·1운동 직후부터 제기되어 왔었는데, 1925년 11월 조선총독부의 어용지인 『경성일보』의 사장 소에지마 미치마사(副島道正)가 「총독정치(總督政治)의 근본의(根本義)」라는 글에서 자치론을 주장하였다. 조선총독부는 소에지마의 견해가 조선총독부의 공식적 견해가 아니라고 하였지만 '자치론'이 조선을 영원히 통치하기 위한 가장 타당한 통치방식이라고 주장하였다.[13] 자치가 부여될 경우 자치행정권의 획득은 농민을 장악한 집단이 취할 가능성이 높았다. 그래서 1925년 말 천도교 신파가 조직한 조선농민사(朝鮮農民社)는 자치운동에 대비한 잠재적 기반으로 간주되었다. 그리고 1926년 초 자치운동론자들이 활발하게 움직이고 있었고, 이에 대한 저항으로 사회주의자들은 민족주의좌파와 연계하여 국민당을 결성하려고 하였다.[14] 바로 이러한 정황으로 볼 때, 전진한도 조선에 자치가 부여될 가능성을 염두에 두고 농민을 장악하기 위한 한 방편에서 협동조합운동사를 발기하였던 것이다.[15]

다른 한편, 협동조합운동사의 발기는 국내의 산업조합법의 반포와 그 시행이 가시화 된 데에 따라 이루어진 측면도 없지 않다. 1925년 말 조선총독부에서는 1926년 말부터 산업조합법을 실시하여 조선인의 산업경제를 조성하려고 이케다(池田) 식산국장이 일본에 비해 간

략한 유산업조합법을 법제국에 제출하고 그 의견을 설명하였다.[16] 이 '조선산업조합법'이 1926년에 반포됨으로써 산업조합의 설립이 가능해진 것도 협동조합운동사 발기의 한 배경이 되었다.[17]

확인되는 협동조합운동사의 발기인의 약력은 다음의 〈표 2〉와 같다.[18]

〈표 2〉 협동조합운동사의 발기인(1926년 5월)

이름	생년	출신지	학력(졸업 연도)	경력
錢鎭漢	1901	경북 문경	早稻田大 경제과(28)	기미육영회 장학생 한빛(24)
咸尙勳	1904	황해 송화	早稻田大 경제과(28)	한빛(24) 『조선운동』 발간(28) 신간회본부 제9회 중앙상무위원(29.8)
金容采	1901	경남 마산	릿쿄(立敎)대학	한빛(24) 학우회 사교부원(25) 경남수산의원(1932)
孫奉祚	1901	경남 마산	東京商大	학우회 재무부원(25)
權五翼	1905	경남 창원	東京商大	백산무역회사 권오봉의 종제 한빛(24) 배재, 중동, 보성 교사 서울상대 교수
李瑄根	1905	경기 개풍	휘문고보(22) 早稻田大 사학과(29)	한빛
李時穆	1897	경남 의령	東洋大 哲學科	백산 안희제와 동향 한빛(24)
金源碩	1901	평남 중화	早稻田大 경제과(28)	
林泰虎			早稻田大	

위의 표에 의하면, 협동조합운동사는 와세다대 경제과에 다니던 전진한, 함상훈, 임태호 등이 주도하였음을 알 수 있다. 그리고 전진한 외에 함상훈, 김용채, 이선근, 이시목 등 한빛의 구성원들이 중심을 이루고 있었다. 그리고 주목되는 점은 백산 안희제와의 관련성이

다. 앞서 살폈듯이 전진한은 백산 안희제의 주도로 설립된 기미육영회의 장학생이었는데, 권오익은 백산무역회사의 대표적 주주인 권오봉의 종제였고, 이시목은 백산 안희제와 동향 출신으로 이후 협동조합경리조합에서 안희제와 함께 활동하며 『자력』을 발간한 인물이었다.[19]

전진한은 협동조합 설립의 필요성을 알려 한인의 협동조합운동사 참여를 유도하고, 한인 및 일본인 학생의 조선경제 연구에 도움을 주기 위하여 책자를 발간하였다. 1926년 6월 5일 도쿄부(東京府) 도츠카마치(戶塚町) 수와(諏訪) 192번지에서 전진한이 발간한 『계의 연구』 1,000부가 바로 그것이었다.[20]

이러한 노력 끝에, 전진한은 1926년 6월 13일 일본 동경 와세다대학의 스콧트 홀에서 100여 명과 함께 협동조합운동사를 조직하였다.[21] 협동조합운동사는 다음과 같은 목표와 강령을 갖고 있었다.

> 목표: (1) 中間利潤의 撤廢 (2) 高利債 驅逐 (3) 經濟的 團結 (4) 自主
> 的 訓練
> 강령: (1) 우리들은 協同自立的 精神으로써 民衆的 産業管理와 民衆
> 的 敎養을 期함.
> (2) 吾人은 以上의 目的을 貫撤키 爲하여 組合精神의 鼓吹와 實
> 地 經濟를 期約한다.[22]

창립총회에서 협동조합운동사는 서무부, 재무부, 편집부, 연구부, 선전부, 조사부, 경영부를 두고 각 부서의 책임자를 임명하였다. 서무부에는 전진한 김성숙 서원출, 재무부에는 김용장 유동건 이시목, 신호균, 편집부에는 권오익 김용채 김명엽 손봉조, 연구부에는 손봉조, 김달관, 김봉집 등이 책임자로 선정되었다.[23] 전진한이 어떤 성격의 인물들과 함께 협동조합운동사를 설립하였는지 알아보기 위하여 이들의 약력을 제시하면 다음의 〈표 3〉과 같다.

〈표 3〉 협동조합운동사의 창립 시 임원(1926. 6)[24]

이름	생년	출신지	학력(졸업 연도)	경력	부서
錢鎭漢	1901	경북 상주	早稻田大 경제과(28)	기미육영회 유학생 한빛(24)	서무
金成璿	1896	제주	조도전대 경제과	3·1운동, 新酉學校 교장(20)	서무
徐元出		경성	조도전대 사학과(30)	한빛, 학우회 운동부원(25)	서무
金庸壯		황해 안악	조도전대 경제과(28)	학우회 서무부원	재무
柳東璉	1902	평남 진남포	東京高工	한빛	재무
南振祐			조도전대 전문부 법과(28)		재무
李時穆	1897	경남 의령	東洋大 哲學科	백산 안희제와 동향 한빛(24)	재무
申浩均			東京商大		재무
權五翼	1905	경남 창원	東京商大	백산무역회사 권오봉의 從弟 한빛(24) 배재, 중동, 보성 교사 서울상대 교수	편집
金容采	1901	경남 마산		한빛(24) 학우회 사교부원(25) 경남수산의원(1932)	편집
金明燁		황해 해주	東京高師 영문과	한빛(24) 학우회 재무부원(25)	편집
孫奉祚	1901	경남 마산	東京商大	학우회 재무부원(25)	연구
金達寬					연구
金鳳集	1891	평남 대동	조도전대 理電科(27)	한빛	연구
林泰虎			早稻田大		선전
金聖鉉					선전
咸尙勳	1904	황해 송화	早稻田大 경제과(28)	한빛(24) 『조선운동』 발간(28) 신간회본부 중앙상무위원(29.8)	조사
金魯洙	1902	충북 영동	조도전대 기계과(29)	한빛	조사
金源碩	1901	평남 중화	早稻田大 경제과(28)		경영
李瑄根	1905	경기 개풍	早稻田大 사학과(29)	한빛, 신간회 동경지회	경영

위의 표에 의하면, 전진한이 와세다대학 동창생의 적극적 후원에 힘입어 협동조합운동사를 창립하였음을 알 수 있다. 창립 회원 20명 중 전진한 외에 와세다대 재학생으로 확인되는 인물만 하여도 김성숙, 서원출, 김용장, 남진우, 김봉집, 임태호, 함상훈, 김로수, 김원석, 이선근 등 10명이나 되었다. 그리고 협동조합운동사를 설립하는 데 큰 힘이 되었던 것은 한빛의 회원들이었다. 전진한 외에 한빛의 회원이었던 사람은 서원출, 유동진, 이시목, 권오익, 김용채, 김명엽, 김봉집, 함상훈, 김로수, 이선근 등 10명이나 되었다.

3. 협동조합운동의 전개

협동조합운동사는 1926년 7월 12일 도쿄부(東京府) 도츠카마치(戶塚町) 겐베에(源兵衛) 106호에서 『조선경제(朝鮮經濟)』 2,000부를 발간하였다.[25] 편집부 위원이었던 권오익은 「창간사」에서 '2천만 민중 대다수가 초근목피의 기아선상에 놓여 있고, 표류 방랑하는 실농(失農) 동포들의 수가 나날이 격증하는 농촌 경제의 파탄 상황에서 흔들리는 강토를 바로잡고 장송되는 동포를 구제하고자 이 잡지를 발간한 목적이 있다'고 하였다.[26] 이 잡지는 잠간 나오다 중단되어 1927년에는 재간의 기미가 보이지 않았지만[27], 전진한은 여기에 글을 기고하여 협동조합사상을 전파하였으리라 짐작된다.

1926년 여름 방학을 기하여 전진한은 귀국하여 경상남북도를 순회하며 강연회를 개최하여 협동조합에 관한 내용을 선전하였다. 1927년 1월 상주군 함창면, 동년 4월 상주군 모동과 상주, 동년 5월 상주

군 중모면에 설립된 협동조합은 전진한의 선전에 힘입은 바 컸다.[28]

전진한은 1926년 8월 형 전준한과 함께 귀국하여 농촌생활의 실제 사정과 농촌에서 당시 행해지고 있던 계(契)와 영리조합의 성질과 번성하고 쇠퇴한 원인을 조사한 후 협동조합의 이론과 대조연구한 후에 협동조합을 실현해보고자 하였다. 구체적인 진행은 자신의 형인 전준한이 주관하도록 하였다.[29]

전준한은 자신의 고향인 함창면 일대를 순회하여 각동의 유력자 30여 명을 발기인으로 모집한 후 1개월의 준비를 한 후 1927년 1월 14일 발기인총회를 개최하였다. 그러나 발기인의 대다수가 참석하지 않고, 농민 7~8명만 참석하였다. 전준한은 동리의 유력자를 수차례 찾아갔으나 그들은 조합이 실현될 수 없다는 이유로 찬성하지 아니하였다. 그들이 반대하는 이유는 빈한한 사람들은 신용도 없고, 능력도 없으니 수천 원, 수만 원의 자금을 내놓을 만한 유력자가 있어야 할 것인데, 유력자가 이러한 사업에 투자할 리가 만무하다는 판단 때문이었다. 그러자 전준한은 유력자의 이용을 단념하고 그날 오후 10시경 자신의 고향인 상주군 함창면 오사리 농가의 방 한 칸을 얻어 동지 8명과 김재세(金在世), 김한영(金漢榮) 등과 협동조합 발기총회를 개최하였다. 당시 조합장은 황이정(黃履正), 이사는 전준한, 감사는 김재세, 김한영, 평의원은 김삼진(金三鎭) 외 5명이었다.[30] 이 조합은 일반 조선농민의 생산품 공동판매, 소비품 공동구입, 기타 농민의 공동이익을 위하여 사업을 진행하는 것을 목적으로 하였다. 1구에 10원씩 출자하거나 조합의 물품을 쓰게 하여 여기에서 생기는 이익을 계산하여 1구 1회의 불입금액인 10원에 달하면 조합에 가입시켰다.[31] 그런데 함창협동조합의 설립·운영 시 전진한이 제시한 '성미제도(誠米制度)'가 활용되어 매일 세 숟가락씩 덜어 마련한 쌀을 조합 설립의 자금과 학교 설립의 기금으로 사용하였다고 한다.[32]

전진한은 모동협동조합, 상주협동조합, 청리협동조합의 설립에도 기여하였다. 그의 지도에 힘입어 1927년 4월 3일 경북 상주군 모동면 김광석의 집에서 모동면·모서면의 회원 50여 인이 모동협동조합을 창립하였다.[33] 그리고 1927년 4월 12일 상주 면회의실에서 주민 60여 명이 모여 상주협동조합이 창립되었다. 상주협동조합은 조합장 황필주(黃必周), 이사 김기목(金基穆) 외 2인, 감사 조각연(趙珏衍) 외 2인, 평의원 지경석(池璟錫) 김기석(金基錫) 이상화(李相和) 외 12인, 간사 최종락(崔鍾洛) 외 1인이 임원으로 활동하였고, 함창협동조합과 식료품과 생활필수품을 공동구매하기도 하였다.[34] 1927년 5월 6일 상주군 청리면에서 창립된 청리협동조합은 회원이 100여 명, 조합장 김재준, 서기 김윤주 이홍익, 감사 황일학 임순태 김병노 김원출, 평의원 육학규 외 26명이었다.[35]

1927년 5월 28일 도쿄부 도츠카마치(戶塚町) 도모에야(巴屋)에서 개최된 협동조합운동사의 제3회 정기총회에서 전진한은 규칙의 개정, 기관지 발행에 필요한 기금 모집 등을 결정하였다. 이때 변경된 강령은 다음과 같다.

1. 우리들은 대중의 경제적 단결을 공고히 하고 자주적 훈련을 기함.
2. 우리들은 이상의 목적을 관철하기 위해 대중본위의 자주적 조합을 조직하고 이를 지도함.[36]

이 회의에서 임원 변경도 있었는데 그 내용은 다음과 같다. 서무부 김원석(金源碩)·유영복(劉永福)·정헌태(鄭憲台), 재무부 전진한·유원우(柳元佑)·김민양(金敏楊), 조사연구부 권오익(權五翼)·김성찬(金成瓚)·임일식(林日植), 조직선전부 신양규(申良奎)·김수명(金壽命)·임태호(林泰虎), 편집부 함상훈(咸尙勳)·이선근(李瑄根)·민헌식(閔憲植)이었다.[37] 주목되는 점은 전진한이 서무부 책임자에서 재무부 책임자로 변경된 것이었다. 이는 그의 노력에 의하여 1927년 초 경북 상주에 설립된 협동조합에서 자금의 제공을 받고자 한 의도로 보인다.

전진한은 1927년 여름 협동조합운동 선전대의 일원으로 국내에서 순회강연을 실시하였다. 협동조합운동사의 순회강연대는 1927년 7월부터 8월까지 두 기로 나누어, 각 기당 두 개의 강연대를 편성하여 전국 순회강연을 실시하였다. 제1기 강연은 7월에 경부선과 호남선을 따라 상경하며 철로 연변의 도시에서 강연을 실시하였다. 제1기 동대(東隊)는 김원석과 유원부, 유영복이 경부선을 따라 상경하며 대구, 포항, 왜관, 김천, 공주, 조치원, 천안 주요 도시에서 강연을 하였다. 서대(西隊)는 전진한과 정헌태가 호남선을 타고 상경하며 부산, 마산, 진주, 하동, 순천, 벌교, 보성, 완도, 목포, 이리 등의 주요 도시에서 강연을 실시하였다. 그리고 제2기 강연은 8월 중순에서 말까지 경의선을 타고 가며, 경기 북부, 황해도, 평안남북도의 주요 도시인 개성, 토성, 해주, 안악, 풍천, 은율, 진남포에서 전진한과 김원석이 행하였다. 이는 60여 일 동안 4,000리를 다니는 대선전여행이었다.[38]

그런데 전진한은 협동조합에 관한 선전을 시작하기도 전에 경찰의 주의를 받았다. 1927년 7월 5일 도쿄를 출발하여 7일 부산에 도착한 전진한은 일행과 함께 경남경찰부에 소환되었다. 전진한은 경남경찰부로부터 간담회 형식으로 선전하는 것은 허가하나, 강연회를 개최하는 것은 절대로 허가할 수 없다는 주의를 받았다. 그 이유는 현재의 경제조직을 부인하며 금융기관의 사업진행에 방해를 끼칠 우려가 있다는 것이었다.[39]

전진한은 7월 8일 마산에 도착하여 다음날인 9일 오후 8시 오금동 봉래관에서 마산청년회 주최로 간담회를 개최하였다. 최철룡의 사회 하에 시작된 이 간담회에서 정헌태는 「협동조합의 근본정신」이란 주제로 강담(講談)을 하였고, 전진한은 「협동조합의 목적과 조직방침」이란 주제로 강담을 하였다.[40] 그리고 7월 23일 오후 8시 목포의 목포청년회관에서 목포청년회 주최로 개최된 강연회에서는 연사의 웅변과 관리의 주의 소리에 장내가 긴장된 가운데, 전진한이 「여기에서 출발하라」라는 주제로 강연을 하였다.[41]

일본협동조합운동선전강연대의 제2회 강연 시 전진한은 경의선을 타고 가서 경기 북부, 황해도, 평안도 등의 주요 도시에서 김원석과 함께 강연을 실시하였다. 강연할 장소와 예정일은 다음과 같았다. 8월 12일 개성, 8월 14일 해주, 8월 16일 재령, 8월 18일 안악, 20일 은율, 21일 풍천, 23일 진남포, 25일 평양, 27일 안주, 29일 정주, 31일 의주였다.[42] 확인되는 강연지에서의 강연 내용은 다음의 〈표 4〉와 같다. 특히 주목되는 것은 1927년 8월 20일 오후 8시 공립보통학교 강당에서 개최된 강연에서 전진한은 「분산적 생활에서 집단적 생활로」라는 강연에서 협동조합운동의 필요성을 역설하였는데, 700여 명의 청중으로부터 큰 호응을 받았다.[43]

<表 4> 1927년 협동조합운동사 제2기 전진한의 강연 내용

일시	장소	주최	연제	장소
27.08.15	황해 해주	신간회 해주지회	전진한 무엇부터 시작할가 金源碩 조선의 현실과 협동조합운동	동아-270818
27.08.18	황해 재령	사회단체	전진한 무엇을 할가. 김원석 조선의 경제현상과 협동조합운동	동아-270821
27.08.20	황해 풍천	동아일보 풍천지국	전진한 분산적 생활에서 집단적 생활로 김원석 우리의 경제생활과 협동조합운동	동아-270827
27.08.30	평북 정주 천도교성화회관	동아일보 정주지국	전진한 분산적에서 집단적으로 김원석 우리의 경제생활과 협동조합운동	동아-270902

전진한은 1927년 11월『협동조합운동의 실제』라는 팸플릿을 발간하였다.[44] 이 팸플릿에는 협동조합의 의의, 협동조합운동의 세계적 대세, 조선에서의 협동조합운동, 함창협동조합보고서, 협동조합 실지 경영에 관한 주의, 협동조합의 지도자에 대한 주의, 협동조합의 법적 지위, 협동조합연합기관의 조직, 함창협동조합정관, 장부 조직 급 보존 문서, 잉여금의 배당 등에 관한 내용이 담겨 있었다. 특히 전진한은 협동조합실지경영에 관한 주의에서 성실한 지도자, 조합비의 절약, 조합원의 지도 훈련, 지도자와 조합원간의 결합, 사업은 소로부터 대로 할 것, 조합원 가입 즉시 출자금 불입 지도, 협동조합의 이론과 실제를 완전히 이해한 후 조합을 조직하게 할 것 등을 당부하였다. 그리고 협동조합의 지도자에게 무자각한 유산자의 신용을 이용하려고 하지 말 것, 농민과 함께하며 궁행시범(窮行示範) 할 것, 사감과 논쟁을 초월할 것 등을 당부하였다.[45]

1928년 3월 자신뿐만 아니라 협동조합운동사의 회원 중 다수가 학교를 졸업하자, 전진한은 임시총회를 개최하였다. 전진한은 이 임시총회의 위원장으로 "조합의 목적은 조선에서 실제운동을 하는 데 있으니 본부를 경성으로 옮기자"고 결정하였다.[46]

제5장

신간회 동경지회의 설립과
민족운동

1. 신간회 동경지회의 설립

신간회의 결성 직전인 1926년 말부터 재동경 한인 사상단체인 일월회는 1926년 11월 '정우회선언'을 통하여 경제투쟁에서 정치투쟁으로 방향을 전환하고, 민족단일당의 결성을 추진하였다. 또 1927년 1월 12일에는 재일노총 정치부가 '방향 전환에 관한 선언'을 발표하고 '방향전환의 제1보로 민족적 단일당'의 결성을 주장하였다. 그리고 1927년 2~3월 재일노총 산하의 각 조합들도 '민족적 단일당을 결성하자'고 주장하였다.[1]

이러한 분위기에서 학우회 위원장 김상혁(金相赫)은 "조선인은 무정부주의자·공산주의자·민족주의자를 불문하고, 기독교·천도교·시천교·불교·천주교 등 믿는 바의 종교를 막론하고, 사상운동·노동운동·청년운동 등 관계하는 운동 여하를 불문하고, 적어도 조선인에 대한 당면의 이해는 공통된 것이다. 그러므로 각자의 단체에 있어서 주의나 취지를 초월하여 대국적 견지에서 조선인이라는 입장 하에서, 그 공통된 이해문제에 대하여 일치단결의 기관을 만들자는 소리를 크게 해야 마땅할 것이 아닌가."라고 제의하였다. 그 결과 1927년 2월 19일 공산주의계, 아나키즘계, 민족주의계 단체가 총 망라되어 재동경조선인단체협의회가 조직되었다.[2]

전진한은 협동조합운동사의 일원으로 천도교청년당·기독교청년회·학우회 등의 민족주의계 단체와 여기에 참여하였다.[3] 이것은 신간회 동경지회의 창립 시 민족주의계의 힘을 강화하려는 전진한의 의도였다.

전진한은 신간회 동경지회의 창립 시 ML계 공산주의자에게 주도권을 빼앗기지 않으려고 노력하였다. 그는 1927년 3월경 서울에 가서 신간회 동경지회 창립의 필요성을 역설하고 그 책임자로 사회주의계가 아닌 민족주의계 인물을 선정하고자 하였다. 그리고 자신의 노력으로 신간회 본부에서 민족주의계 인물인 전진환을 임명하려고 내정하였다. 그러나 사회주의계의 반대로 결국 중도파인 조헌영이 내정되고 말았다.[4]

전진한은 도쿄에 돌아와 협동조합운동사의 회원 및 조선인들에게 신간회 동경지회 설립의 필요성을 역설하였다. 그리고 여러 번의 창립준비위원회를 개최하였다.[5]

이런 준비 끝에 전진한은 1927년 5월 7일 10시 와세다대학 스코트 홀에서 회원 61명, 방청객 150명의 참석 하에 동경지회를 창립하였다. 그 창립대회에서 전진한은 신간회의 조직과 동경지회의 설립에 대한 의미심장한 개회사를 하였다. 앞서 언급한 대로 조헌영이 동경지회의 지회장에 선정되었고, 전진한은 서무부장에 임명되었다. 이외에 재무부 윤길현, 출판부 오희병, 정치문화부 송창렴, 조사연구부 김준성, 조직부 강소천, 선전부 임태호, 간사 김황파, 최병한, 장지형, 박형채, 함상훈, 홍양명, 정헌태, 유원우, 정익현, 안병주, 유영준, 김원석, 전부일, 임종웅 등이 임무를 맡았다.[6]

간부의 구성은 학우회 소속이 8명, 협동조합운동사 소속이 5명, 재일노총이 5명, 신흥과학연구회 소속이 7명, 후에 조선공산당 관련 검거된 인물이 5명이었다. 이러한 인선으로 볼 때 동경지회는 민족주의자만의 조직은 아니었다.[7] 그렇지만 조헌영이 회장, 전진한이 수석 서무(총무)로 임명된 것으로 보아 동경지회의 창립 시 민족주의계가 우위에 있었다고 하겠다. 그런데 이러한 정치적 지형의 형성에는 전진한이 상당한 역할을 하였던 것이다.

2. 신간회 동경지회를 통한 민족운동

신간회 동경지회 내에서 민족주의계의 힘을 강화하려던 전진한은 1927년 5월 28일 도쿄부 도츠카마치(戶塚町) 도모에야(巴屋)에서 개최된 협동조합운동사의 제3회 정기총회에서 '신간회 지지건'이 제기되자 이를 적극 찬성하였다.[8] 동경지회가 창립된 1927년 5월부터 제2회 대회가 개최된 동년 12월까지, 동경지회가 반동단체 민중회 박멸운동, 진재 당시 학살동포 추도회, 조선총독폭압정치 반대운동, 조선공산당사건 암흑공판 반대운동, 작고 반제티 사형 처분 반대운동, 중국시찰단 조선대표 파견운동, 국치일 기념운동, 러시아혁명 기념운동, 조선인대회 소집, 니시간다서(西神田署) 고문사건 항의 등의 활동을 전개하였는데9), 전진한은 동경지회의 서무부 간부였으므로 위와 같은 활동을 직접 전개하거나 상당수 관계하였으리라 짐작된다.

그런데 전진한은 1927년 11월 28일보다 얼마 전에 신간회 동경지회의 서무부장에서 물러났던 것으로 보인다. 그가 서무부장에서 물러난 정확한 이유는 확인되지 않지만, 1927년 여름 방학에 귀국하여 협동조합사상을 선전하느라 중요 회의에 3회 이상 참석하지 못한 때문으로 짐작된다.10)

전진한은 1927년 12월 18일 오전 8시 우에노(上野) 자치회관에서 개최된 신간회 동경지회 제2회 정기대회에 참석하였다. 의장 조헌영(趙憲永), 서기 진병로(秦炳魯) 등 200명의 회원과 300명의 방청객이 참석한 이 회의에서, 전진한은 '재만동포의 구축'에 대하여 주일중국공관을 통하여 엄중 항의, 조선공산당사건 공판에 대하여 조선총독부 당국에 항의문 발송, 동 사건 변호사단에 격려문 발송 등의 사항을 결정하는 데 참여하였다.11) 그렇지만 이 무렵, 신간회 동경지회는 후쿠모토(福本)이즘을 신봉하던 강성진(姜成鎭) 일파에 의하여 장악되었다. 선출된 간부 중 공산주의계는 장지형(張志衡) 외 9명, 민족주의계도 유원우·오희병·황보욱·이상현·김영기 등 9명이었다. 그러나 대의원은 15명 중 13명이 공산주의계이고, 두 명만이 민족주의계였다.12)

전진한은 1928년 1월 초 조헌영, 함상훈, 유영복(劉永福), 오희병(吳熙秉), 이선근(李瑄根), 유원우(柳元佑) 등 협동조합운동사에서 활동한 동지 및 서울파 사회주의자인 홍양명(洪陽明), 오상철(吳相哲) 등과 함께 '전민족적 단일전선 파괴음모에 관하여 전조선민중에게

호소함: 통일전선을 파괴하려고 하는 신파벌귀(新派閥鬼)의 정체를 폭로하고, 신간회 동경지회 임시대회의 소집을 요구한다.'는 제목의 성명서를 발표하였다. 그 성명서에서 전진한 등은 '프롤레타리아 헤게머니 전취론'을 비판하고, 임시대회의 소집을 요구하였다. 13) 당시 이 이 선언을 주도한 서울파 조선공산당에서는 ML파의 이러한 행동을 "반제민족통일전선체로서의 신간회의 존립을 파괴하여 제국주의의 이익을 방조하는 반동적 역할"로 규정하였다.14)

전진한이 동경지회를 장악한 일월회계 등 공산주의 인사들을 비판한 것은 다음과 같은 이유 때문이었다.

우리가 이를 반대하는 논거로는 자본주의 자주국내의 노동계급의 계급투쟁과 약소민족의 제국주의에 대한 해방투쟁과는 본질적으로 다르다는 것이다. 자본주의 자주국내에 있어서 노동조건 등 경제투쟁만으로서는 노동계급에게 정치적, 혁명적 의식이 침투되기 곤란함으로 의회투쟁, 합법투쟁을 통해서 그들의 정치의식을 앙양시켜 점차 혁명적 계급의식에로 유도해가자는 것이 공산주의의 소위 방향전환론인데, 약소민족은 이미 오랜 역사를 통하여 민족의식이 형성되어 있고 이민족의 압박에 대해서는 항상 혁명적·비타협적으로 반발하는 것임으로, 약소민족 해방투쟁은 그 민족 내에서 계급 대립을 심각하게 만드는 것보다는 오히려 민족자결 원칙에서 반제혁명요소를 전 민족적으로 집결시켜 그 혁명항쟁력을 최대한으로 확대하여야 한다는 것이다.

자본주의 자주국내의 무산계급은 계급의식이 아직 형성과정에 있음으로 형식이 정치투쟁이라 하더라도 그 의식에 있어서는 정치의식보다 주로 경제의식이 지배하는 것이니 경제의식이라는 것은 일상경제생활 향상을 가져오자는 의식이요 정치의식이라는 것은 정치적 수단에 의하여 근본적으로 변혁을 가져오자는 의식이다. 이에 반하여 약소민족은 민족의식이 이미 형성되어 있음으로 이민족에 대한 투쟁이 그 형식에 있어서 경제투쟁일 경우에도 그 의식에 있어서는 정치적이다. 우리가 일본인 농장에서 소작쟁의를 한다든지 일본인 공장에서 파업을 한다든가 할 때에, 내건 것은 경제조건이라 하더라도 그 의식에 있어서는 정치적 바일의식이 지배되는 것이다. 그러므로 약소민족운동이 자주국내의 계급운동의 정치적 방향전환을 하나의 공식으로 모방하여 합법적 운동으로 전환한다면 민족운동으로서의 비타협성, 혁명성을 포기하고 약소민족 자체 내에 새삼스럽게 계급투쟁을 격화시킴으로써 결국은 약소민족자체를 말살하려는 결과를 초래하고 만다. 이러한 운동은 소위 일본 내지연장주의의 하나인 변태라고 여지없이 指摘痛駁하여 그들을 매국노로 규정하고 무정부주의계와 제휴하여 그들에게 무자비한 철권제재까지 가하여 이 운동을 완전히 봉쇄말살하였다.[15]

위와 같이 전진한은 약소민족의 해방 투쟁은 계급 간의 대결을 격화하는 것이 아니라, 민족자결의 원칙하에 반제혁명요소를 집결시켜 혁명항쟁력을 최대한 끌어올려야 한다고 보았다. 그리고 약소민족이 경제투쟁에서 정치투쟁으로 전환하여 합법적 운동을 하는 것은 민족운동으로서의 비타협성·혁명성을 포기하고, 약소민족 자체 내의 계급투쟁을 격화시켜 약소민족 자체를 말살하는 결과를 가져온다고 보았다. 그리고 그는 바로 이러한 견지에서 신간회를 장악하려 한 ML당계의 인사들을 통렬히 비판한 것이다.

전진한은 후일 자신의 회고록에서 다음과 같이 말하였다.

그 당시 동경 유학생계는 ML당(공산당)을 중심으로 사회주의자들이 집결되었고, 우리 협동조합운동사를 중심으로 민족주의자들이 집결되어 대립하여 왔다. 일본의 공산주의자, 사회주의자들이 경제투쟁에서 정치투쟁으로 방향을 전환하여 노농당, 사회대중당 등 합법 대중정당 조직에 착수하였을 때 일본 사회주의운동에 항상 추수해오던 ML당계의 우리나라 사회주의자들은 이것을 하나의 공식으로 모방하여 우리나라에서도 합법적 정치투쟁, 의회투쟁을 벌이려 했다. 그때 우리나라에는 의회라는 것이 없었으므로 그들은 우선 그들의 소위 의회쟁취투쟁을 벌이려 했는데 이것이 바로 자치운동이 되는 것이다. 그들은 국내의 유력한 몇몇 명사들과도 손을 잡고 소위 조선자치운동을 전개하기로 하고 최초로 동경에서 그 봉화를 들었던 것이다.[16]

위와 같이 전진한은 신간회 동경지회를 장악하고 있던 ML당계의 공산주의자들에 대해서 합법적 정치투쟁, 의회투쟁을 하려고 한다는 비판적 시각을 갖고 있었다. 이러한 불만에서 전진한은 ML당의 공산주의자들의 활동을 심지어 자치운동과 관련된 것으로 폄하하였다.

그런데, 전진한이 ML당계 공산주의자들의 신간회 동경지회의 활동을 자치운동으로 폄하한 것이 주목된다. 이는 전진한이 공산주의자들의 행보를 조선에 행정자치권이 부여되고, 그 행정자치권을 행사할 권한이 1925년 일본에서 통과된 보통선거법에 따라 결정되는 상황에 대비하여 장래의 투표권자를 장악하기 위한 행동이라고 본 것이었다.[17]

그가 이렇게 판단하였다면, 전진한의 협동조합운동사 조직, 신간회 동경지회의 장악 등의 활동도 향후 조선에 자치권이 부여되는 상황을 고려한 정치적 행보로 보인다. 즉 전진한은, 조선에 자치권이 부여되어 보통선거법에 따라 행정자치권을 행사할 책임자를 결정하는 순간을 대비하여, 협동조합운동사를 조직하고, 신간회 동경지회의 주도권을 장악하려고 했던 것으로 여겨진다.

1928년 2월의 임시대회에서, 전진한은 다른 민족주의계 인물과 힘을 합하여 세력을 만회하였다. 지회장에는 박사목(朴思穆)이 임명되었고, 간사에는 유원우·오희병 등이 선임되었다. 그리고 전진한은

조헌영 · 김정희(金正希) · 박시목(朴詩穆) 등과 함께 대의원에 선임되었다.[18]

이처럼 1928년 초 전진한이 속한 민족주의계와 서울파 공산주의계 대 일월회 주도의 조선공산당계 공산주의자들의 대립은 계속 지속되고 있었다.[19] 1927년 2월 19일 신간회 동경지회의 설립 시 주도권을 잡았던 민족주의계는 1927년 12월 임시대회에서 공산주의자들에게 주도권을 빼앗겼다가, 1928년 1월 선언서를 발표하여 임시대회의 개최를 요구한 후 다음 달 열린 임시대회에서 다시 주도권을 찾아온 것이었다.

1928년 3월, 전진한에게 격심한 대립의 현장에서 벗어날 기회가 찾아왔다. 전진한은 1928년 3월 3년간 다니던 와세다대학 정경학부 경제과를 졸업하였고, 바로 그 달에 유학한 지 8년 만에 꿈에 그리던 고국으로 돌아왔다.

그렇지만 민족주의계와 일월회 주도 공산주의계의 극심한 대립의 현장에서 벗어나려던 전진한의 바람은 이루어지지 않았다. 그가 귀국한 지 한 달 여 되는 1928년 4월에 공산주의계로 여겨지는 '내외전선정리자동맹'의 명의로 단일전선의 형성에 반대한다는 삐라가 뿌려졌다. 이에 대해, 전진한은 "의식 있는 사람이라면 이러한 짓을 할 이치도 없고, 반간부파 중에서도 이러한 망동을 할 사람은 전연 없습니다."[20]라고 점잖게 표현하였다. 그렇지만 이는 신간회 동경지회의 비간부파로 '민족협동전선의 결성'에 앞서 '프롤레타리아 헤게모니 전취론'을 주장한 ML계(일월회) 주도의 공산주의자들을 비판한 것이었다.

귀국 후의 협동조합운동과
서울파공산당사건 관련 옥고

1. 귀국 후의 협동조합운동

1928년 3월 귀국한 전진한은 광화문통 121번지에 거처를 마련하고[1], 바로 이곳에 협동조합운동사의 본부를 정하였다.[2] 자기의 집을 협동조합운동사의 본부로 내놓은 것으로 보면, 전진한이 협동조합운동사의 활동에 얼마나 관심을 기울였는지 알 수 있다.

1928년 4월 초 전진한은 협동조합운동사의 방침과 강령과 위원을 새롭게 정하였다.[3]

> 방침
> 선전에서 조직으로!
> 조합조직에 주력, 기성조합과의 연락원활 급 물품 기타 일체의 경제적
> 지도와 원조
> 재래 각종 유사조합, 경제단체의 조사 · 연락 또는 조직 변경

이상의 건을 수행하기 위하야 중앙에 경제적 기관 설치에 착수

사원의 각지 순회 활동.

각처의 조합조직 방법과 물품구입 기타 각종 질의에 대하여 『팸플릿』과 기타 서류로 해답을 하며 또 특수한 경우에는 직접 사원이 활동지도 함.

강령

우리는 대중의 경제적 단결을 공고히 하며 자주적 훈련을 기함.

우리는 이상의 목적을 관철키 위하야 대중본위의 자주적 조합을 조직하며 차를 지도함.

위원장: 전진한(錢鎭漢)

서무부: 김원석(金源碩), 김성숙(金成璹), 유영복(劉永福)

재무부: 김용채(金容采), 김민직(金敏稯), 김동학(金東鶴)

조직선전부: 함상훈(咸尙勳), 김태명(金泰命), 전준한(錢俊漢)

출판부: 이시목(李時穆), 권오익(權五翼), 정규창(鄭奎昶)

조사연구부: 손봉조(孫奉祚), 김봉집(金鳳集), 정헌태(鄭憲台)

위의 내용과 같이, 전진한은 본부를 경성으로 옮긴 후 실제운동에 착수하였다. 즉 그는 협동조합운동사의 운동 방침을 선전기(宣傳期)로부터 조직기(組織期)에 두고 실제운동에 전력하고자 하였다.

전진한은 실제운동을 전개하기 위하여 조직을 정비하고 위원장인 자신을 보좌할 책임자를 선정하였다. 서무부에 김원석 김성숙 유영복, 재무부에 김용송 김민직 김병학, 조직선전부에 함상훈 김태명 전준한, 출판부에 이시목, 권오익, 정규창, 조사연구부에 손봉조 김봉집 정헌태 등을 임명하였다.[4]

전진한은 협동조합의 설립, 기성 협동조합과의 연락 원활과 물품 등의 경제적 지도와 원조, 그리고 재래의 각종 유사조합, 경제단체의 조사·연락 및 조직 변경을 위해 경제적 기관을 설립하기로 하였다.

이는 1928년 4월 말 협동조합경리조합으로 나타났다. 협동조합운동 사와 표리의 관계를 이루는 협동조합경리조합은 경성 계동 103번지 (전화 2,214)에 위치하여 다음과 같은 내용을 임무로 하였고, 그 간부 들은 아래와 같다.5)

> 협동조합경리조합의 임무
> 지방 각 조합과 연락하여 그 경영상의 편의와 통일을 圖함.
> 지방 각 조합의 청구에 응하여 소비품의 공동구입을 행하며 일체 경제 행위의 위탁에 응함.
> 내국생산품과 외지수입품의 산지, 구입경로, 시가, 운임 등을 상밀히 조 사·보도하여 지방 각조합의 편의를 圖함.
> 지방 각 조합의 실제경영상의 제반문의에 수응하며 경영상 지식과 경험 을 공급함.
>
> 임원씨명 이사장 安熙濟, 상무이사 錢俊漢, 상무이사 劉永福, 이사 李 慶熙, 金容采, 고문 錢鎭漢

위의 내용과 같이 협동조합경리조합은 지방 각 협동조합의 경영에 대한 자문을 하였고, 각 조합에서 필요한 물품을 공동으로 구매하여 제공하는 역할을 하였다. 이것의 운영은 백산상회를 경영하고 기미 육영회를 운용한 안희제(安熙濟)가 담당하였고, 전진한은 고문의 역 할을 하였다. 전진한이 안희제가 이사장으로 있던 협동조합경리조합 의 고문으로 활동한 것은 자신이 기미육영회의 장학생이었던 점과 백산무역회사가 1928년 1월경 해산되어 곤궁한 처지에 있던 점6) 등 을 고려한 행동이었다고 판단된다.

전진한은 1928년 협동조합운동사의 방침과 강령을 새롭게 정비한 후 기성 조합의 발전 상황을 조사하고 지방의 조합 조직을 촉성하기 위하여 간부를 파견하였다. 그리고 자신은 1928년 5월 18일 김도명과 함께 충청도와 경상도 등지를 순회하였다. 순회지역은 천안, 대전, 경산, 김천, 함창, 예천, 영주, 안동, 의성, 군위, 대구, 영천, 경주, 포항, 영덕, 마산, 동래, 부산, 양산, 밀양, 마산, 창원, 통영, 고성, 하동, 진주, 의령, 삼가, 단성, 산청, 함양, 거창, 합천, 성주, 왜관 등지를 직접 순회하였다.[7]

전진한의 순회 활동에 힘입어 1928년 8월 설립된 김천협동조합은 1928년 12월 말 현재 사업고가 8,000원, 매상액이 5,000원에 달하였다. 그 결과 1929년 2월 순이익 560여 원을 조합원에 분배하기까지 하였다. 그러나 효령소비조합은 운영이 어려워 간부들이 자금을 모으려고 백방으로 뛰었으나 자금 부족으로 개업을 하지 못한 상태에 머무르고 있었다. 이러한 그의 활동으로 1929년 6월 말 현재 전진한이 관장하던 협동조합은 다음의 〈표 5〉와 같이 발전할 수 있었다.[8]

〈표 5〉 협동조합 개황(1929년 6월 말 현재)

명칭	설립일	위치	간부	회원수	자본금
함창협동조합	1927.1	경북	황이정 전준한	400명	4,000원
상주협동조합	1927.4	경북	김원한 전준한	150명	1,500원
중모협동조합	1927.4	경북	조남철 황재은	200명	2,000원
청성협동조합	1927.9	경북	김재준 김윤종	220명	700원
풍산협동조합	1927.5	경북	조정식 김인재 권용국	648명	
예안협동조합	1927.8	경북	이중진 김연식 이준문	417명	1,297원
김천협동조합	1928.8	경북	심상민 황진주 황의준 김동성	216명	2,784원
효령소비조합	1929.1.26	경북	유지상 김무주 은규표 양지달	150명	

2. 서울파공산당 사건 관련 옥고

전진한은 1928년 7월경 이른바 신조선공산당 사건에 관련되어 체포되었다.[9] 이는 협동조합운동사를 이끈 전진한이 1927년 12월경 조직된 서울계의 신조선공산당 그룹과 1928년 1월 도쿄에서 「전민족 단일전선 파괴음모에 관하여 전조선 민중에게 호소함」이란 성명서를 발표하는 등 보조를 함께한 이유 때문이었다.[10] 전진한은 동경에서 서울계의 신조선공산당 그룹과 함께 후쿠모토(福本)의 '헤게머니 전취론'을 따르는 ML계의 공산주의자들을 함께 공격하기도 하였던 것이다.[11]

전진한은 체포되어 10개월의 신문을 받고 기소되었다. 그가 기소가 되었다는 사실은 일제당국이 전진한을 신조선공산당 그룹과 긴밀한 관계를 맺고 활동한 인물로 판단하였음을 의미한다. 그러나 1929년 4월 15일 신의주지방법원의 예심재판에서, 전진한은 "공판에 부(付)할 범죄의 혐의가 무(無)함"으로 판단되어 면소(免訴) 처분을 받았다.[12]

3. 언론을 통한 협동조합 선전

출옥 후 전진한은 자중하며 두드러진 정치적 활동을 전개하지 않았다. 그렇지만 협동조합의 설립과 발전에 대한 그의 열망은 꺾을 수 없었다. 그래서 그는 신문을 통해서 유럽의 협동조합에 관한 내용을 소개함으로써 조선에 협동조합이 설립되어 운영되기를 절실히 희망하였다.

전진한은 1930년 1월 1일부터 16일까지 『중외일보』에 「세계농촌
순례」라는 글을 14회에 걸쳐 실어 유럽과 호주 등의 협동조합에 대
해서 소개하였다. 그가 소개한 대상은 절박한 농촌문제의 해결을 위
해, 산업혁명 이후 도시경제의 발전과 농촌경제의 위축쇠퇴(萎縮衰
頹)라는 불리한 경제관계 속에서도, 오히려 조직적인 노력으로 쇠퇴
의 형세를 완화·만회하거나 적극적으로 농촌의 경제를 발전·신장
시킨 나라들이었다. 그가 소개한 나라는 다음의 〈표 6〉과 같이 유럽
의 덴마크, 독일, 아일랜드, 프랑스, 벨기에, 이탈리아, 네덜란드, 헝
가리, 오스트리아, 세르비아, 스웨덴, 노르웨이, 폴란드, 스위스, 룩셈
부르크 등 15개국과 오세아니아주의 호주였다.

〈표 6〉 전진한 『중외일보』연재 세계농촌순례(전 14회)

일자	국가	주요 내용
1930. 1. 1	덴마크	패잔에서 부흥에 丁抹 회생운동, 偉效를 奏한 牛酪製造事業, 작업은 공동으로 판매까지 공동,
1930. 1. 2	덴마크	계란수출협회: 엄격한 규율 각종농업조합: 지도도 친절 협동주의 성공: 금일의 융성
1930. 1. 4	독일	농업교육개선: 데루씨의 공적 農資의 곤란으로 신용조합 조직 협동조합정신은 농촌부흥의 因
1930. 1. 5	아일랜드	공동착유장: 프링켓트씨의 노력 정보도 원조: 각인 부담 경감 농업신용은행: 資金融通輕便
1930. 1. 6	아일랜드	농업도매조합: 각 조합의 연락 조합이천삼백: 판매삼백만磅 진보적·통일적: 애란인의 사업
1930. 1. 7	프랑스	외국품의 압박: 피폐하던 농촌 현상을 타파코자 농가연합 조직 조합조직의 이익: 중간비용 절감

일자	국가	주요 내용
1930. 1. 8	벨기에	구주제일위의 조합발달국 각조합의 상세: 밀봉시장 특설 승려의 후원: 농촌부흥 원인
1930. 1. 9	이탈리아	외국의 제도를 수입한 나라 저축은행 설립: 농촌은행까지 강연회 개최: 잡지까지 발행
1930. 1.10	네덜란드	관민일치하야 퇴세만회 노력 십일의 농업 연합: 협동적의 활동
1930. 1.11	헝가리	고리자금자등 공동신용은행 농협조합등이
1930. 1.12	오스트리아, 세르비아	墺地利의 농촌 塞耳維의 농촌 농업연합 기타
1930. 1.14	스웨덴, 노르웨이, 폴란드	瑞典及諾威 芬蘭의 농촌
1930. 1.15	스위스, 룩셈부르크	瑞西의 농촌 룩센불그 농촌
1930. 1.16	호주	세계시장으로 냉장육을 수송

그런데 이러한 활동마저도, 일제 당국은 허락하지 않았다. 전진한은 1930년 1월 17일경 광주학생운동 동조시위의 확산을 예방하기 위한 예비검속으로 협동조합의 간부인 김성숙(金成璹), 함상훈과 함께 검거를 당하였다.13) 그리하여 그는 몇 일간 구류되어야만 하였다. 이는 일제 당국이 그의 민족지도자로서의 영향력을 두려워한 때문이었다고 생각된다.

제7장

전시체제기
일제의 협력 강요와 은거

1. 결혼과 가정생활

전진한은 신조선공산당 사건으로 기소되었다가 면소로 풀려난 1929년 4월 직후 전주 최씨인 최숙철(崔淑喆)과 결혼하였다. 부인은 8살 연하였다.[1] 이 결혼은 사회운동을 하다 자주 감옥(監獄)에 들어가는 전진한을 보다 못한 그의 부모의 강요가 영향을 미쳤을 것 같다.

결혼 이후 전진한은 두드러진 사회활동을 하지 않았다. 그가 가정에 충실하였는지 아닌지는 확실히 알 수 없다. 다만, 다음해인 1930년 3월에 장녀인 금주(金周)가 상주군 함창면 오사리에서 출생한 것이 확인된다. 1932년 5월에는 장남인 창원(昌源, 함창면 오사리), 1935년 10월에는 차녀인 인주(仁周, 서울 간동), 1937년 3월에는 삼녀인 영희(永禧, 장전읍 장전리), 1944년 10월에는 4녀인 방자(芳子, 장전읍 장전리)가 출생한 사실을 확인할 수 있다.[2]

2. 일제의 협력 강요와 은거 생활

전진한은 1930년대 초 일시 함남 갑산에 가서 사립학교 교원으로 활동하였으나 이것마저 불온분자라고 추방되어 금강산 속에서 은둔 생활을 하였다고 한다.[3] 그가 활동하였던 사립학교가 무엇이고, 얼마나 교사로 활동하였는가 하는 점은 현재 객관적인 자료에서 확인되지 않는다.

그는 교사에서 추방된 1930년대 초 금강산 신계사에서 머물렀다.[4] 이때 그는 미륵암에서 절구통 수좌 효봉(曉峰, 1888~1966)을 만났다고 한다. 이곳에서 그는 참선수행에 전력하는 등 본격적인 불교공부를 하였다고 한다.[5]

전진한은 1931년 만주사변 후 일제가 반일인사들을 포섭하려고 서울 용산의 군사령부에 전국의 반일운동가를 불러 모았을 때 금강산 신계사에서 서울로 붙들려왔다. 그때 전진한은 '나무아미타불', '관세음보살'이란 염불만 하고, 미친 사람 행세를 하면서 들어도 못들은 척 하였더니 폐물이라고 조소하며 놓아주었다고 한다.[6] 1931년 만주사변 후 일제는 종교단체마저도 '오심당사건', '십자가당사건', '신인동맹사건' 등으로 관련 교인들을 압박하여 협력을 강요하였다. 그래서 서울에서 가까운 곳에 있으면 협력할 수밖에 없는 상황이었다. 전진한도 이러한 이유로 산속으로 은거했던 것이나 아닌지 모르겠다.

전진한은 1941년 10월경 임전보국단 강원도지부 발기인 명단에 수록되었다.[7] 조선임전보국단은 1941년 10월 태평양전쟁의 발발의 직전 전쟁 협력을 이끌어낼 목적으로 설립되어 그 다음해인 1942년 11월까지 존속되었는데, 그가 이 명단에 들어간 경위는 알 수 없다. 그리고 자발적으로 서명하였는지 여부도 현재 확인되지 않는다.[8] 다만, 서명 당시 전진한의 거주지가 고성으로 되어 있는 것으로 보아, 전진한은 금강산에 거주하였음이 확인된다. 전진한이 금강산에 은거하고 있었다면, 그가 적극적으로 이에 가담하였다고 보기는 어려울 듯싶다.

전진한은 1941년 12월 태평양전쟁의 발발 후에는 감시하던 형사가 신변의 위험을 알려주어 위기를 면할 수 있었다. 이후 전진한은 오대산의 사람이 없는 곳에 가서 감자를 갈아먹으며 피신생활을 하였다고 한다.[9]

제2부

해방과 정부수립 직후의
정치 활동과 **노동운동**(1945~1952)

제8장

해방 직후의
정치 활동과 노동운동

1. 한국민주당과 독립촉성중앙협의회 활동

해방이 되자 그는 강원도 오대산에 있다가 형과 함께 서울에 올라
왔다. 산간벽지인 오대산에서 감자를 갈아 먹고 생활하던 그는 해방
이틀 후인 1945년 8월 17일이 되어서야 일본의 패망 사실을 알았다.
다음날인 8월 18일, 그는 형인 전준한과 함께 짚신감발에 곰방바지를
입고 홀태기를 메고 서울로 올라왔다.[1] 전진한에게 민족을 위한 정
치운동과 노동자와 농민을 위해 사회운동을 전개할 수 있는 새로운
환경이 마련되었다.

서울에 올라와 그가 벌인 최초의 정치 활동은 1945년 9월 4일 종로
기독교청년회관에서 열린 '임시정부 및 연합군 환영준비회' 참여였
다. 30여 년간 악전고투하며 투쟁한 임시정부 요인과 우리에게 해방
을 가져다 준 연합군을 환영하려는 취지에서 만들어진 이 준비회의

임원은 다음과 같다. 위원장은 권동진(權東鎭), 부위원장은 김성수(金性洙) 허헌(許憲) 이인(李仁)이었고, 위원으로는 권동진 원세훈(元世勳) 이극로(李克魯) 이활(李活, 명륜정) 임영신(任永信) 오세창(吳世昌) 김양수(金良洙) 홍명희(洪命熹) 황신덕(黃信德) 배정국(裵正國) 조병옥(趙炳玉) 정희찬 허헌 정칠성 등 50명, 그리고 실행위원으로 사무장 조병옥, 사무차장 구자옥(具滋玉) 조헌영(趙憲泳) 등이 있었다. 사무처에는 총무부, 설비부, 선전부, 정보부, 경찰부, 교운부(交運部)가 있었는데, 전진한은 선전부 위원이었다.[2] 이 조직은 김성수와 조병옥 등이 1945년 말경 미군의 진주 소식을 듣고 대한민국임시정부를 절대지지하기 위하여 만든 조직이었다.[3] 1910~20년대 말 서울에서 김성수와 인연을 맺었고, 이후 김성수와 송진우의 도움을 받아 와세다 대학에 유학을 갔던 점 등의 인연으로, 그는 김성수 및 조병옥과 정치적 행동을 함께하였다.

1945년 9월 6일 대한민주당과 한국국민당이 중심이 되어 한국민주당을 발기하자 그는 이에 참여하였다.[4] 한국민주당의 발기인들은 원세훈이 발기한 고려민주당, 김병로·백관로 등이 발기한 조선민족당, 백남훈·윤보선 등이 발기한 한국국민당, 송진우·서상일 등이 발기한 국민대회준비위원회, 김성수·조병옥 등이 조직한 '임시정부 및 연합군 환영준비회'의 인사들을 권유하여 창당을 준비해나갔다.[5]

건국준비위원회를 주도한 여운형, 박헌영, 정백 등이 1945년 9월 6일 전국인민대표자대회를 열어 인민공화국의 수립을 선포하자, 그는 한민당의 당원으로 이를 비판하는 성명서에 서명하였다.[6] 9월 8일 발표된 이 성명서에는 다음과 같이 되어 있다.

지난 8月 15日 일본항복의 報를 듣자 총독부 정무총감으로부터 치안유지에 대한 협력의 의뢰를 받은 呂運亨은 마치 독립정권 수립의 특권이나 맡은 듯이 4·5人으로써 所謂 建國準備委員會를 조직하고 혹은 신문사를 접수하며 혹은 방송국을 점령하여 국가건설에 착수한 뜻을 천하에 공포하였을 뿐 아니라 경찰서, 재판소 내지 은행, 회사까지 접수하려다가 실패하였다. 이 같은 중대한 시기에 1·2 소수인으로써 방대한 치안문제가 해결되며 행정기구가 운행될 것으로 생각함은 망상이다. 과연 處處에서 약탈 폭행이 일어나고 무질서 무통제가 연출되었다. 軍憲은 권력을 발동하여 시민에게 위협을 가하였다. 건준의 一派는 신문사, 방송국으로부터 축출되고 가두로부터 遁入치 않을 수 없게 되었다. 3. 그 후의 하는 일은 무엇인가. 사면초가중의 呂·安은 소위 위원을 확대한다하여 소수의 知名人士를 그 建國準備委員會의 좁은 기구에 끌어 집어넣기에 광분하였다. 그러나 建準을 비난하는 자가 獵官運動者가 아닌 이상 그 위원중의 하나로 임명된다고 옳다할 자는 없었다. 인심은 이탈하고 비난은 가중하매 그들은 각계각층을 망라한 450인의 인사를 초청하여 一堂에서 시국대책을 협의할 것을 사회에 약속하였다. 그럼에 同 建準 내에도 분열이 발생하여 간부반대론이 대두하였다. 이에 그 간부들 전원은 사표를 제출하고 소위 각계각층의 150명에게 초청장을 띄웠다고 신문에 발표하였다. 그러나 사실은 同 간부들 35명이 그대로 집합하여 呂·安 사표수리안은 18표 대 17표의 1표의 차로 겨우 유임되게 되었다. 4. 일이 여기까지 이르면 발악밖에 남은 것은 없다. 그들은 이제 반역적인 소위 인민대회란 것을 개최하고 '朝鮮人民共和國' 政府란 것을 조직하였다고 발표하였다. 가소타 하기에는 너무도 사태가 중대하다. 출석도 않고 동의도 않은 國內 知名人士의 名을 도용한 것은 말할 것도 없고 해외 우리 정부의 엄연한 주석, 부주석, 영수되는 諸英雄의 令名을 자기의 어깨에다 같이 놓아 某某委員 운운한 것은 인심을 현혹하고 질서를 교란하는 죄 실로 萬事에 當한다. (중략)

그들의 언명을 들으면 해외의 임시정부는 국제적으로 승인받은 것도 아니오 또 하등 국민의 토대가 없이 수립된 것이니 이것을 시인할 것이 아니라는 것이다. 오호라 邪徒여. 君等은 현 大韓臨時政府의 요인이 기미독립운동 당시의 임시정부의 요인이었으며 그후 상해사변, 支那事變, 대동아전쟁발발 후 중국 국민정부와 미국정부의 지지를 받아 重慶, 워싱턴, 싸이판,

沖繩 等地를 전전하여 지금에 이른 사실을 모르느냐. 同政府가 카이로 회담의 3거두로부터 승인되고 桑港會議에 대표를 파견한 사실을 君等은 왜 일부러 은폐하려는가. 大韓臨時政府는 大韓獨立黨의 토대위에 섰고 국내 3천만 민중의 환호리에 입경하려 한다. 知名人士의 令名을 빌어다 자기위세를 보이려는 도배야. 일찍이 汝等은 小磯總督官邸에서 합법운동을 일으키려다 嚬笑를 당한 도배이며 해운대온천에서 日人 眞鍋某와 朝鮮의 라우렐이 될 것을 꿈꾸던 도배이며 일본의 압박이 消渙되자 政務總監 京畿道警察部長으로부터 치안유지 협력의 위촉을 받고 피를 흘리지 않고 정권을 탈취하겠다는 야망을 가지고 나선 일본제국의 走狗들이다.[7]

위와 같이, 전진한은 건국준비위원회를 일본 정무총감으로부터 치안유지 협력 의뢰를 받은 여운형이 독립정권 수립의 특권이나 맡은 듯이 4~5인으로써 조직한 것에 불과하다고 하였다. 그리고 건국준비위원회의 후신인 인민공화국도 국내의 인사나 해외 대한민국임시정부의 주석, 부주석, 영수 등의 동의도 받지 않고 제멋대로 만든 것이어서 인정할 수 없다고 하였다. 건국준비위원회와 인민공화국의 인사들이 대한민국임시정부를 국제적 승인을 받지 않고, 국민의 토대 없이 수립된 것이라고 주장한 데 대해서, 그는 대한민국임시정부가 거족적 3·1운동의 결과로 수립되었고, 상해사변·중일전쟁·태평양전쟁 이후 중국과 미국 정부로부터 인정을 받았으며, 귀국에 앞서 3천만 동포로부터 환영을 받고 있다고 반박하였다.

전진한이 한민당의 발기에 참여하고, 건국준비위원회와 인민공화국을 비판한 것은 그의 정세인식과 정치사상과 정치관이 반영된 결과였다. 전진한은 해방 직후 정치적으로 외국 간섭이 없는 독립정부를 수립하고, 경제적으로 착취 없는 균등한 사회를 수립하는 것이 우리 민족의 염원이라고 보았다. 그런데 그는 이를 구현하는 데 적합한 사회체제를 민족주의체제, 혹은 자유민주주의체제로 보았다. 그는 공산주의체제의 종주국인 소련의 상황을 "레닌의 공산주의 혁명 후 농민이 태업을 일으켜 자가 식량 정도 이외의 농산물을 증산할 의욕도 없고, 공장노동자에 의한 압박의 반동으로 도처에 농민폭동이 일어나 치안이 혼란해지고 일대 기근을 초래하게 되었다."고 보았다. 그리고 "공장에 있어서는 생산의욕을 도발하는 하등의 개인적 이해가 없었으므로 결국 태업상태에 빠져 생산저하로 인하여 산업은 파멸에 다다랐다고 보았다. 그리하여 이와 같은 무모한 공산주의의 강행이 계속된다면 민족의 멸망을 초래할 것이 명약관화 하게 되었다"고 판단하였다. 그는 소련의 정치 상황을 "프롤레타리아 독재(獨裁) 소위 무산계급 독재는 종지부를 찍고, 일개 정치적 당파에 의한 특권적·관료적인 일개 정치적 당파인 볼셰비키가 노동자, 농민, 자본가 기타 각계각층을 억압·지배하고 있다."고 이해하였다. 그는 볼셰비키 일파가 공장노동자에 대한 종래의 맹약을 위배하고 그들로 하여금 다시 임금제도의 철쇄에 얽매이게 하여 타 계급뿐만 아니라 노동자계급에 대해서도 폭군적인 존재로 군림하고 있으며, 모든 반대세력을 피로써 숙청하고 자파 내의 인물들도 무자비한 피의 숙청을 계속하였다."고 보았다. 이어 그는 소련이 스탈린의 집권 후 국가자본주의적 요소를 띠어 무력을 배경으로 독점시장을 구축하는 제국주의적 속성을 띠었는데, 그 실례가 발칸제국을 점령하여 후일 동구 블럭의 기초를 확립한 것이라고 하였다. 그리고 한반도의 침략과 관련해서, 소련은 이미 구한말 한국을 38°, 혹은 39°에서 분할점령하려 하였고, 제2차 세계대전 발발 이후 1945년 2월의 얄타회담에서 소련의 스탈린이 미국의 루스벨트, 영국의 처칠과 38°선 이북의 소련 점령을 협약하였다고 보았다. 전진한은 소련이 극도의 병탄주의에 의한 세력 확장과 대규모적인 이민정책과 민족말살을 기도하고 주변국을 위성국가화 하므로 소련을 민족해방의 구세주로 맹신할 수 없다고 인식하였다.[8] 자유민주주의체제에 대한 동경과 반공주의 및 반소주의의 정치사상과 정치관을 갖고 있었던 것이 그의 정치 행보로 나타났던 것이다.

1945년 9월 16일 한국민주당이 창당되었을 때 그는 여기에 참여하였다. 한민당은 1) 조선민족의 자주독립국가 완성을 기함 2) 민주주의의 정체수립을 기함 3) 근로대중의 복리증진을 기함 4) 민족문화를 앙양하여 세계문화에 공헌함 5) 국제헌장을 준수하여 세계평화의 확립을 기함을 강령으로 하였다. 그리고 1) 국민기본생활의 확보 2) 호혜평등의 외교정책 수립 3) 언론 출판 집회 결사 및 신앙의 자유 4) 교육 및 보건의 기회균등 5) 중공주의(重工主義)의 경제정책 수립 6) 주요산업의 국영 또는 통제관리 7) 토지제도의 합리적 재편성 8) 국방군의 창설을 정책으로 삼고 있었다.[9] 당시 전진한은 이러한 한국민주당의 강령과 정책을 다 찬성한 것은 아니었지만 자유주의체제의 수립을 염원하였으므로 한민당에 참여하였던 것이다.

1945년 9월 21일 한국민주당이 백관수(白寬洙) 송진우(宋鎭禹) 원세훈(元世勳) 서상일(徐相日) 조병옥(趙炳玉) 백남훈(白南薰) 김도연(金度演) 허정(許政) 김동원(金東元) 등을 총무로 선정하고[10], 22일 중앙집행위원회에서 사무국, 당무부, 조직부, 외무부, 재무부, 선전부, 정보부, 노농부, 문교부, 후생부, 조사부, 연락부의 임원과 중앙감찰위원을 선정하였을 때[11], 전진한은 노농부 위원에 선임되었다.[12] 일본 와세다대학교 정경학과를 졸업하였고, 일제강점기 그가 협동조합운동을 전개한 경력을 참작하여 그에게 노농부 위원의 소임을 맡겼다고 여겨진다.

한국민주당의 노농부 위원으로 활동할 때, 그는 다음과 같은 의견을 제시하였다. 그 요지는 "첫째 한민당을 명실 공히 민족대중정당으로 유지·발전시키기 위해서 송진우 선생은 일반에게 재벌대변자로 인정되기 쉬우니 당이 대중 속에 깊이 침투될 때까지 입당을 보류할 것, 둘째 소작료 3·7제를 선포하여 농민의 지지를 획득하면서 협동조합운동을 적극 전개하여 농민을 조직화 할 것, 셋째 민주노동조합운동을 전개하여 노동자를 공산진영에서 민족진영으로 전환시킬 것, 넷째 청년운동을 전국적으로 전개하여 민족의식을 고취함으로써 그들의 좌경화 경향을 방지할 것, 다섯째 민족대중당의 위신과 체면을 유지하며 국민에게 독립불기(獨立不羈)의 정신을 불어넣기 위하여 미군정과도 불즉불리(不卽不離)의 입장에 서고 여당적인 색채를 내지 않기 위하여 당 간부 이하 누구를 막론하고 미군정에 직을 가지는 자는 일단 탈당을 성명할 것 등"이었다.[13]

1945년 9월 250개에 달하는 정당과 단체의 난립을 해결하려 '통일전선결성대표대회'와 '각당통일기성회'가 중심이 되어 정당통일운동을 전개하였을 때 그는 '각당통일기성회'의 편에 섰다. '통일전선결성대표대회'는 손공린의 조선건국협찬회를 중심으로 한 군소정당들이 주도한 정당통합운동단체로 주로 민족주의 계열 정당 간 연합을 목표로 정당통합을 추진하였다. 조선건국협찬회는 9월 12일 '각당통일전선성명대회'를 마치고, 9월 26일 '각당통일전선결성대표대회'를 개최하여 방침을 논의하였다. 10월에는 조선건국협찬회, 국민당, 신조선당, 대한인민당, 조선혁명당, 조선민주당, 신민당, 대한신민당, 삼일당, 한민자유당, 조선해방동맹, 한국공화당, 대한독립협회, 통일전선준비위원회, 민일당 등 14개의 정당·단체가 '정당합동준비위원회'를 조직하고 활동하였다. 그리고 정당합동위원회는 이승만이 귀국하여 독립촉성중앙협의회를 조직하자 이를 보강하는 실천진영으로 세를 모아갔다.[14] 이에 반해, '각당통일기성회'는 전국정치운동자후원회, 조선어학회, 학술원, 조선문화건설중앙협의회 등 30여 개의 비정치단체에서 정당통일운동을 추진한 조직이었다.[15] 전진한은 이에 참여하여, 1945년 9월 17일 이극로를 비롯한 정치위원 10명을 선정했을 때 교섭부 위원에 선임되어 활동하였다.[16]

한편 10월 중순 난립하던 정당과 정치단체는 송진우·김병로·백관수·장덕수 등의 한민당, 안재홍의 국민당, 여운형·최근우의 건국동맹, 박헌영·김형선·최용달·이현상·조동우 등의 조선공산당 등으로 재편되었다. 그리고 이 네 당과 문화단체 및 종교단체의 주요 간부들은 이승만의 귀국 후 10월 23일 이승만의 '뭉치자'는 구호 하에 이승만을 회장으로 하는 '독립촉성중앙협의회'로 귀결되었다.[17]

그런데 안재홍의 국민당은 독립촉성중앙협의회가 임정보강론의 차원에서 조직한 과도적 정치통합체였으므로 우파 정당 간 통합기구인 각당통일전선결성대회의 행동위원회와 임정을 맞이하기 위해 결성하였던 국민대회준비위원회를 해소하기로 결의하였다. 이에 반해 여운형은 인민공화국을 국내외를 통합한 민족통합전선체로 삼으려 하였다. 또 조선공산당의 박헌영도 '선 친일파 배제'를 주장하며 '선 단결'을 주장하는 독립촉성중앙협의회를 비판하면서 한민당 세력을 배제하려 하였다. 조선공산당이 우파를 배제하자 한민당은 조선공산당의 좌파 및 중간파와의 협력을 거부하였다. 그리고 이승만은 인민공화국 주석 취임을 거부하고 임정의 제한적 역할론을 언급하면서 독립촉성중앙협의회를 중심으로 정국을 운영하려 하였다.[18]

1945년 12월 중순 전진한은 한민당이 우파와의 협력을 강화하려고 12월 10일 29개 정당대표와 함께 '민족주의통일당'을 조직하려 하였을 때 전진한은 13명의 위원 중 한 사람에 선정되었다. 나머지 위원으로는 한민당의 총무 원세훈, 연락부원 김법린, 총무 허정, 국민당의 명제세, 그리고 이규갑, 이갑성, 박문희, 김공우, 손봉조, 오하영, 남상철, 김려식 등이 있었다.[19]

1945년 12월 28일 모스크바 3상회의의 결정이 알려져 반탁운동이 전개되었을 때, 그는 이승만, 김성수 등과 함께 활동하였다. 그리하여 그는 1946년 1월 24일 이승만과 한민당의 김성수가 임정계의 김구(金九) 등과 힘을 합하여 '반탁독립투쟁위원회'를 조직하고 활동할 때에, 고문 이승만(미국 체재 중), 부위원장 김성수 등과 함께 집행위원으로 활동하였다.[20]

전진한은 1946년 2월 2일 독립촉성중앙협의회가 발전하여 조직된 비상국민회의의 노농부 위원으로 선정되었다. 인민당과 조선공산당계 및 임정계 인사의 이탈로 세력이 약화된 독립촉성중앙협의회는 1946년 1월 15일 임정계의 비상정치회의를 흡수하여 1월 18일 비상국민회의로 발전하였다. 이 직후인 1946년 2월 2일 비상국민회의가 13부의 위원을 선정·발표할 때, 전진한은 최성환(崔成煥), 이을규(李乙奎), 원세훈(元世勳), 차응천(車應天) 등과 노농부의 위원장 유림(柳林) 휘하의 위원으로 선임되었다.[21]

1946년 2월 8일 이승만의 독립촉성중앙협의회와 김구의 신탁통치반대국민총동원위원회가 통합해 '대한독립촉성국민회'를 조직하자[22],

전진한은 여기에 참여하였다. 대한독립촉성국민회는 1946년 3~4월 전국에 도(道)·부(府)·군(郡)지부장회의를 개최하고, 5월 서울과 각 지부에서 독립전취국민대회를 개최함으로써 조직을 확장하였다.[23) 이런 활동에 힘입어, 전진한은 1946년 6월 13일 운현궁에서 개최된 대한독립촉성국민회 제1회 중앙상무집행위원회에서 중앙상무집행위원에 선임되었다.[24)

한국민주당이 송진우의 암살 후 수석총무 김성수의 주도로 당을 정비하던 1946년 5월 1일, 그는 23개 분과 중 청년훈련분과의 책임자로 선정되었다.[25) 이때까지만 하여도 전진한은 김성수가 이끄는 한민당과 밀접한 관계를 맺고 있었다.

그렇지만 이후 전진한은 차츰 한민당에서 멀어졌다. 전진한은 그 이유를 자신이 주장한 다섯 가지 제안을 하나도 받아들이지 않은 때문이라고 밝혔다.[26) 1946년 10월경 좌우합작위원회가 좌우합작7원칙을 제시하였을 때 한민당이 토지개혁문제에 반대성명을 제시하자, 창당 발기인이며 총무인 원세훈이 탈당하고 다른 사람들의 탈당이 이어졌는데[27), 그도 이 무렵 탈당하였던 것이나 아닌지 모르겠다.

1946년 6월 29일 독립촉성중앙협의회를 통한 정당통합운동이 실패로 돌아간 후 이승만이 김구와 단독정부 수립 준비 및 지지기반의 확보[28)를 위하여 72개의 제 정당·단체를 통합하여 민족통일총본부를 구성하였을 때, 전진한은 노농부 위원에 선임되었다.[29) 그리고 1946년 8월 12일에는 민족통일총본부의 노동부장에 선임되었다.[30)

1945년 9월부터 1946년 초 전진한은 김성수·송진우·원세훈이 이끄는 한국민주당에 참여하여 활동하였다. 그리고 1945년 10월 말 이후 전진한은 독립촉성중앙협의회에 참여하여 활동하였고, 이를 기회

로 이승만의 절대적인 신임을 얻어, 그는 1946년 12월 대한독립촉성
전국청년총연맹의 위원장, 1946년 2월 비상국민회의의 노농위원, 대
한독립촉성회 중앙상무집행위원, 1946년 우익 국민운동의 총본부인
민족통일총본부의 노농위원과 노동부장에 선임되었다. 이처럼 전진
한은 해방 직후 김성수 및 이승만과 함께 반공주의·자유주의의 노
선에 서서 정치 활동을 하였고, 그것이 배경이 되어 정치적 입지를
점차 굳혀갔던 것이다.

2. 대한독립촉성전국청년총연맹 활동

해방 직후 청년과 학생들은 건국을 위한 치안유지 활동을 전개하
였다. 1945년 8월 16일 여운형이 건국준비위원회를 조직하고 YMCA
의 체육부 간사이며 유도사범이었던 장권(張權)에게 건국치안대를
조직하게 하였다. 그리고 일본 유학생과 국내의 전문대학 및 중등학
교 이상의 학생들로 구성된 조선학도대, 학병동맹, 귀환군인으로 조
직된 조선군인동맹, 노동자·농민·도시소시민층으로 구성된 청년돌
격대, 조선청년동맹단 등도 치안 활동을 담당한 청년단체였다. 이 단
체들은 어떠한 정치적 이념에 치우치지 않고 건준과 건국치안대의
노선을 채택하고 있었다.[31]
1945년 9월 6일 인민공화국을 수립한 후, 조선공산당은 좌익계 청
년단체를 산하의 단일 조직으로 편성하고자 하였다. 그래서 10월 23
일 서울시내에서 조선건국청년회, 청년연합회, 건청회, 출판노조청년
회, 동아청년회, 조선청년단, 해방청년단, 인왕청년동맹, 조선학병동

맹, 조선해방청년동맹, 낙산청년동맹, 건국부녀동맹청년부, 혁신청년동맹, 북악청년동맹, 조선학도대, 청년돌격대, 강남청년동맹, 전농청년대, 조선군인동맹, 조선청년동맹건청대, 조선노동청년동맹, 실업청년동맹, 경성청년동맹 등 26개 단체 대표 100여 명을 모아 전국청년단체대표자회를 개최하였다. 그리고 11월 5일에는 청년총동맹 결성준비위원을 선출하고, 11월 29일 전국청년단체총동맹 서울시연맹을 결성한 후, 12월 11일에서 13일에 걸쳐 '조선청년총동맹'을 결성하였다.[32]

조선청년총동맹은 조선공산당의 부르주아민주주의혁명단계를 지지하였으나, "땅은 농민에게, 공장은 노동자에게"라는 구호 아래 인민정권수립의 전위대가 되려고 하였다. 그런 점에서 고전적인 부르주아민주주의혁명과는 달리 노농동맹을 토대로 하는 인민민주주의혁명을 지향하였다.[33]

해방 직후 우익 청년단체들이 없었던 것은 아니나, 한국의 청년운동은 조선건국청년회를 위시한 좌익청년단체들에 의해 주도되었다. 그리고 인민공화국의 수립 후 사회주의계 청년단체들은 조선청년총동맹으로 조직화되고 있었다. 전진한의 표현에 따르면, 당시 민족진영의 청년단체들은 좌익청년단체들로 인해 거의 질식 상태였다.[34]

전진한은 좌익 청년들이 장악한 청년단체의 기세를 꺾기 위해서 유진산(柳珍山), 황학봉(黃鶴鳳), 김산(金山), 최일영(崔一永), 함상훈(咸尙勳) 등과 비밀결사인 흥국사(興國社)를 조직하였다. 그리고 그는 황학봉과 함께 건국준비위원회 소속의 건국치안대를 개편한 조선건국청년회의 위원장이며 여운형의 심복인 오정방(吳正邦)을 민족진영으로 끌어들였다.[35]

전진한은 1945년 11월 7일 양호단(養虎團), 조선청년회 등의 우익 청년단체 및 조선건국청년회의 오정방세력 등 18개 단체를 모아 '대한민국임시정부지지 청년운동추진회'를 조직하였다. 그리고 당일 대한민국임시정부를 지지하는 성명서를 발표하였다.[36]

전진한은 1945년 11월 20일부터 3일간 시내 천도교당에서 개최된 인민공화국 인민위원회 대표자대회를 방해하였다. 첫째 날 청년 수백 명을 동원하여 대회장에 진입하였으나 미군 헌병의 방호로 뜻을 이루지 못하였다. 둘째 날에도 조선건국청년회와 양호단을 주축으로 수천 명의 청년을 동원하여 사이렌 소리를 신호로 삼아 대회장에 돌입하려 하였으나 미군의 방호로 뜻을 이루지 못하였다. 그렇지만 대회의 진행을 막을 수는 있었다. 그리고 그날 밤 중앙극장에서 대표자 위안회가 열린다는 정보를 듣고 700명을 동원하여 중앙극장에 가서 주먹세례를 가하였다. 이러한 활동의 결과 셋째 날 이후에는 대회가 열리지 못하고 무기휴회 되었다. 또한 전진한은 대동신문사를 제외한 신문사를 모든 좌익신문사로 보고 신문사들을 점령하여 인쇄 등의 활동을 방해하기도 하였다.[37]

전진한은 대한독립촉성중앙협의회가 박헌영과 여운형의 이탈 후 우익 중심으로 운영되던 1945년 12월 21일 건국청년회 등 44개 단체 430명의 대표와 대한독립촉성전국청년총연맹을 조직하였다. 유진산의 사회로 진행된 이날 회의에서는 명예의장으로 김구 이승만 이청천 장개석 트루만 5명을 뽑고, 맥아더와 하지 중장에게 보내는 〈메시지〉를 낭독하였다. 그리고 "1) 우리는 민주주의적 원칙에 의한 국가의 건설을 기함, 2) 우리는 대한민국임시정부를 지지하고 독립촉성에 헌신함, 3) 우리는 심신을 연마하여 건국청년으로써 질적 향상에 노

력함, 4) 우리는 전국청년전선 통일을 기함, 5) 우리는 국제청년단체
와 제휴하여 세계평화 옹호에 노력함"의 강령을 발표하였다.[38]

전진한은 총재 이승만, 부총재 김구 아래에서 실권을 행사하는 위
원장에 선임되었다. 부위원장으로 이찬수·백석기·유진산이 선임되
었고, 각부의 부장과 무소속 상무집행위원은 아래와 같다.[39]

〈임원〉
총   재: 이승만, 부총재: 김구, 위원장: 전진한, 부위원장: 李燦雨, 白
         碩基, 柳珍山
총무부장: 韓旲洪, 조직부장: 韓國東, 선전부장: 申均, 청년부장: 金龜,
훈련부장: 張斗瓘,
원호부장: 李一靑, 지방부장: 裵昌禹, 검찰부장: 金潤根, 무소속상무집
행위원: 洪允玉

앞서 살핀 강령에 따르면, 대한독립촉성전국청년총연맹은 조국의
완전독립과 민족공생의 원칙에 기초한 진정한 민주정권의 수립을 표
방하였다. 그런데 "대한민국임시정부를 지지하고 독립촉성에 헌신함"
이란 내용으로 보면, 대한민국임시정부를 지지하지만 대한독립촉성
중앙협의회 산하의 단체임을 드러내었다. 그리고 임원도 이승만과
김구계 인물이 함께 참여하였지만 기독교계 인물 등 이승만계의 인
물의 참여가 두드러졌다.[40]

전진한이 이 대한독립촉성전국청년총연맹의 위원장에 임명된 것
은 해방 후 그의 우익청년단체 활동 외에 반공주의에 반한 이승만의
절대적인 신임 때문이었다고 한다.[41] 그런데 전진한의 입장에서 보
면, 대한독립촉성전국청년총연맹이 지향하는 자유민주주의와 반공

주의의 정치적 이념[42]이 그의 정치적 이념과 같기에 중책을 맡은 것이었다.

대한독립촉성전국청년총연맹의 위원장으로 그는 훈련소를 개설하여 청년들에게 민족의식을 고취하기도 하였지만[43] 1945년 12월 28일 모스크바 3상회의의 한국 신탁통치 결정이 알려지자 반탁운동을 전개하였다. 12월 28일 41개 단체와 신탁통치반대대회를 개최한 그는 신탁통치 절대 반대를 결의하였고, 임시정부를 즉시 승인하도록 요청하였다. 그리고 국민들로 하여금, 군정청 관리의 총사직과 전 국민의 총파업, 언론기관의 동참, 라디오 유흥 방송의 폐지, 신탁통치 반대 국민대회의 동참을 촉구하였다.[44]

또 12월 28일 신탁통치반대국민총동원위원회가 조직되자[45], 전진한은 여기에 참여하여 한민당과 독립촉성중앙협의회 및 임정계 인사 등과 함께 활동하였다. 1946년 1월 2일 전진한은 김진용(金縉容), 이갑성(李甲成), 이학송(李鶴松), 전공우(全公雨), 김명동(金明東), 유엽(柳葉), 이의식(李義植), 양한나(梁漢拏), 백남신(白南信), 김창화(金昌樺), 유진산(柳珍山), 오정방(吳正邦), 김치은(金致殷), 허영호(許永鎬, 朴漢泳 대리)와 탁치반대중앙위원회의 위원에 보선되어 반탁활동을 하였다.[46]

1946년 1월 10일 그는 대한독립촉성전국청년총연맹의 대표로 조선여자국민당(朝鮮女子國民黨), 독립촉성중앙부인단(獨立促成中央婦人團), 반탁치전국학생총연맹(反託治全國學生總聯盟), 한국애국부인회(韓國愛國婦人會), 유학생동맹(留學生同盟)의 대표와 오전 11시 하지 장군을 방문하여 반탁의 굳은 결의를 표명하고 각각 문서를 교환하였다. 여기에서 그는 "좌익극렬분자가 제외된 이승만·김구 중심의

견고한 민족통일이 완성되었다."고 역설하였다. 그리하여 그는 하지 장군으로부터 "모스크바회담이 여러분의 오해를 사게 된 것이 유감이나", "장래 수립될 과도정권은, 최종적으로 4국 회담에서 결정되고, 일국이 전결할 수 없으니, 여러분은 그리 비관하지 말고 좌우 양익의 남녀노소가 다 참여하여 통일하기 바라며, 나는 여러분의 신뢰와 열성에 힘을 얻어 어디까지나 조선독립을 위하여 싸울 작정이다."라는 답변을 들었다.[47]

대한독립촉성전국청년총연맹의 대표로 전진한은 1946년 3월 3일 「반역 신문업자를 성토함」이라는 전단을 배포하여 민족주의계가 서울운동장에서 진행한 3·1절 기념식을 보도하지 않고, 남산에서 사회주의계가 거행한 3·1절 기념식만을 보도한 『서울신문』, 『자유신문』, 『중앙신문』, 『인민보』 등을 공격하였다. 이 전단에서 전진한은 "기미측(己未側) 주최의 서울운동장과 민주의원 주체의 보신각 앞에는 각각 수십만 군중이 운집하여 문자 그대로 인산인해인데, 3·1 측 주최의 남산공원 집회에 겨우 2·3천 명, 민전 측 주최의 탑동공원 집회에 겨우 3·4백 명밖에 모이지 않은 것은 무엇을 말하는가? 이 심각한 차이는 곧 민심의 동향을 말하는 동시에 현명한 대중은 매국적 신문업자의 선전에 조금도 현혹되지 않고 대세를 바르게 파악하고 있음을 말하는 것이다. 그들에게 조금이라도 저널리스트로서의 올바른 양심이 있다면 이 엄숙한 현실 앞에 머리를 숙여 과실을 진사(陳謝)하고 개전(改悛)하여야 할 것이다. 공산계통의 포로가 되어 철면피화한 그들은 조금도 반성하는 기색이 보이지 않는다. 물론 현명한 대중 앞에서 그들의 잡음 같은 것은 민중의 공분에 의하여 자연 소멸될 것임을 잘 알지만, 단 한사람이라도 유혹되는 동포가 있다면 건국도상에 있어 적지 않은 해독이 되므로, 우리 청년의 입장에서는 묵시할 수 없어 이 반역신문을 성토하는 동시에 3천만 겨레의 이름으로 휴간(休刊), 진사(陳謝)와 아울러 반역신문의 주도적인 반역기자의 방축을 요구하는 바이다."라고 주장하였다.[48]

1946년 3월 23일 대한독립촉성전국청년총연맹의 대표인 전진한은 미소공위에 성명서를 발표하였다. 이 성명서에서 전진한은 38°선을 즉시 철폐하여 정치, 경제, 문화의 교류를 도모하고, 남북을 통일한 자율적 과도정권의 수립을 적극적으로 원조해 달라고 요청하였다.[49]

1946년 4월 29, 30일 종로 기독교청년회관에서 개최된 대한독립촉성전국청년총연맹 전국대표자대회에서 전진한은 위원장으로 연임되었다. 첫날의 개회식에서 전진한은 "정치적 모략과 민족분열을 배태시키려는 매국노를 타도하고 즉시 자주독립을 전취하자."는 취지의 개회사를 하였다. 이날 서병태(徐丙泰), 백석기(白錫基), 한민홍(韓旻洪) 3인을 의장으로 선출하고, 이승만을 총재, 김구와 김규식(金奎植)을 부총재로 추대하였다.[50] 1946년 4월 30일 속개된 회의에서, 강령과 규약의 통과 후, 전진한은 위원장으로 연임되었다.[51]

대한독립촉성전국청년총연맹 위원장으로서의 활동을 평가한 한민당이 1946년 5월 1일 그를 청년훈련분과의 위원장에 선임하였지만[52] 그는 이 제안을 받아들이지 않았다. 1946년 5월 말 전진한은 "근일 각 신문지상에 본인이 모 정당 청년훈련위원으로 발표되었으나 본인은 전연 관지(關知)한 바도 아니오, 오로지 청년운동에 정진 중이오니 오해마시기 바랍니다."라는 성명서를 발표하였다.[53] 김성수의 한민당과의 관계를 끊고, 대한독립촉성국민회와 관련된 청년운동에 전념함으로써 이승만과의 정치적 관계를 돈독히 하려던 의도였던 것 같다.

또 1946년 8월 좌우합작운동에 영향을 받아 대의원대회에서 대한 독립촉성전국청년총연맹을 중간파 청년단체인 조선청년당으로 전환하려 하자[54], 전진한은 이를 강력히 비판하였다. 전진한은 김종회(金鍾會)로부터 이 소식을 듣고, 와병 중임에도 불구하고 대회장에 참석하여 "나는 이 연맹의 위원장이다. 위원장이 모르는 대회가 어디 있으며 이것이 대한독립촉성전국청년총연맹 대의원 대회라면 나에게 어찌 발언권이 없단 말이냐."하고 호통을 쳤다. 이어 그는 "청년은 청년에게 돌려라.", "청년을 정상배(政商輩)의 손에서 해방하라."고 외치고 그 지도자들을 향하여 "청년은 너희들의 사병이 아니다"라고 호령한 다음 좌우합작운동에 대한 반대이론을 설파하였다. 그는 "이북이 공산화 되어 우리 민족의 2/4가 좌익세력이 되었는데 남한마저 좌우합작운동을 하면 우리 민족의 3/4이 좌익이 되어 민족세력은 그들의 손에 숙청당하고, 이 민족은 소련의 노예가 되고 말 것이다."라고 주장하였다. 그리하여 조선청년당준비회를 해체시키고 좌익과 중간파를 철저히 소탕하며, 대한독립촉성전국청년총연맹은 최후까지 이승만의 독립노선을 지지하겠다는 결정을 이끌어내었다.[55]

한편 대한독립촉성전국청년총연맹의 위원장 전진한은 임시정부의 수립을 위해 방문한 중국 인사를 환영하고, 청년 강연, 웅변대회 심사위원 등으로 활동하며 청년들을 교육하고 이들을 조직에 견인하려 하였다. 1946년 5월 20일 임시정부의 수립을 위해 중국의 소육린(邵毓麟)이 방문하자 그는 환영준비회를 조직하고 유지·단체 등의 참석자를 주비하여 환영에 만전을 기울였다.[56] 그리고 그는 "건국도상의 애국청년들의 국민윤리와 민족문화의 기본원리를 더한층 견고히 함양하기 위하여"라는 취지에서, 1946년 6월 1일부터 2주일간 서울시내 장곡천정연무관(長谷川町演武館)에서 청년지도훈련강습회를 개최하고, 손봉수·이순탁과 경제를 강의하였다.[57] 그리고 1946년 8월 12, 13일 전국학생총연맹이 동아일보사의 후원으로 종로 기독교청년회관에서 개최한 '남녀학생 현상 웅변대회'에서 심사위원으로 활동함으로써 학생들의 국제정세에 대한 인식과 자주독립과 민족통일에 대한 의식 등을 고취시키려 하였다.[58]

전진한은 1946년 10월 18일 대한독립촉성노동총연맹의 위원장에 선임되어 대한독립촉성전국청년총연맹의 위원장직을 사임한 후에도 청년운동에 깊은 관심을 보였다. 전진한은 1947년 1월 12일 1시에 수송동 태고사에서 개최된 대한독립촉성전국청년총연맹 소속 양호단(養虎團)의 단원인 김성(金星)의 1주기 의식에 참석하였다.[59] 1947년 7월 말 전진한은 이선근, 오광선, 양우조, 박순천, 오장방 등 27인과 조국해방전선에서 순국한 청년들의 유가족을 위하여 순국청년유가족구휼회를 발기하였다. 8월 6일 임원 결정 시 전진한은 신익희 등 27인과 함께 이사에 선임되었다.[60] 1947년 10월 31일부터 한 주간 실시된 청년문화강좌에서는 강사로 강연을 행하기도 하였다.[61]

그리고 대한독립촉성전국청년총연맹이 1947년 9월 21일 이청천이 주도하는 대동청년단으로 통합되고, 대동청년단이 1948년 12월 19일 대한청년단으로 발전하자[62], 그는 대한청년단의 창립과 조직 확장에 기여하였다. 그는 1948년 12월 19일 대한청년단의 창립식에 참석하여 축사를 하였고, 최고지도위원에 선임되어 이승만의 활동을 지원하였다.[63] 또 1949년 1월 23일 대한청년단 장호원읍단부의 결성을 축하하러 대한청년단 경기도도단부 단장인 박경구(朴經九)와 함께 참석하였다.[64] 그리고 1949년 3월 30일에는 대한청년단 후원회의 감사에 선

임되어 활동하였다.[65]

3. 대한독립촉성노동총연맹 활동

전진한은 좌익계인 조선노동조합전국평의회가 주도하던 노동운동의 상황을 변환시키고자 민족계의 노동조합 조직에 착수하였다. 그 방안으로 그는 1945년 말에서 1946년 초, 대한독립촉성전국청년총연맹의 체육부원 홍윤옥(洪允玉), 김구(金龜), 이일청(李一淸) 등을 용산과 영등포 등지의 철도와 기타 직장에 취업시켜 동지를 규합하였다. 그리고 그는 대한독립촉성전국청년총연맹의 오수영(吳壽永)을 경성전기회사의 정대천(丁大天)에게 연결하여 민족진영의 노동조합 조직에 착수하였다.[66] 그 결과 용산공작소의 김재희, 김제성이 대한독립촉성전국청년총연맹의 배창우, 김구 등과 연결을 맺고 대한독청 용산공작소지부연맹을 조직하게 되었다.[67]

전진한은 그의 자서전에서 대한독립촉성노동총연맹의 결성 배경에 대하여 다음과 같이 밝히고 있다.

　　해방 이후 소위 좌익적 파괴사상가들이 농촌에 가서 무지한 농민들에게 농산물의 은닉을 고취하여 도시방출을 방해하는 동시에 도시에 있어서는 노동자에게 생산 없는 분배를 고조하여 심지어는 공장시설을 파괴분식까지 하여왔던 것이다. 이렇게 하여 생활필수품 비료 농구 등의 결핍으로 농촌은 여지없이 파괴되었고 도시의 노동대중은 기아에 헤매게 되어 민생은 극도로 도탄에 빠지게 되었다. 좌익계열에서의 이러한 파괴공작은 전 국민을 경제적으로 파탄에 빠지게 함으로써 그들이 적색사상을 배양하는 온상을 만들려고 모략의 손을 뻗치었던 것이다.

　愚愗한 것 같이 보이면서도 가장 현명한 것이 대중이오. 그중에서도 더
욱 현명한 것은 근로하는 노동대중인 것이다. 이러한 모략을 간파치 않을
수 없었던 일반 대중은 단연 파괴주의를 청산하고 확호한 건설이념을 파지
하야 국민경제 재건과 독립국가 완성을 위하야 총궐기하였던 것이니 이러
한 구체적 조직체가 전 근로대중을 망라한 대한노총이었다.[68]

　위의 글과 같이, 전진한은 농민들에게 농산물의 은닉을 고취하여
도시방출을 방해하고 노동자들에게 생산 없는 분배를 고조하고 심지
어 공장시설을 파괴·분식하는 사회주의자들의 파괴주의를 청산하
고, 국민경제의 재건과 독립국가의 완성을 위하여 대한독립촉성노동
총연맹을 결성하였다고 견해를 밝혔다.

　1946년 1월 전진한은 임시로 대한독립노동총연맹과 대한독립농민
총연맹을 조직하였다. 그는 1946년 초 대한독립촉성전국청년총연맹
의 청년부장인 김구(金龜)를 미군정의 노동부 차장인 박택(朴澤)에게
보내어 전평에 대항할 노동조합 조직의 뜻을 밝히고 그 자리에서 동
의를 얻었다.[69] 1946년 1월 말 전진한은 임시편법으로 대한독립노동
총연맹과 대한독립농민총연맹을 조직하였다. 그리고 2월 1일 시내
천도교당에서 개최된 비상국민회의에 김산(金山)과 김헌(金憲)을 대
한독립노동총연맹과 대한독립농민총연맹의 대표로 파견함으로써 활
동을 벌여나갔다.[70]

　1946년 3월 10일 시천교당에서 김구·안재홍·조소앙·엄항섭 등
우익계 정치인의 참석 하에 이루어진 대한독립촉성노동총연맹의 결
성은 전진한의 노력에 힘입은 바 컸다. 앞서 살폈듯이, 전진한은 대
한독립촉성전국청년총연맹의 간부들을 동원하여 대한독립노동총연

맹과 대한독립농민총연맹을 조직하였을 뿐만 아니라 대한독립촉성
전국청년총연맹의 간부인 홍윤옥과 그 산하 평안청년회의 김관호 등
을 대한독립촉성노동총연맹에 참여시켰다.[71]

이날 채택된 선언문과 강령에 따르면[72], 대한독립촉성노동총연맹
은 공산주의이론과 마르크스-레닌주의 노동조합이론을 타파하고
조선공산당과 전평을 물리치려는 목적에서 조직되었다. 그리고 활동
의 방향을 민주주의와 신민족주의를 원칙으로 건국하고, 노자 간 친
선과 노동전선의 통일을 기하는 데 두었다. 그런데 내부에서는 이승
만-한민당계와 국민당-한독당계 인물이 서로 주도권을 장악하기
위하여 각축하고 있었다.[73]

전진한은 대한독립촉성노동총연맹의 창립에 큰 기여를 하였지만
대한독립촉성전국청년총연맹의 책임을 맡고 있었으므로, 대한독립
촉성노동총연맹의 초대 위원장으로는 홍윤옥이 선임되었다.[74] 홍윤
옥은 상록회 출신으로[75] 해방 당시 원산의 사상감호소에서 석방되었
고, 이후 안재홍이 이끌던 국민당의 청년부 차장으로 활동하던 인물
이었다. 홍윤옥이 대한노총의 위원장에 임명된 것은 국민당의 영향
력이 강하게 미친 때문이었다.[76]

전진한은 전평의 '9월 총파업' 직후인 1946년 10월 18일 대한독립
촉성노동총연맹의 위원장에 선임되었다.[77] 대한노총은 창립 후 국
민당의 홍윤옥(洪允玉)체제, 1946년 5월 한독당의 조시원(趙時元)체
제, 1946년 7월 국민당의 홍윤옥(洪允玉)체제로 바뀌는 우여곡절을 겪
었는데[78], 1946년 9월 전평의 총파업이 확대되자 이를 막기 위한 인
물로 한민당-이승만계의 전진한이 발탁되었던 것이다.[79] 이는 미군
정 당국이 이승만에게 전평의 총파업 확대에 대한 수습을 요청하였

고, 이승만이 전진한을 대한노총의 책임자로 추천한 것이다.[80] 그런데 전진한이 이승만의 추천을 받을 수 있었던 것은 전진한의 반공사상과 독립촉성중앙협의회·비상국민회의와 대한독립촉성전국청년총연맹에서 벌인 반공활동에 힘입은 바 컸을 것이다.

1946년 10월 18일 동아일보사 방문으로 역할을 시작한 대한독립촉성노동총연맹의 위원장 전진한[81]은 1946년 10월 21일 대한노총 회의실에서 중앙위원과 동 연맹 강화책을 토의하고 부위원장 조광섭(趙光燮), 김헌(金憲)과 다수의 위원을 선임하였다.[82] 이는 전 위원장인 홍윤옥(洪允玉) 등 간부 10명이 반발하여 집단 탈퇴한 것[83]을 수습하기 위한 것이었다.

대한노총을 탈퇴한 홍윤옥 외 11명이 성명을 내어 자신을 비판하자, 전진한은 1946년 11월 5일 「노동자를 좀 먹는 일부 반동분자의 맹성을 촉구한다」는 성명서를 발표하여 대한노총은 "어디까지나 노동자의 복리 향상을 목표로 민주주의적 노동자 결속체로 매진할 것이다."라고 천명하였다.[84]

전진한이 대한독립촉성노동총연맹의 위원장이 되었을 무렵 노동운동의 상황은 좌익의 전평이 우익의 대한노총보다 압도적인 우위에 있었다. 1946년 11월 전평의 조합수는 1,111개 조합원수는 246,777명이었던 데 반하여, 대한노총의 조합수는 68개 조합원수는 57,228명에 불과하였다.[85]

전진한은 1946년 10월 21일 대한독립촉성노동총연맹 맹원들의 민생문제와 생활경제를 개선하기 위하여 소비조합을 창립하고, 자신이 이사장을 맡고, 현영준(玄英駿)을 전무이사, 조광섭 외 수 명을 감사로 임명함으로써 소비조합의 체제를 정비하였다.[86] 1920년대 말 자신이 운영한 협동조합운동사의 경험을 살려 조합원들의 권익을 증대하고 편의를 증진하고자 하였던 것이다. 이후 전진한은 대한노총 맹원들의 문맹퇴치와 문화향상을 기하고자 대한노총 내에 특수교육기관인 노동학원을 창설하기도 하였다.[87]

전진한은 대한노총의 확대를 위하여 노동자의 일자리와 권익을 지키기 위한 다양한 활동을 전개하였다. 전진한은, 1946년 12월 24일 서울 용산 풍국제분회사의 지배인이 밀가루 2,500포대를 부정처분하는 등 10여 건의 부정을 한 데 대하여 대한노총 풍국공장분회원들이 관리인 배척 결의문을 제출하자, 이를 지지하는 담화를 발표케 하였다. 대한노총의 선전부는 12월 24일 "풍국공장분회 동지들의 투쟁은 실로 정의에 입각한 건설적인 것이다. 조국 광복을 좀먹고 산업부흥을 파괴하며 노동대중의 피를 착취하는 악질모리배는 도저히 용서할 수 없다."는 취지의 담화를 발표하였다.[88]

1947년에 들어와 대한노총의 조합수와 조합원수가 증대되고, 조직이 정비되었다. 예를 들어 1947년 1월 조선피혁의 직공들이 대한노총에 가맹하였고[89], 1947년 4월 대한노총 경전노조의 마포분회가 결성되었다.[90] 1947년 1월 18일 대한노총 산하의 운수에 종사하던 동맹원들이 대한노총 운수부연맹을 조직하였다.[91]

전진한은 신입조합의 가입식과 종별연맹의 결성식에 참석하여 조합원을 격려함으로써 대한노총의 확장에 도움을 주고자 하였다. 전진한은 1947년 3월 대한노총의 건설학생 연맹원을 위문하였고[92], 1947년 1월 18일 대한노총의 운수부연맹 결성식에 참여하여 격려사를 하였다.[93]

전진한은 대한노총의 위원장으로 1947년 1월 반탁 활동을 활발히 전개하였다. 이는 반탁 활동이 노동자의 권익을 신장하는 것과 결코 무관하지 않다고 보았기 때문이다. 그는 1947년 1월 13일 오후 3시부터 한민당의 회의실에서 개최된 회의에 이각수(李珏秀)와 대한노총의 대표로 참석하여 민족진영의 35개 정당·단체 대표와 함께 '자주독립 및 반탁운동에 대한 협의회'를 결성하였다. 그리고 김구의 선창하에 "1) 미소공위 제5호 성명에 대한 서명을 취소함. 2) 하등 지반과 근거가 없이 한갓 민족을 분열과 의혹으로 오도(誤導)하는 소위 좌우합작위원회를 단호 분쇄할 것" 등의 결의를 하였다.[94] 또한 그는 1947년 1월 24일 오후 2시부터 경교장에서 개최된 회의에 대한노총의 대표로 참석하여 민족진영의 41개 단체의 대표와 '반탁독립투쟁위원회'를 결성하고 부서와 위원을 결정하였다. 이 자리에서 그는 중앙집행위원에 선임되었다.[95] 그리고 그는 1947년 1월 26일 반탁독립투쟁위원회 제1회 중앙집행위원회에서 노동부 책임자로 임명되었다.[96]

대한독립촉성노동총연맹의 위원장인 전진한은 미군정과 과도정부에 정책을 건의하였다. 1947년 1월 23일 전진한은 대한노총 명의로 현재의 위급한 경제문제에 대하여 다음과 같이 건의하였다. "1) 통제경제는 부분적 통제보다 전체적 통제가 필요하다. 2) 관료적 통제보다 자율적 통제로서 소비조합과 생산조합을 적극적으로 후원하라. 3) 오늘날 조선경제를 파멸하는 악질관리와 모리배는 노동계급과 경찰·검찰 당국이 긴밀한 협조로써 방지할 수 있다. 4) 부족 원료를 외국에서 구입하여 생산에 지장 없게 하라. 5) 실업대책은 당국에서 전 책임을 지고 건설공사를 대대적으로 착수하여야 한다.[97]"고 제안하였다.

1947년 3월 17, 18일 천주교당에서 열린 대한노총 제1회 전국대의원대회에서 전진한은 첫째 날 개회사를 하고, 둘째 날에 위원장에 다시 선임되었고, '기관지 발행', '관제령 8호 철폐 신청' 등의 건을 결정하였다.[98] 이 대의원 대회에서 전진한은 이승만을 총재, 김구를 부총재로 추대하고, 강령의 내용을 일부 수정하였다. 그 내용은 "1) 우리는 민주주의 원칙하에 자주 독립을 기함. 2) 우리는 자유노동으로서 경제재건과 산업발달에 공헌함. 3) 우리는 생활보장과 노동보험제의 확립을 기함. 4) 우리는 심신을 연마하여 진실한 노동자로서 국제 수준의 질적 향상을 도모하기를 기함. 5) 우리는 전국 노동전선의 통일을 기함."이라는 것이었다.[99] 전진한이 이끌던 대한노총은 경제재건 및 산업발달과 같은 국가적 경제 성장, 그리고 노동자의 생활보장과 경제적 안정, 심신의 연마 등을 지향하였지만, 민주주의 원칙하에 자유주의체제의 독립을 이루려는 정치적 활동을 제일 중요하게 생각하고 있었던 것이다.

대한노총의 위원장 전진한은 미군정의 정책과 활동을 적극 후원하였다. 좌익의 파업이 치열하던 1947년 3월 22일 무렵, 그는 대한노총의 종업원들에게 당일 송전만 되면 근무할 수 있는 자세를 갖추도록 하였다.[100] 또, 전진한은 1947년 3월 22일 오는 4월 17일 미국 보스턴에서 개최되는 세계마라톤 대회에 출전하는 손기정(孫基禎) 남승룡(南昇龍) 서윤복(徐潤福) 세 선수를 지원하는 애국단체체육원호회를 결성하고 그 최고위원으로 세 사람을 지원하는 활동을 하였다.[101]

대한노총 위원장 전진한은 3월 말 세계노동조합연맹 극동조사단의 영접대표로도 활동하였다. 세계노동조합연맹(WFTU, World Federation of Trade Union)은 1945년 공산당에 호의적인 조합이 주축이 되어 조직된 국제노동조합연합을 대체하여 결성되었다.[102] 1947년 3월 17일 세계노련 극동조사단이 한국을 방문했을 때, 그는 영접대표자로 선정되어 3월 31일 위원 6명과 함께 조선호텔로 조사단을 방문하여 환영의 인사를 하였다. 그는, 1년 전 가입원을 제출한 전평이 아직 세계노련에 가입되지 않았다는 말을 들은 후, 회원 수 80여만 명에 달하는 대한노총의 상황을 설명하고 이의 세계노련 가입을 부탁하였다.103)

또, 그는 1947년 4월 7일 방미하였다가 귀국한 이승만을 환영하기 위한 '이박사환영준비위원회'의 동원부 책임자로 활동하였다. 그는 위원장 김구와 김규식, 부위원장 서정희(徐廷禧) 명제세(明濟世), 총무위원 이종현(李宗鉉) 외 수 명, 재정위원 김양수(金良洙) 외 수 명, 선전위원 강인택(姜仁澤) 외 수 명, 자신이 책임자인 동원위원 수 명과 이승만의 귀국을 환영하기 위한 준비를 하였다.104) 직함으로 보아, 그는 이승만의 귀국 환영식장에 대한노총의 조합원들을 동원하는 임무를 맡았을 것으로 판단된다.

전진한은 대한노총의 당면 목표와 임무를 조합원들의 권익을 증대하는 데에 국한하지 않았다. 1947년 4월경, 전진한이 밝힌 다음의 대한노총의 당면 목표와 임무에는 다음과 같이 되어 있다.

> 1947년 4월 우리가 일반국민의 복리와 근로대중의 이익을 위하야 좌익 파괴주의와 그것을 신봉하고 맹종하는 자들의 완전궤멸을 위하여 지금까지 투쟁해왔고 또 앞으로도 강력한 투쟁을 계속할 것은 물론이지만 현하의 국제국내 정세를 바라볼 때 우리의 임무수행은 결코 단순한 것이 아닌 것이다.
>
> 그것은 우리 산업시설의 8, 9할을 점령하고 있는 일제시대에 우리의 고혈을 착취하여 結晶된 소위 敵産은 국제적 부동물로서 아직 우리의 수중

에 완전히 들어오지 못하고 있으며 약속된 우리의 독립도 탁치문제도 오리 무중에 있는 오늘날 우리 대중에게 부과된 당면임무는 두말할 것도 없이 완전자주독립을 전취하는 것인 동시에 적산을 국가재산으로 완전히 편입시켜 국제세력의 간섭이나 자본세력의 농단을 배제하고 대중복리 본위로 운영되도록 감시하고 투쟁하여야 할 것이다.

정치적 독립과 경제적 독립을 완수하기 전에는 정당한 노동운동의 발전은 기대될 수 없는 것이나 노동대중의 생활의 확보를 위한 투쟁과 모리배 악질 자본주에 대한 숙청공작을 위한 투쟁도 不絶히 계속되지 않으면 안 될 것이다.105)

위와 같이, 전진한은 대한노총의 제1 당면 목표를 공산주의와 공산주의자의 궤멸에 두었다. 그리고 신탁통치 문제와 적산의 국가재산 편입 등을 통해 정치적·경제적으로 완전한 자주독립을 이루는 것을 두 번째의 목표로, 노동대중의 생활의 확보를 위한 투쟁과 악질 자본주에 대한 숙청 공작을 마지막 목표로 삼았다. 요컨대 대한노총은 노동자의 권익을 위한 단체이지만, 노동자의 권익보다 공산주의와 공산주의자의 궤멸, 정치·경제적인 완전한 독립을 주요 활동 목표로 삼고 있었다.106)

1947년 5월 1일 메이데이 기념식의 결의에서도 전진한이 이끌던 대한노총의 정치적 노선이 잘 드러난다. 이 기념식에서는 다음과 같은 결의문이 발표되었다. 그 내용은 "1) 민주주의 임시정부 수립, 2) 최저임은제(最低任銀制) 실시를 관철하자, 3) 8시간 노동제 완전 실시, 4) 피압박약소민족해방을 주장하자, 5) 자본주의 중압의 배척과 국가경제 착취의 모리배를 박멸하자, 6) 공장폐쇄와 해고를 절대 반대하자, 7) 우리는 건설적 운동으로 생산에 만전을 기하자. 8) 일체 독재와 파괴를 배격하자, 9) 노동자는 공장을, 농민은 농촌을 사수하자,

10) 봉건적 착취의 탐관오리를 삼제(芟除)하자, 11) 매국적 신탁분자를 배격하자, 12) 근로대중의 힘으로 삼팔선을 철폐하자, 13) 삼팔 이북 노동자 동지를 구호하자, 14) 우리 근로대중은 굳게 총 단결하자."는 것이었다.[107] 이를 보건대, 전진한이 이끌던 대한노총은 경제적인 문제 외에도 민주주의 임시정부 수립, 피압박 약소민족의 해방, 매국적 신탁분자의 배격, 삼팔선의 철폐, 삼팔 이북 노동자의 구호 등과 같은 정치적인 문제를 주요 활동 목표로 삼고 있었다.

그가 1947년 5월 6일 이북인들의 당면문제를 토의·해결하고자 조직된 '이북인대회준비회'의 위원을 승낙한 것[108]도 단순한 인도적 지원만은 아니었다. 즉, 그는 북한 공산주의체제에서 핍박을 받고 내려온 사람들을 지원함으로써 반공세력의 결속과 강화를 이루려 하였던 것이다. 바로 이러한 취지에서, 그는 1947년 6월 19일 『민중일보』를 인쇄하는 보성사에서 원고가 늦게 도착하였다고 문선공들이 일부 면 일부 기사를 백지로 낸 데 대하여 인쇄공장에서 모략적 파괴행동을 한 것보다 한층 악질적인 행위라고 비판하였다.[109] 또, 1947년 7월 26일 오광선, 이선근, 김윤근, 손기업 등 22명과 '순국청년유가족구휼회'를 결성하고 순국한 청년의 가족에 대한 생계부조와 구호사업을 하였다.[110]

그런데 대한노총 위원장 전진한은 1947년 중엽에 들어와 미소공위의 임시정부 수립 활동에 적극적으로 참여하는 쪽으로 방향을 선회하였다. 그는 1947년 6월 제2차 미소공위의 개최를 앞두고 대한노총 중앙집행위원회를 개최하고 위원들을 독려하여 44 대 21로 미소공위를 통한 임시정부 수립 참가 결정을 이끌어 내었다. 이승만이 그를 돈암장으로 불러 취소 발표를 엄명하였으나 그는 참가수속을 하였다. 전진한은 "우리가 불참하면 미국의 입장이 곤란해서 부득이 중간파 좌익만으로 정부를 조직하게 될지도 모르고, 정부가 수립되지 않는다 하더라도 그 책임이 미국 측에 있어서 앞으로의 외교전이 중대한 '딜레마'에 빠질 것이고, 신탁결정 조문해석에 있어서 참가하고도 반탁투쟁을 계속할 수 있으며, 통일정부 수립 후에 거족적으로 힘을 모아 반탁을 하면 이 문제를 더욱 유력하게 해결할 수 있을 것이니 무슨 방법으로라도 이 기회에 남북이 통일되지 않으면 장차 민족 간에 피를 흘리게 될 것이다."라고 판단하여 미소공위의 임시정부 수립에 참여하기로 결정하였다.[111]

전진한은 장덕수, 유진산과 민족진영 정당·단체 대표자의 미소공위 참여에 힘을 쏟았다.[112] 1947년 6월 4일 대한노총의 위원장 전진한은 전국청년총동맹 유진산, 대한독립촉성전국청년총연맹(全靑)의 이성주(李成株), 전국여성총동맹(全女總盟)의 황애덕(黃愛德), 독립촉성부인회(獨促婦人會)의 박승호(朴承浩), 천도교보국당(天道敎輔國黨)의 이진해(李鎭海), 한민당의 장덕수, 기미독립회의 유홍(柳鴻), 유도회(儒道會)의 이재억(李載億), 황해회(黃海會)의 함상훈(咸錫勳) 등과 미소공위대책위원회를 구성하고, 미소공위의 참여 여부를 협의하였다.[113]

1947년 6월 19일 '참여하여 반대한다'는 취지 아래 한민당 등 74개 정당사회단체가 '임시정부수립대책협의회'를 조직하자[114], 대한노총의 위원장인 그는 이에 참여하였다. 1947년 6월 23일 그는 25일에 개최될 '미소공위 예비회의'에 대한노총의 대표자로 참가하겠다고 의사를 밝혔다.[115] 1947년 7월 28일 전진한은 대한노총의 대표로 '임시정부수립대책협의회'에 참여하여 미소공동위원회의 양측 대표에게 보내는 서한에 연명하였다. 이 서한에서 전진한은 과거 반탁운동을 하였을 지라도 앞으로 임시정부의 수립을 위하여 미소공동위원회에 협력하겠다는 뜻을 피력하였다.[116]

그런데 미소공동위원회를 통한 임시정부의 수립 활동이 협의대상 선정문제로 결국 난항에 봉착하자 미국은 1947년 8월 25일 미국무장관 대리 로버트 E. 로베트가 소련 대표단 수석 스티코프에게 보낸 서한에서 총선거로 정부를 수립하는 방안을 제시하였다.[117] 그리고 그 소식은 8월 29일자 A. P., U. P.의 통신을 통하여 국내에도 알려졌다.

임시정부의 수립이 남북한 총선거에 의한 방식으로 바뀌자, 대한노총의 위원장 전진한은 이승만이 주도하던 한국민족대표자대회에 참여하였다. 이승만에 의해 개최된 한국민족대표자대회는 1947년 7월 10~12일 전국에서 상경한 200여 명의 대의원과 종래 국민의회와 민주의원이 소기의 목적을 달성하지 못한 채 유명무실화 되던 현상에 비추어 '보통선거에 의한 총선거 실시'와 '자율적인 임정 수립'을 촉구한 바 있었다.[118]

1947년 8월 29일 전진한은 한국민족대표자대회와 유력정당사회단체 21단체 대표로 조직된 총선거대책위원회에 참여하였다. 위원장은 신익희, 부위원장은 명제세, 그리고 전진한은 연락부장이었다.[119] 그는 1947년 9월 2일 웨드마이어 미국 대통령 특사를 면담하여 미국의 대한정책을 알아보려 하였다.[120] 1947년 9월 4일 이승만이 우익 정당, 단체들의 대표자들을 초청하여 남한만의 총선거에 대하여 협의하고, 9월 8일 우익진영이 공동보조를 취하기 위하여 단일한 정강·정책을 수립하고, 지방세포조직을 구성하기로 토의하였을 때, 전진한은 대한노총의 위원장으로 참여하였다.[121] 1947년 9월 12일 이승만

의 단정 대비 3차 간담회시 대한노총의 전진한은 대한독립촉성국민
회의 신익희, 한민당의 김성수와 함께 노동·농민 문제에 관한 강령
을 기초·제출하여 토의·결정되도록 하였다.[122]

대한노총 위원장 전진한은 1947년 8월 30일과 31일 산하 농민총국
을 분리하여 대한독립촉성농민총연맹을 조직하였다. 당시 고문은 이
승만과 김구였고, 위원장은 채규항(蔡奎恒), 감찰위원장은 최상석(崔
相錫), 부위원장은 김은석(金恩錫), 총무부장은 이평림(李平林), 선전
부장은 황문성(黃文星), 조직부장은 심운곡(沈雲谷)이었다.[123] 전진
한은 1947년 9월 11일경 대한독립촉성노동총연맹과 대한독립촉성농
민총연맹은 이념이 같으므로 노동자와 농민의 긴밀한 연계적 지도를
위한다는 명분 아래에 노농의장단을 조직하고, 자신과 박중정(朴重
政), 유기태(劉起兌), 채규항(蔡奎恒), 조광섭(趙光燮), 김구(金龜), 김
은석(金恩錫) 등을 의원으로 선정하였다.[124] 이러한 그의 움직임은
남한만의 총선거에 대비한 계책이었다.

1947년 11월 14일 제2차 UN 정기총회에서 신탁통치를 거치지 않는
독립과 UN 감시하의 남북한 총선거 실시가 결정되고, 1948년 3월 31
일 이전 남북한 총선거를 실시하기 위한 UN의 한국감시위원단의 내
한이 결정되자, 대한노총의 전진한은 이들을 환영하는 위원회의 위
원으로 선정되었다. 1947년 12월 10일경, 전진한은 1948년 1월 8일 내
한하는 'UN한국임시위원단 환영위원회'의 위원 중 한 사람으로 선임
되었다.[125] 이후 전진한은 1947년 12월 27일 오후 1시 군정청 제128호
실 정일형박사처에서 '유엔대표환영준비회 동원부위원회'에서 이청
천, 김헌, 이범석, 문봉제, 이철승, 홍찬, 주기용, 정준모, 채규항, 원
달호, 채선규, 양현채, 김태일, 이승재, 장희합, 신막희, 최성장, 명제

세, 서상천 등과 구체적인 인원의 동원 계획을 수립하였다.[126]

그는 1948년 초 총선거 하에 정부가 수립될 수 있도록 후원하였다. 1948년 2월 남한지방에서 남로당의 시위가 지속되자, 1948년 2월 7일 "남선에서 남로당계열이 최후 발악하는데 이러한 행위에 속지 말고 계속 경계하라."고 성명을 발표하였다.[127] 그리고 1948년 2월 8일에는 전국애국단체연합회 주최 총선거촉진국민대회가 오후 1시 서울운동장에서 개최되자 총무부원의 한 사람으로 참여하였다.[128] 1948년 3월 5일 유엔한국감시위원단과 연락을 취하기 위한 30명의 민족대표단을 조직하였을 때, 그는 이승만, 오세창, 이시영, 명세제, 이윤영, 김성수, 신익희, 백남훈, 서상천, 이청천, 박순천, 채규항, 이범석, 문봉제, 유진산, 김준연, 황현숙, 이철승, 황보익, 박현숙, 변영태, 이종현, 강인택, 최규설, 김헌, 황애덕, 오윤환, 김활란, 김창숙, 이태윤, 윤세복, 임영빈과 함께 대표위원으로 선출되었다.[129]

한편 대한노총의 위원장인 전진한은 대한노총의 조직을 확장하고 맹원들의 계몽을 위해 강연 및 신문 발간 활동을 벌였다. 즉 전진한은 1947년 10월 13일부터 1주일간 청년조선총동맹에서 청년문화강연을 실시하였다.[130] 또 그는 1947년 10월 25일 기관지로 주간신문인 『노동자농민』을 창간하고 이사장으로 이를 직접 운영하였다.[131] 그리고 1947년 11월 6일 오후 7시 반부터 묵호초등학교 강당에서 개최된 대한노총삼척연맹 주최 강연회에서, 그는 대한노총의 위원장으로서 강연을 하였다.[132]

1948년 1월 10, 11일 시천교당에서 열린 대한노총 제2회 전국대의원대회에서 그는 다시 위원장으로 연임되었다.[133] 얼마 지나지 않은 1948년 1월 23일, 전진한은 대한독립촉성노동총연맹 부서의 책임자를 개편하였다. 부위원장으로 김종률(金鍾律) 김구(金龜) 선우기성(鮮于基聖), 총무부장은 미정, 조직부장은 유익배(柳益培), 선전부장은 박용덕(朴容德), 문교부장은 홍현동(洪顯東), 조사부장은 김종원(金鍾元), 후생부장은 김자훈(金子勳), 청년부장은 안준성(安準成), 부녀부장은 정혜천(鄭惠天), 감찰위원장은 조광섭(趙光燮)으로 선임하였다.[134] 이러한 부서의 개편이 총선을 대비한 것으로 보기도 하는데[135], 그럴 가능성이 높으나 구체적인 연관성은 잘 드러나지 않는다.

대한노총 위원장 전진한은 본연의 임무에도 소홀하지 않았다. 1948년 1월에 경성전기주식회사의 불법인사와 부당해고에 항거에서 쟁의가 발생하자 이를 지원하기 위한 활동을 전개하였다. 경성전기회사는 서울에서 전차를 운행하였는데, 신임 사장이 1월 12일 수십 년 간 전차과에서 근무하던 기술자를 다른 곳으로 전출하고 운전경험이 없는 9명을 전차과에 발령하였다. 그러자 전차과의 감독 등은 인사에 대한 반대의견을 제출하고 19일까지 기다렸으나 대답이 없자 20일 260명이 사직서를 내고 태업을 하며 파업을 실시하였다.[136] 이에 대한노총 위원장 전진한은 "경전의 인사이동은 조선에 있어서 진정한 노동운동을 파괴하려는 모략적 행동에서 나온 것이라고 보며 노동자의 이익과 권리를 옹호하는 본 연맹은 이러한 모략의 정체를 폭로하고 노동자의 복리를 위하여 투쟁할 것이다."라고 파업을 지지하였다.[137] 그리고 이 문제를 중앙노무조정위원회에 소청하여 전차과에 배치한 9명에 대한 사령을 취소시켰다.[138] 그렇지만 전진한은 이에 만족하지 않고, 부당한 인사문제로 인하여 일반에게 고통을 끼치게 한 배후조정자의 퇴진을 요구하며 "우리 요구가 관철될 때까지 투쟁을 계속할 것이다. 이 투쟁에서 우리가 굴복하면 노동자는 자본가에게 예속하게 될 것이므로 노동자의 이익을 위하여 절대로 양보하지 않을 것을 다시 한번 강조하는 바이다."라고 하며 쟁의의 지속을 독려하였다.[139]

경성전기회사의 노동자 쟁의를 좌익분자가 총선거운동을 방해하기 위하여 일으킨 사건으로 보는 등 부정적 시각이 강화되자, 전진한은 경성전기회사노조에 주의를 권고하였다. 이에 대한노총 산하 경전 노조는 1948년 3월 20일 다음과 같은 성명을 발표하였다. "우리는 경전 일부 간부의 퇴진을 강경히 주장하고 투쟁하였던 것이다. 그러나 일부 인사는 경전 내 악질 중역의 모략에 속아서 노조가 좌익분자와 총선거 반대운동을 전개하기 위하여 파업을 한 것이라고 오해하고 우리의 행동을 비방하였으나 절대 그러한 것은 아니다. 우리는 시민생활의 편의를 꾀하여 우리의 최고영도자 이승만 박사의 간곡하신 권유와 장택상 총감의 권고, 그리고 전진한 위원장의 언명에 의하여 앞으로 2주일 이내에 중역 3인을 동시에 퇴진시킬 조건 하에 우리는 일체 취업을 하고 투쟁하기로 결정하였다."고 발표하였다.[140]

이어 전진한은 1948년 4월 6일 딘 군정장관을 방문하여 경전노조의 사태는 "총선거라는 시국의 중대성을 고려하여 평화적인 방법으로 해결하려 한다."고 성명을 발표하고[141], 경전 문제의 해결을 위해 활동하였다.[142] 그리고 대한노총 중앙본부 위원장 전진한은 1948년 5월 6일 경전문제의 처리와 관련하여 메이데이 기념대회에서 본 총연맹 규약을 위반한 운수부연맹 위원장 김민(金民)을 대한노총에서 제명하고, 맹원으로서의 일체 자격을 부인할 것을 공포하였다.[143]

제9장

제헌 활동과 정부수립 직후의 입법·행정·정당 활동

1. 제헌국회의원으로서의 제헌 활동

1948년 2월 26일 UN소총회에서 남한만의 단독선거가 결정되고, 미군정에서 국회의원선거일을 5월 10일로 확정하여 공고하였다. 국회의원이 되기를 희망하였던 전진한(48)은 1948년 4월 말 상주을구에 대한노총 소속으로 입후보하였다. 상주을구의 다른 입후보자는 무소속 백남식(白南軾, 47)이었다.[1]

1948년 5월 10일 선거에서, 전진한은 32,527표로 얻어 10,257표를 획득한 백남식을 큰 표차로 따돌리고, 5월 15일자로 당선이 확정되었다.[2] 이는 일제강점기 그의 상주에서의 협동조합운동과 해방 후 서울에서의 대한노총 활동 등에 힘입은 결과였다.

1948년 5월 31일 중앙선거관리위원회의 소집에 의하여 제헌의회가 역사적 개원을 하였다. 국회선거위원회 사무총장 전규홍의 개회선언

에 이어, 국회선거위원장 노진설의 국회 소집에 관한 설명이 있은
후 최고 연장자인 이승만을 임시의장으로 추천하였다. 전진한은 다
른 국회의원과 이승만을 임시의장으로 하는 데 동의하였다. 이날과
다음 날인 6월 1일 전진한은 회의를 진행하기 위한 국회준칙을 정하
였다.[3]

1948년 6월 2일 152명의 국회의원이 참석한 가운데 열린 국회 제3
차 본회의에서 전진한은 윤치영(尹致暎) 서정희(徐廷禧) 이유선(李裕
善) 정구삼(鄭求參) 성락서(成樂緖) 김명동(金明東) 배헌(裵憲) 김봉
두(金奉斗) 정광호(鄭光好) 김장열(金長烈) 김약수(金若水) 이원홍(李
源弘) 최윤동(崔允東) 장기영(張基永) 등과 함께 국회법 및 국회규칙
기초위원에 선정되었다.[4] 그는 국회의 회의를 진행하는 절차와 의사
결정 등에 관한 국회법과 국회규칙을 기초하여 제공하여 이것들이
제정되게 함으로써 국회의 회의가 원활하게 합리적으로 운영되도록
하였다.

대한노총 위원장이면서 제헌국회의원인 전진한은 1948년 6월 14일
헌법에 노동자·농민 복리조문을 삽입할 것을 요청하였다.[5] 그 구체
적인 제안 내용은 다음과 같다.

> "해방이후 우리 노동자·농민은 민족상잔을 선동하는 계급투쟁의 파괴
> 주의를 극복하면서 민족협동국가로서 균등사회 실현을 위하여 사력을 다
> 하여 왔다. 우리가 갈망하는 국회가 소집되고 국가만년대계를 수립하는
> 헌법이 기초 중에 있는 이때 左에 표시한 우리 노동자 농민의 최소한도의
> 염원이 헌법조문에 편입되기를 제안한다. 이 제안은 결코 계급이기심에
> 출발한 야망이 아니요 민족적 양심에서 대승적 견지로 보아 이것이야 말
> 로 공산당독재와 자본가로부터 노동자·농민을 구출하고 나아가 우리 민

족을 동족상잔의 참화로부터 해방하는 유일무이한 방도임을 확신한다. 농민에게 토지를 분배하여 農奴의 지위에서 해방하고 노동을 상품시하여 자본에 예속시키는 고루한 견해를 지양하고 勞力出資의 의미에서 노동을 자본으로 간주하여 이윤을 균점시킴으로서 노동자를 자금 노예의 지위에서 해방하여야 한다. 우리 산업시설의 90% 이상이 일제가 우리 노동자를 착취한 결정이오. 其餘施設도 직접 간접으로 일제와 관련되지 않은 것이 없을 것인 즉 해방된 오늘날 이 시설이 일부 자본가와 기업가에 부당케도 독점되고 우리 노동자가 다시 임금노예로 타락된다는 것은 도저히 용인할 수 없는 사실이다. 금번 제정되는 헌법이야말로 전 민족이 지지를 받아야 할 것이오. 이러한 헌법의 제정이야 말로 남북을 통일할 유일한 관건이 될 것이다." 헌법에 편입할 조문 1) 노동자의 단결, 단체교섭과 파업 기타 단체행동의 자유는 법률의 범위 내에서 보장된다. 2) 노령·병약 기타 노동능력의 상실 또는 실업으로 인하여 생활을 유지할 능력이 없는 자는 법률이 정하는 바에 의하여 국가의 보호를 받을 권리가 있다. 3) 광물 기타 중요한 지하자원·수력·수리·산림 기타 경제상 이용할 수 있는 모든 자연력은 국유로 한다. 공공필요에 의하여 일정한 기간 그 개발 또는 이용을 특허하거나 특허를 취소함은 법률이 정하는 바에 의하여 此를 행한다. 4) 노동과 기술을 자본으로 간주한다. 官·公·私營 일체 기업체에 속한 노동자는 임금 이외에 최저 30%이상 50%이내의 이익배당을 수할 권리가 있다. 각개 기업체에 대한 구체적 이익배당율은 국민경제회의의 결의를 經하여 법률로서 정한다. 5) 官·公·私營 일체의 기업체에 속한 노동자는 당해기업체의 운영에 참여할 권리가 있다. 각 기업체 내에 노자협의회도 구성하여 운영에 관한 중요사항을 협의하며 노자협의회의 판정이 없이는 노동의 해고정직 기타 처분을 하지 못한다. 노자협의회에 관한 사항은 국민경제회의의 결의를 經하여 법률로서 정한다. 6) 농지는 농민에게 한하여 분배하되 그 대상은 해 농지의 년 생산량의 25%를 5개년 간 정부에 납입함으로서 그 소유권을 획득한다. 농지의 분배방법 소유권의 한도, 소유권의 내용과 한계는 법률로서 정하되 1세대의 농민이 3정보이상의 농지를 소유함을 不得한다. 7) 자본과 무역은 국가의 통제 하에 둔다. 此에 관한 사항은 법률로서 정한다. 8) 국민경제회의는 경제와 사회문제의 관한 기본정책에 관하여 내각의 자문에 응하며 그 입안한 바를 내각에 건의한다.

국민 경제의회의 조직은 법률로서 정하되 그 구성원의 반수는 직역별로
노동자대표로서 한다.

위의 내용에 따르면, 전진한은 이 법조문의 목적이 민족협동국가
로서의 균등사회 건설에 있다고 보았다. 그는 이것만이 공산당 독재
와 자본가로부터 노동자·농민을 구출하고, 우리 민족을 동족상잔의
참화로부터 해방하는 유일무이한 방도임을 확신한다고 하였다. 그
리고 그는 헌법에 1) 노동자의 단결, 단체교섭과 파업, 기타 단체행
동의 자유, 2) 노령·병약 기타 노동능력의 상실 또는 실업으로 생활
을 유지할 능력이 없는 자는 국가의 도움을 받을 권리, 3) 광물, 기타
중용한 지하자원, 수력, 수리, 산림, 기타 경제상 이용할 수 있는 모
든 자연력은 국유로 함, 4) 노동과 기술을 자본으로 간주, 임금 이외
의 최저 30~50%의 이익 배당, 5) 관·공·사영 기업체에 속한 노동자
의 당해 기업체 운영에 참여할 권리, 노자협의회의 판정이 없는 노
동의 해고·정직과 기타 처분 금지, 6) 농지의 농민 분배, 농지의 가
격은 연 생산량의 25%로 5년간 분할 상환, 7) 자본과 무역의 국가 통
제, 8) 경제와 사회문제의 기본정책을 내각에 자문하거나 내각에 건
의하는 국민경제회의를 두고, 그 구성원의 반은 직역별 노동자로 함
등의 내용을 포함하기를 희망하였다.

그가 이 조문을 제출한 의도는 노동과 자본의 통일을 통해 창의성
을 발휘하는 민족적 근거를 마련하고, 이것을 통해 남북통일을 위한
사상적 근거를 만들고자 함이었다. 그는 사상적 통일이 되지 않는다
면 외형적으로 통일이 된다고 하더라도 곧 사상적 투쟁이 일어나 다
시 분열되고 말 것이라고 보았다.[6]

전진한은 6월 말부터 7월에 걸쳐 헌법안에 대한 윤독회에 참여하였다. 이 윤독회에서 전진한은 사회문제와 경제문제에 관한 헌법의 방향과 노동자와 농민을 위한 여러 가지 법안을 주장하여 헌법에 반영시켰다.

1948년 6월 29일 헌법초안의 제1회 독회에서, 전진한은 헌법의 대강의 특징에 대해서 말하고, 사회문제와 경제문제를 해소할 수 있는 헌법의 방향에 대해서 발언하였다. 그는 제헌헌법의 초안이 개인주의와 사회주의를 조화하고, 자본주의와 통제주의를 절충한 점에 대해서는 높이 평가하였다. 그러나 정치적 민주주의에 대해서는 세목이라도 갖춘 반면에 경제적 민주주의에 대해서는 추상적이고 결점이 많다고 비판하였다. 특히 그는 경제문제의 핵심은 노자문제이고, 노동자에 대한 세심한 배려를 하는 헌법이 만들어져야 한다고 주장하였다. 그는 우리의 사명은 민족통일인데, 이는 노동자로 하여금 계급대립의 사상을 완전히 해소시켜 이 국가야말로 정말 우리의 국가요, 만민평등의 국가라는 신념과 애착심을 심어주지 않으면 안 된다고 주장하였다. 그리고 이 헌법 전체에 사회, 경제에 자유스러운 창의와 한국민족의 정신이 있기를 희망한다고 하였다.[7]

1948년 7월 1일의 헌법안 제2회 독회에서 전진한은 헌법 제5조의 「대한민국은 정치, 경제, 사회, 문화의 모든 영역에 있어서 개인의 자유·평등과 창의를 존중하고 보장하며 공공복리의 향상을 위하여 차를 보호하고 조정하는 의무를 진다.」라는 글귀의 정신을 설명하였다. 그는 자유·평등이란 기회균등을 의미하고, 경제적 면에 있어서의 양적 평등을 의미하지 않는다고 주장하였다. 예컨대 돈만 갖고 있으면, 양반이건 상놈이건, 어린이건 노인이건 모든 사람이 같은 물건을

살 수 있는 기회의 균등이라고 설명하였다.[8)]

전진한은 7월 3일과 7월 5일의 헌법안 제2독회에서 17조, 18조, 19조를 집중적으로 토의하였다. 제2독회 심의시의 헌법초안은 다음과 같다.

> 〈헌법초안: 2독회안, 필자 추정〉
> 17조 모든 국민은 근로의 권리와 의무를 가진다.
> 　　　근로조건의 기준은 법률로써 정한다.
> 18조 근로자의 단결, 단체교섭과 단체행동의 자유는 법률의 범위 내에서 보장된다.
> 19조 노령, 질병 기타 근로능력의 상실로 인하여 생활유지의 능력이 없는 자는 법률의 정한 바에 의하여 정부가 이를 보호한다.[9)]

이 초안에 대하여 전진한은 문시환 등 18명의 의원과 함께 17조에 대한 수정안을 제출하였다. 그 내용은 17조의 제1항을 "모든 국민은 근로의 권리와 의무가 있으며 근로자는 노자협조와 생산증가를 위하여 법률의 정하는 범위 내에서 기업의 경영에 참가할 권리가 있다."로, 제17조의 2항 "근로조건의 기준은 법률로써 정한다."는 그대로, 제17조의 3항은 "기업주는 기업이익의 일부를 법률의 정하는 바에 의하여 임금 이외의 적당한 명목으로 근로자에게 균점시켜야 한다."를 첨가하는 안이었다.[10)]

그가 이러한 주장을 하게 된 것은 앞으로 경제의 토대를 기업가와 자본가에게만 주지 말고 노동자에게도 발언권을 주고 이윤을 나누어 주자는 뜻이었다. 그는 첫째 당시 우리나라의 경제상황은 자본가와 기업가의 힘만으로 부흥되지 않고, 근로대중을 포함한 전 민족의 역량으로 해야 된다고 보았다. 둘째 노동운동이 심하므로 노자협조를 이끌어낸다는 측면에서 단체교섭권만 갖고는 노동자가 자기 이익을 옹호하지 못하므로 노동자에게 경영에 참여할 권리를 주어야 한다고 주장하였다. 셋째 사회민주주의를 열망하는 국제적인 대세에 부응하여 부르주아민족주의가 행해지는 남한과 공산주의가 행해지는 북한과의 통일을 주도하기 위해서라도 남북한 전 민족이 시행할 수 있는 원칙을 세우자고 하였다.[11]

전진한이 노동자의 경영참여권을 주장한 이유는 노동자의 창의와 자발적 참여를 이끌어내기 위한 것이었다. 즉, 전진한은 "노동자도 자기의 창의를 말하고, 자기의 모든 정력을 갖고 건설해가는 데 협의하고, 노동사가 의식적으로 이 산업건설에 참여하도록 하기 위해서는 노동자를 경영에 참여시켜 서로 협조하는 것이 필요하다"고 주장하였다.

전진한의 노동자 경영참여권에 대한 주장은 장홍염, 문시환, 이재형, 이유선, 신성균 의원으로부터 지지를 받았다. 장홍염은 상호구조의 원칙에서, 문시환은 근로자의 적극적 책임을 이끌어내려는 측면에서, 이재형은 노동자의 의무라는 입장에서, 이유선은 노자협조를 통한 생산 증가의 논리에서, 신성균은 노동자의 해방과 독립 달성이란 논리에서 전진한의 노동자 경영참가권을 지지하였다.[12]

그렇지만 전진한과 문시환 등의 주장은 이항발, 김도연, 김준연, 노일환, 이승만 등 한민당과 독촉계 의원들로부터 심한 비판을 받았다. 이항발은 사유재산권 보장 취지에 위배된다는 논리로, 김준연은 기업자의 심리 위축으로 노동자의 취업기회를 감소시킨다는 논리로, 노일환은 생산증가를 위해서는 노동력을 상품화해야 한다는 논리로,

이승만은 공산색채를 띨 우려가 있다는 논리로 반대하였다.[13]

7월 3일과 7월 5일의 헌법안 독회에서, 전진한이 제기한 노동자의 경영참여권은 부결되었다.[14] 요컨대, 17조 1항에서 노동자의 기업 경영 참여권을, 17조 3항에서 노동자의 이익균점권을 주장한 전진한과 문시환 등의 제1수정안 대신에, 17조 2항을 "근로조건의 기준은 법률로써 정한다. 단, 노동자는 이익배당의 균점권을 가진다."는 조병한 의원 등의 제2수정안이 통과되었던 것이다.[15]

7월 5일의 헌법안 독회에서 전진한은 18조 심의 시 '파업권'을 삽입하려고 하였으나 단체교섭권에 들어 있음을 확인하고 철회하였다. 그리고 전진한은 19조의 경우 실업보험의 실시를 상정하여 '실업'이라는 단어를 넣을 것을 제안하였다. 그러나 이 의미가 원안에 있는 것으로 판단되어 전진한의 수정안은 부결되었다.[16]

2. 사회부장관으로서의 행정 활동

1948년 8월 3일 오후 5시 45분 전진한은 사회부장관에 임명되었다.[17] 그의 사회부장관 발탁은 대한독청과 대한노총 활동을 함께한 유진산이 윤석오에게 천거하였고, 윤석오가 이승만에게 실험하는 셈치고 맡겨보자고 건의하여 이승만이 받아들인 결과이며, 마치 보궐선수의 승격 같다는 설이 있다.[18] 그러나 이것보다는 전진한의 대한독청과 대한노총의 위원장 활동에 대한 보상과 그의 능력에 대한 기대라고 보는 편이 정당한 해석일 듯싶다. 전진한도 "나는 정부의 관리라기보다 대한노총 맹원의 한사람으로서 근로대중의 자기네의 할

것을 다하기 위하여 책임을 지고 행동을 하고자 한다."라고 포부를 밝혔다.[19]

전진한의 부인 최숙철(崔淑喆, 40)은 1948년 8월 6일 돈암동 자신의 집을 방문한 『동아일보』의 기자에게 기쁨에 넘쳐서 전진한의 사회부장관 임명 관련 소회와 여담을 말하였다. 그녀는 "주인은 오십 평생을 오로지 노동운동에 기울여 왔으니만치 그 체험과 실천을 살펴 책임을 다할 줄로 믿고 있습니다. 집에는 시간의 여유만 있으면 늘 어린 것들과 노는 일로 낙을 삼지요. 사회장관 임명 발표가 있는 날 정말 놀래었습니다. 라디오로 처음 알았는데 전진한이가 또 딴 사람이 있지 않은가 생각했지요. 이화장에 가야겠는데 양복이 단벌이어서 그것을 대리기에 무척 힘이 들었어요."라고 말하며 넌지시 웃었다.[20]

전진한이 사회부장관으로 부임한 시기는 대대적인 홍수로 수많은 이재민이 발생하던 때였다. 전진한은 1948년 8월 18일 사회부장관으로 서울시장 및 각도지사, 보건후생부 구호국장, 내무부장과 공보처장 등과 함께 남도수해대책위원회를 조직하고 전라도와 경상도의 수재민을 구호하는 활동을 전개하였다.[21]

사회부장관으로 활동하던 때, 전진한은 정치·경제·사회적 문제로 눈코 뜰 새 없었다. 1948년 10월 6일 전진한 사회부장관이 국회 본회의에서 보고한 시정방침에서 그 대강이 파악된다. 첫째 월남과 귀환 동포의 급증으로 인한 이주민이 증가하였고, 실업율의 증가로 인한 궁민이 증가하였으며, 수재로 인해 500만 명의 이재민이 발생하였다. 그러나 이들에게 제공할 주택이 부족하고 일자리도 충분하지 않았다. 둘째 흑사병, 말라리아, 콜레라와 같은 전염병이 유행하고, 아편 중독자가 많고 영양이 부족하였으나 약과 의사와 병원이 부족한 상태였다. 셋째 이재민, 병자, 실업자 등이 많음에도 불구하고 이들을 구원해 줄 노동재해보험, 노동질병보험, 양로 · 폐질보험, 실업보험과 같은 사회보험이 발달되어 있지 않았다. 넷째 음사(淫奢)와 사교(邪敎), 남존여비, 학대, 인신매매, 유흥부, 번문욕례(繁文縟禮) 등 좋지 못한 관습과 풍습이 만연하였음에도 이들을 계몽하거나 교화할 사회교육기관이 많지 않았다.[22] 게다가 계층과 이념 간 갈등으로 살생이 발생하곤 하였다.

전진한은 인보상조(隣保相助), 순치보거(脣齒輔車)와 같은 협화(協和)의 추진, 미풍의 진작, 상호부조적인 계와 협동조합의 실시, 이익 균점의 구현 등을 주장하였다. 그리고 자립시설로써 소규모의 철공소, 목공장, 제재소, 비누제조, 피복, 제화, 제승, 제연, 입직(入織) · 제지 · 양말 · 죽세공 · 도자기 · 농기구, 기타 간이한 공장 등의 설치를 제안하였다. 아울러 사회복지적인 사방공사의 실시, 수산공장과 같은 대규모 공장의 건설, 주택 5만 채의 설립, 각지에 의료인을 양성하고 병원을 설립하는 방안을 제안하였다.[23]

그런데 문제는 재원이었다. 인보정신과 같은 도덕적 실천도 경제적으로 여유롭지 않으면 실천하기가 쉽지 않은데 병원과 공장의 설립과 보험제도 등의 구현 등은 말할 나위가 없었다. 해야 할 일은 너무나 많은데 할 수 있는 여건은 불비한 상황이었다.

한편 그는 사회부와 관련된 사회단체에 참여하여 구호 및 원호 활동을 하였다. 그는 1948년 7월 31일 전애국단체연합 중앙정부수립추진위원회, 풍수해구제대책위원회를 결성하고 사업부 위원에 선임되어 활동하였다.[24] 또 1948년 9월 4일 조선체육회 부회장에 선임되고[25]), 1948년 9월 5일 순국청년유가족구휼회의 회관에서 열린 긴급 이사회에서 이사장에 선임되어 활동하였다.[26]

전진한은 사회부장관으로서 기자들을 만나 노동문제, 월남문제, 실업자 구제, 성병문제 등의 해결을 위한 사업과 활동을 해명하고, 홍보하였다. 그는 1948년 9월 고려방직의 종업원 파면을 조사하여 금지하였음을 설명하였다.[27] 그리고 1948년 10월 전진한은 월남동포 문제를 해결하기 위한 직장과 주택 알선과 서울시내에 7개소의 무료숙소 설치, 실업자 구제를 위한 광산개발, 도로공사, 토지개척 등의 구호사업, 공창 폐지로 인한 성병의 확산을 막기 위한 성병 환자의 격리와 무료 치료 지원 사업에 대하여 설명하였다. 이어 노동자들에게는 근로대중의 사회균등을 실현하고 이윤배당제를 실시할 것이니 8시간이란 노동시간에 국한되지 말고 다량생산에 매진하도록 부탁하였다.[28] 또한 10월 17일 개성에 가서는 부윤실(府尹室)에서 실업자 대책과 노동자 이윤분배제와 대한노동총연맹 문제에 대해서 설명하기도 하였다.[29]

1948년 10월 19일 여수·순천에서 14연대의 일부 군인들이 4·3사건을 진압하기 위한 제주도 출동을 거부하고 봉기하여 5~6일간 여수·순천을 장악하였다. 이 사건이 발생하자 국회의원들은 정부에 책임을 묻고 국무위원을 보강하라는 건의안을 채택하였다. 이러한 국회의원들의 개각 요구를 국무위원들이 일소(一笑)에 붙이자, 전진한은 국무회의에서 국무위원의 총사퇴를 주장하고 국무총리가 책임을 지고 물러날 것을 주장하였다.[30]

여순사건 후 광산·제련노동자들의 동요를 막기 위하여 전진한은 1948년 10월 26일 광산·제련 근로자의 임금인상을 소급적용하였다.

전진한은 해방 후 3년 동안의 기하급수적인 물가상승으로 실질 임금
이 감소하는 광산·제련 노동자를 위하여 기획처와 협의하여 기본임
금제를 9월 1일로 소급하여 실시하고, 동시에 벽지수당으로 기본 급
료의 2할을, 갱내(坑內) 노동자에게는 다시 1할 5푼을 가산 지불케 하
였다.31)

정부군이 여수·순천을 탈환하자 전진한은 천도교, 기독교, 대종
교, 유교 등의 종교단체 간부들과 여순지역의 피해자들을 방문하여
위문하였다.32) 1948년 10월 31일 밤 12시 광주에 도착하여 그 다음날
인 11월 1일 오전 11시 전진한은 전남도청 지사실에서 여순사건으로
인한 피해와 수해 복구 등에 대해 "지난번 중앙에서 구호반과 의료
반 50여 명을 현지에 파견하여 긴급조치를 하였으나 이번에는 '반란
사건'에 의하여 발생된 피해 상황의 종합적이요 정확한 숫자를 조사
하여 그에 대한 근본적 대책을 수립하겠다."고 밝혔다. 그리고 수재
민 구호사업으로는 지난번 4억 4천만 원의 예산으로 수재민 구호사
업을 벌이고, 서울시에 3천만 원의 예산을 책정하여 전재민에게 주
택을 지어주며, 2억 원의 예산으로 나병환자를 치료할 것이다"라고
발표하였다.33)

해방 후 외국에 동원된 사람의 귀환, 국토의 양단에 따른 이민, 국
내 산업기관의 마비 등에 의하여 실업자와 요구호대상자가 70만 명
에 달하고, 여순사건으로 민생이 더욱 어려워졌다. 그러자, 전진한은
1948년 11월 11일 각 정당·사회단체 대표 50여 명을 모아 전국후생
대책위원회를 창립하였다. 이 위원회의 총재는 이승만, 고문은 전진
한 김도연 외 3명, 위원장은 김성수, 부위원장은 안재홍, 오종식, 상
무위원은 김법린 외 27명, 감사는 황태민(黃泰汶) 외 2명이었다.34) 그

러니까 그는 이승만 대통령과 한민당 등의 후원을 받아 실업자 구호 등의 사회적 문제를 해결하고자 하였다. 또한 그는 1948년 11월 20일 '대구미국송금협조영단(對歐美國送金協助營團)'과 협정을 체결하여 미국의 도움으로 빈민, 이재민, 고아 등 빈·궁민층에게 생활필수품을 제공할 수 있는 토대를 마련하였다.[35] 그리고 그는 1948년 12월 8일 4억 원의 예산으로 도로수선과 하천준설공사를 일으켜 실업자에게 직업을 제공하려고 하였고[36], 1948년 12월 18일경 '적산가옥거주자협회'를 재출범시켜 적산 가옥을 빨리 처리하여 주택문제를 해결하려고도 하였다.[37]

이처럼 활발한 활동을 하던 전진한은 1948년 12월 하순 갑작스런 사건으로 사회부장관에서 물러났다. 1948년 12월 19일 대한청년단 최고위원 유진산이 전진한의 집에 있다가 체포된 사건[38]과 관련하여 1948년 12월 20일 사회부장관의 사표를 제출하였다.[39] 그 이유는 청년단체에 특배하던 광목과 옥양목을 부정으로 처분한 사건과 관련이 있었다.[40] 유진산이 체포되었지만 사회부장관인 전진한이 사직한 점으로 미루어, 광목과 옥양목의 부정처분에 전진한이 관련되었음이 분명하다. 그렇지만 그의 행위는 단순한 개인적 착복이 아니라 반공과 관련된 정치적 행위였다고 한다.[41] 그렇다고 한다면, 이는 1948년 12월 19일 결성된 대한청년단과 관련된 것으로 짐작되며, 그의 단독 행위가 아닌 이승만과의 협의 하에 진행되었다고 보인다.

여순사건 후 이승만정권은 공산주의자들의 발호를 막기 위해 국민회청년단, 대동청년단, 대한독립청년단, 서북청년회, 조선민족청년단, 청년조선총동맹 등 여섯 우익청년단체를 통합하여 1948년 12월 19일 대한청년단을 결성하였다. 대한청년단은 "1) 우리는 청년이다.

심신을 연마하여 국가의 간성이 되자. 2) 우리는 청년이다. 이북동포와 합심하여 통일을 완성하자. 3) 우리는 청년이다. 파괴분자를 숙청하고 세계평화를 보장하자."라는 공산주의자를 처단하고 조국통일을 달성하는 것을 강령으로 삼고 있었다.[42] 그런데 이 대한청년단의 총재가 이승만이었고, 신성모는 단장, 전진한과 유진산은 최고지도위원이었다.[43] 공산주의자의 발호를 막기 위해 대한청년단을 결성하려고 이승만·전진한·유진산이 협의 하에 광목과 옥양목을 부정처분하였다가 사실이 드러나자, 전진한이 그 책임을 지고 물러난 것으로 짐작된다.

1948년 12월 24일 전진한은 퇴임의 변을 밝혔다. "나는 애당초 입각할 때부터 한 근로인민으로서 입각하여 정부로 하여금 인민을 대표하여 인민의 의사를 반영·실천하는 정부로 만들기 위하여 입각하였던 것이다. 따라서 나의 건국이념으로는 정부란 인민을 지배하는 권력이 아니라 인민의 의사를 집행하는 한 개의 사무적 기관에 지나지 않는 것이며 절대 종래의 관료적 정부가 되어서는 아니 될 것이다. 그러므로 현재의 대한민국 정부는 어느 당파나 세력에 아부하여 그 당파와 세력으로 하여금 조종케 하여서는 아니 될 것이며 자기의 편의를 돕고자 권력을 난용(亂用)해서는 안 될 것이다. 그러므로 내가 사표를 제출한 것도 정부로 하여금 건국이념을 실현할 수 있는 정부가 되어달라는 표시인 동시에 앞으로 이를 위하여 싸우려고 제출한 것이다. 입각할 때나 현재나 나의 심경에는 아무 변함이 없으며 내가 주장하는 인민의 국가가 실현될 때까지 나의 생명을 아끼지 않고 싸울 것을 국민 앞에 맹서하는 바이다." 그리고 전진한은 "앞으로 국회의원으로서 투쟁하는 한편 노동운동과 농촌지도운동에 주력할

것이며 청년운동도 적극적으로 하려한다."고 포부를 밝혔다.[44]

3. 초대 국회의원으로서의 노동법 제정 활동

초대 국회의원으로 당선되자, 그는 1948년 6월 16일 조봉암, 김덕열 등과 함께 산업노농위원회에 배정되었다.[45] 이는 그가 대한노총의 위원장인 점을 고려한 것이었다. 2차 연도인 1949년 10월 12일에도 그는 산업노농위원회 소속의 위원으로 활동하였다.[46]

전진한은 국회의원, 산업노농위원회 소속의 국회의원으로 다양한 입법 활동을 하였다. 1949년 2월 22일 전진한은 김병회(金秉會) 등 90인과 함께 농지개혁법의 실시에 앞서 임시로 농지의 매매와 증여를 금지하고, 고의로 소작료를 불납하는 경우를 제외하고 농지개혁법이 실시되기 전까지 기존의 임차권(소작권)을 보장하는 「농지개혁에 관한 임시조치법안」을 제출하였다.[47] 이는 지주가 농지개혁법의 발효에 앞서 농지를 팔아버리는 것을 막기 위한 긴급한 조치였다.

1949년 7월 공무원법의 제정과 관련하여 전진한은 공무원법이 공무원의 노동운동을 막아서는 안 된다는 입장에서 공무원법 초안에 대해 이의를 제기하고 수정안을 제시하였다. 1945년 7월 15일 공무원법안 제1독회에서, 전진한은 백관수(白寬洙) 법제사법위원장의 설명을 들은 후 이인(李仁)·박해정(朴海楨)·윤석구(尹錫龜)·조종승(趙鍾勝)·강기문(姜己文)·신광균(申光均)·조국현(曺國鉉) 의원 등과 함께 고시위원장 및 정부 측의 총무처장과 질의응답을 하였다.[48] 이때 전진한은 공무원법 제36조의 "공무원은 정치운동에 참여하지 못하며 공무 이외의 일을 위한 집단적 행동을 하여서는 안 된다. 전항의 정치운동에는 단순히 정당에 가입하는 것을 포함하지 아니한다."라는 조문에 대해 이의를 제기하였다. 그는 공무원의 일체의 모든 행동은 정치성을 띠는데 만약 공무원이라고 해서 모든 정치적 행동을 못하게 된다고 하면, 공무원이 우리의 민주주의를 선전하고 공산주의를 타도하기 위한 우리 국가의 국시(國是)를 민중에게 철저히 선전하고 반국가적 행위를 방어하는 것도 못하게 하는 것이므로 매우 애매하다고 주장하였다. 그리고 그는 오늘날 정치라고 하는 것은 공무원이나 누구나 각각 자기의 책임을 완수하는 데에 있고 그 개인의 행동에 있어서 국가가 너무 많이 간섭할 필요가 없다고 주장하였다. 특히 철도와 전매국 등 국가가 고용하는 노동자는 대개 공무원인데, 이들의 집단적 행동이 금지되고 정치적 행동을 금지한다고 하면 그들의 모든 행동은 제한을 받고 결국 그 조문 때문에 장해가 되어서 하등 운동을 전개하지 못한다고 보았다. 결론적으로 그는 헌법 제18조에 보장된 근무자의 단결권, 단체교섭권, 단체행동의 자유가 절대로 그 공무원을 겸한 노동자에 대해서는 용인되지 않기 때문에 사실에 있어서 광범위의 노동자 혹은 철도라든지 혹은 기타 광범위의 노동자가 사실상에 있어서 자기네 복리를 위한 노동운동을 할 수 없게 되므로 이것은 민주주의국가의 측면에서 가장 큰 모순이라고 주장하였다.[49] 그러나 이 안은 부결되었다. 그리하여 공무원은 정치운동을 할 수 없음은 물론, 정당가입도 할 수 없게 되었고, 공무원의 단체교섭권도 부결되었다.[50]

1949년 10월 28일 전진한은 국가공무원법 심의 시 98명의 의원과 축첩한 자를 공무원에서 제외하자고 제안하였다. 그는 "공무원은 국민의 의표가 되어야 하니 신분조사를 신중히 하여 축첩을 난행하여 우리 민주제도의 윤리도덕을 파괴하는 자는 엄중 제지하는 방침을 취하여 주시오."라고 건의하였다.[51] 「축첩자의 국가공무원 자격제한 및 박탈요구」문제는 1949년 7월 공무원법 제정 시 논의되었으나 일반 국민과의 형평성, 이혼의 발생 등의 문제로 141명 중 53대 83표로 부결된 바 있었다. 그런데 전진한 등이 대통령에게 건의함으로써 이 해 12월 이승만 대통령이 "계몽으로 구습타파, 축첩인은 문명인의 수치"라는 담화문을 발표하였고, 법제처장에게 축첩방지법을 제정하라는 지시를 내리게 되었다.[52]

1949년 11월 7일 치안을 문제 삼아 국회의원의 임기를 2년에서 연장하려 하자 그는 그것에 대하여 반대하였다. 그는 "치안문제가 내월 선거 시까지 험악하리라 가상하고 국회의원 선거를 연기하는 것은 국민에 대한 공약을 무시하는 것이므로 민주국가의 견지에서 부당하므로 임기연장은 반대한다."고 하였다.[53]

귀속재산의 처리와 관련하여 전진한은 합리적이고 공정한 처리와 노동자에게도 기회가 주어질 것을 제안하였다. 즉 1949년 11월 8일 국회 35차 본회의에서, 전진한은 귀속재산을 처리하는 데에는 산업정책을 강력히 추진시키고, 공정성을 상실치 않고, 경제부흥으로 이끄는 절대 좋은 기회를 국민에게 주어야 하고, 모리배가 악질관리와 결탁하여 귀속재산을 마음대로 처리하지 못하도록 하고, 농민에게는 토지분배가 있으나 노동자에게는 아무 것도 없으므로 이 점을 고려해야 한다는 요지의 주장을 하였다.[54]

전진한은 1949년 11월 11일 대한노총을 대변하여 다음과 같은 귀

속재산처리법안의 수정안을 제출하였다. 그리고 그는 수정안이 거부
될 경우 총궐기하여 최후의 수단으로 끝끝내 투쟁할 것이라고 선언
하였다.[55]

◇수정안

△ 제15조: 귀속재산은 합리적이며 사상이 온전하고 운영능력이 있는 선
량 연고자가 종업원 된 조합대표자 및 농지개혁법에 의하여 농지를
매수당한 자와 주택에 있어서는 특히 국가에 유공한 무주택자 그 유
가족 및 귀속주택 이외의 주택을 구득하기 곤란한 자에게 우선적으로
불하한다(종업원 조합대표자 삽입).

△ 제24조: 귀속기업체의 불하에 있어 종업원조합은 그 지분 또는 주식
의 3할 내지 4할을 대통령령의 정하는 바에 의하여 보유할 권리가 있
다. 전항의 지분 또는 주식은 대통령령의 정하는 바에 의하여 국립은
행에 저당하고 연부로 상환하여야 한다(제23조 하에 신설).

△ 제32조: 귀속기업체의 이익금은 대통령의 정하는 바에 의하여 그 관
리인과 종업원에게 그 일부를 지급할 수 있다(수정).

△ 제39조: 관재위원회의 조직은 左記에 의한다.

一. 중앙관재위원회는 좌의 위원으로 구성한다.

1. 상공부 · 농림부 · 사회부 · 재무부와 기획처 · 관재처에서 각 1인

2. 국회에서 6인

3. 산업계 · 금융계에서 각 2인과 학계 · 법조계에서 각 1인

4. 노동조합의 대표 2인(삽입)

二. 지방관재위원회는 좌의 위원으로써 구성한다.

1. 시도의 산업관계국 · 사회국에서 3인과 관재국에서 1인

2. 시도의회 4인

3. 산업계에서 2인과 지방금융계 · 법조계에서 각 1인

4. 노동조합의 대표 2인(삽입)

△ 제43조: 귀속재산처리에 관한 소원을 심의하기 위하여 귀속재산소청
심의회를 둔다. 귀속재산소청심의위원회는 좌의 위원으로 구성한다.

1. 상공부 · 농림부 · 재무부에서 각 1인

2. 국회에서 2인

3. 학계 · 법조계에서 각 1인

4. 산업계 · 금융계에서 각 1인

5. <u>노동조합의 대표 2인(삽입)</u>

위의 내용과 같이 전진한은 귀속재산이 종업원인 조합대표자에게 불하될 수 있도록 하고, 귀속업체의 이익금의 일부를 종업원에게 지급할 수 있도록 하고, 관재위원회와 지방관재위원회와 귀속재산소청심의회의 위원에 노동조합의 대표 2명을 포함시키는 안을 제안하였다.

1949년 11월 16일 귀산처리법 제50조에 대한 토의에 있어서, 그는 노동자와 농민에 대한 정책여하는 중대하고 시급한 문제로 이번 기회에 단연 이를 시행하여 근로대중의 복리 향상을 도모하여야 한다고 주장하였다.[56] 그리고 1949년 11월 21일 전진한은 장홍염 의원과 제15조의 귀속재산의 매각우선권을 노동자에게 부여한 취지에 따라서 종업원조합이 매각을 받지 못한 귀속기업체에 대해서는 해당 기업체 전 자금의 3할을 출자할 권리를 인정하자는 수정안을 제출하였다. 그러나 이는 받아들여지지 않았다.[57]

1950년 1월 27일 국회에서 노동법령기초위원회를 구성하였는데, 그는 노동운동자 대표인 유기태, 조덕윤과 함께 노동법령 기초위원에 선임되었다.[58] 그는 1950년 5월 13일 제헌국회의원들의 의정 발언 회수를 점검한 결과 26번을 발언[59]할 정도로 의정 활동을 정열적으로 하였다.

4. 정부 수립 직후의 대한노농당·한국노농당 활동

정부 수립 직후 이범석의 국무총리 인선을 거치면서 한민당과 대립하던 이승만이 1948년 9월 이후 독립촉성국민회를 중심으로 신당의 창립을 추진하였을 때[60], 전진한은 참여하지 않았다. 뿐만 아니라 전진한은 한민당과도 거리를 두었다. 이승만 및 한민당의 김성수와 긴밀한 관계에 있었으므로, 그는 분란의 와중에 휩쓸려 들어가기를 바라지 않았던 듯싶다.

전진한은 별도로 대한노농당을 발기하였다. 전진한은 무소속 국회의원인 이훈구(李勳求), 유홍열(柳洪烈), 김명동(金明東) 등이 대한농우당(大韓農友黨)을 발기하여 동지를 규합하던 1948년 9월 초 이에 참여하여[61] 1948년 9월 10일 이들과 함께 대한노농당을 발기하였다. 그리고 9월 26일경 전진한은 이훈구, 유홍열, 김영동, 채규항 등 200명과 서울운동장에서 대한노농당을 창당하였다.[62]

1948년 9월 말 전진한은 대한노농당 결성과 관련하여 다음과 같이 언급하였다. "대한노농당은 국회의원 유지와 노동자 운동을 해온 동지들이 모여 조직한 것인데 나는 그들의 많은 성과가 있기를 바란다. 그리고 대한노총이 총의로 이에 가담하고 아니하는 것은 금후에 있어서의 그 정당의 발전과 진실로 노동대중을 위한 정강 정책과 아울러 명실 공히 실천하느냐 아니 하느냐에 그 결정을 좌우하게 될 것이다."고 하였다.[63]

대한노농당 창당 대회에서 불만을 품은 채규항, 장례학(張禮學)이 나가, 1948년 10월 24일 대한노총과 대한농총을 기반으로 한국노농당을 창당하자, 전진한은 여기에 참여하였다. 창당 시 전진한은 채규항, 장례학과 함께 동당의 최고위원에 선정되었다.[64] 채규항은 1897

년생으로 전진한과 동일하게 와세다대 정치경제학과를 졸업하였고, 건국준비위원회 중앙위원, 대한독립촉성국민회 초대 조직부장, 대한노총 부위원장을 역임한 인물이었다.[65] 그리고 장례학은 한독당계 인물이었던 것으로 보인다.[66]

그는 왜 한국노농당에 참여하였을까? 이것은 한국노농당의 최고위원 중 한 사람이었던 채규항의 주장을 통해 파악할 수 있다.

> 1. 이때까지의 정당은 대략의 지주계급과 도시의 소부르주아들의 정당이었다. 그러니 노동자 농민보다 실로 자신을 위함에 민족사회주의 정당을 결성하는 것은 필연적일 것이다.
> 2. 한국노농당은 어디까지나 노동자와 농민계급이 주체가 되어서 결성하여야 할 것이다.
> 3. 신당은 노동자 농민의 전위당이다. 그렇다고 하여 직업적 혁명가의 결합, 폭력혁명독재방식을 결합하는 의미의 공산주의정당과는 성격을 절대 달리하는 것이다.
> 4. 그러므로 노동자 농민을 위한 투쟁은 합법적이며 국회를 통하여서 말한다.[67]

즉 위의 내용과 같이, 전진한은 첫째 노동자와 농민으로 구성된 정당을 만들고, 농민을 위한 일을 공산주의자처럼 폭력적·혁명적으로 하는 것이 아니라 의회를 통하여 해결하기를 희망하였다. 그리고 성격적으로 그는 김성수 및 이승만과 같은 대정치가 밑에 들어가 부하로서 활동하기보다 도리어 작은 정당의 대장으로 활동하기를 희망하였다. 그러나 전진한이 이승만의 지원으로 대한노총 위원장이 되었고, 당시 사회부장관이었으며, 채규항(蔡奎恒)도 이승만의 심복이었다는 점[68]에서 보면, 한국노농당의 결성은 이승만과 어느 정도 관련이 있었던 것으로 보인다.

한국노농당이 제대로 발전하지 못하고 스러지자 그는 무소속에서 활동하였다. 1949년 9월 12일 전진한은 국회 내에서 민국당(76명), 일민구락부(57명), 신정회(18명), 이정회(4명), 사회당(2명) 등에 소속되지 않고 20명의 국회의원과 함께 권외 인물로 활동하고 있었다.[69] 1950년 3월 28일에도 전진한은 무소속 의원으로 활동하였다.[70]

1950년 3월 28일 전진한은 무소속 의원 14명과 의원의 양심의 자유를 보장하는 성명서를 발표하였다. 1949년 7~9월 국회의원 10여 명이 남로당의 프락치 활동을 했다는 '국회프락치사건'으로 체포·기소되었는데, 1950년 3월 24일 선거 공판에서 모두 유죄판결이 난 것을 보고 이 성명서를 발표하였던 것이다. 성명서에서 전진한은 "민주정치는 의회정치를 의미하며 의회정치는 다수에 의하여 운영되는 정치이다. 그래서 이 다수의 구성과 성격의 여하가 곧 그 정치가 진정한 민주정치가 되느냐 못 되느냐 하는 것을 결정하는 것이다. 그 다수가 양심적으로 오직 국리민복(國利民福)을 위해서 온당하게 구성된 다수라면 그 정치는 훌륭한 민주주의를 실시할 수 있지마는 만일 그 다수가 권력이나 파당에 의하여 의원의 양심의 자유를 구속함으로써 이루어진 다수라면 그런 다수에 의하여 운영되는 정치는 민주주의를 가장하였을 뿐이요, 그 실상은 독재정치를 면치 못하는 것이다. 그렇게 되면 처사는 공정을 잃고 인사는 정실에 흘러서 관계(官界)는 부패하고 민심은 이반되어서 나라를 위태케 할 우려가 없지 않다. 더욱이 오늘날 우리나라의 형편은 국민이 아직 정치적 훈련이 부족하고 살육을 일삼던 붕당의 유풍(遺風)이 완전히 가시지 못하였으니 이때에 파당에 의하여 의정이 좌우되는 것은 크게 위험한 일이요, 오직 현실에 입각한 타당 공명한 주장이 의회를 영도하게 하는 기풍(氣風)을 세우는 것이 국가와 민족을 위해서 다시없는 행(幸)이 될 것이다. 이러한 취지로 우리들 무소속 의원은 대한민국 헌법정신을 준수해서 의원 각자의 진정한 양심의 자유를 보장하고 순미(純美)한 국회공기를 조성하고 숭고한 정치 도덕을 수립함으로써 국정의 건전한 운영과 민족의 영원한 안전을 기하는 바이다."라고 주장하였다. 요컨대 그는 국회의원이 권력이나 파당이 아니라 개인의 양심에 의해서 활동하기를 촉구하였다.[71]

제10장

정부수립 직후의
노동운동

1. 대한노동총연맹 위원장 활동

1948년 5월 그가 제헌국회의원으로 당선되어 활동하는 데에 대해서는 대한노총 내에서 특별한 이견이 없었다. 1948년 7월 26일 열린 대한노총의 긴급중앙집행위원회에서는 신정부의 노동정책의 수립과 법률의 기초에 적극적으로 협력하기로 하였다. 당시의 임원진은 부위원장 김종률·김구, 사무위원 김종률 외 3명, 대회위원 박경용(朴慶容) 외 6명, 쟁의위원 김구(金龜) 외 3명이었는데[1], 이들은 전진한의 노동자를 위한 입법 활동을 적극 후원하였다.

그런데 1948년 8월 그가 사회부장관에 임명되자, 대한독립촉성노동총연맹은 전진한의 위원장직 유지에 대해서 이의를 제기하였다. 1948년 8월 26~27일 서울 명동의 시민회관에서 1,114명 대의원이 참석한 가운데 대한독립촉성노동총연맹의 제3회 임시전국대의원대회가 성

대하게 개최되었는데, 대의원들은 대한노총의 명칭 변경과 임원 개선을 요청하였다.[2]

첫째 날인 8월 26일 회의에서 강령과 규약을 수정하고 대한노총의 명칭을 '대한독립촉성노동총연맹'에서 '대한노동총연맹'으로 변경하였다. 27일 임시대회의 초점인 임원개선 문제를 토의하자 현 위원장 전진한의 유임 여부로 지지파와 반대파 간에 두 차례나 대 난투극이 벌어져 중경상자가 발생하였다. 반대파의 총퇴장으로 임원 개선은 중지되었다.[3]

28일 오후 1시 대한노동총연맹의 본부에서 지지파만으로 중앙집행위원회의를 열고 위원장 전진한을 유임하고, 부위원장으로 유기태(劉起兌)·김종율(金鍾律)·주종필(朱鍾必)을 선출하였다. 그리고 김구(金龜, 부위원장)·김관호(金觀浩, 경기도연맹부위원장)·정송모(鄭松模, 경남도감찰위원장)·한승룡(韓昇龍, 인천연맹감찰위원장) 4명을 제명처분하였다.[4]

이에 대하여 8월 28일 경기도연맹·운수부연맹·경전노조 등 24연맹의 노조에서는 위원장 전진한이 노동조합과 정치적 당을 혼돈하여 관제노조를 조직하려 하고 있다고 비난하고 오는 9월 1일에 개최되는 경기도연맹 대회를 선두로 각 지부 대회를 개최하여 태도를 결정하겠다고 밝혔다. 또 같은 날 대한노동총연맹의 서울시연맹을 비롯한 12연맹 및 동 노총 출판노조를 비롯한 10 노조연맹으로 대략 다음과 같은 성명을 발표하였다. "금번 대회의 목적은 지난 7월 하순 중앙집행위원회의 결정에 따라 중앙본부의 부패간부 및 부르주아적 배신분자를 일소하고 노총중앙을 새로 쇄신하는 데 있으며, 더욱이 전진한의 사회부장관 취임에 따르는 관제 노동조합화를 단연코 배격하

는 바이다."라고 천명하였다.[5)

1948년 8월 29일 김구(金龜) 전 대한독립촉성노동총연맹 부위원장을 중심으로 전진한 위원장 유임반대운동이 전개되었다. 김구는 1948년 8월 31일 대한노총 전국혁신위원회를 조직하였다.[6) 이 운동에는 경전노조·운수부연맹·서울철도공장분회를 비롯한 각 지방노조가 가담하고 있었다.[7) 김구는 국민당에 가담하여 홍운옥 등과 친하게 지내고 그와 함께 대한노총을 만들었지만 전진한의 등장 이후 이승만 계열에 흡수된 사람이었다고 한다.[8) 이것으로 보아 김구는 전진한과 같은 이승만 계열의 인물이지만 전진한의 국회의원과 사회부장관, 그리고 대한노총 위원장 겸임에 불만을 품고 전진한에 대해 저항하였던 것 같다.

유임반대파인 유기태 세력은 시세를 관망하였다.[9) 유기태는 1946년 말 전국근로자동맹, 전국노농조합총동맹을 지도하다가 대한노총에 합류한 인물로, 원래 국민당 조직부 차장으로 활동하다가 1946~1947년 한독당의 농민부장, 조사부장 등으로 활동한 인물이었다.[10)

그런데 전진한을 비판하던 경전노조는 1948년 9월 2일 돌연 전진한 위원장의 유임을 지지하였다.[11) 1948년 9월 9일 대한노동총연맹은 전진한의 사회부 장관 겸임이 프랑스와 구미의 여러 나라에서 많이 볼 수 있는 것이므로 문제가 없다고 발표하였다.[12)

위기의 국면에서, 전진한은 대한노총 조합원의 지지를 통해 난국을 타개하려 하였다. 1948년 11월 9일 조선상공주식회사 영등포공장 사무장 겸 대한노총 영등포 부위원장 민창현(閔昶鉉)이 직원 14명과 공모하여 동 공장 소유의 소다회 65톤과 아세톤 20드럼을 횡령하였다는 혐의로 재판을 받자, 전진한은 대한노총 위원장의 자격으로 직접 참석하여 이들을 위해 변론하였다.[13] 1949년 1월 18일에는 공장 경영자 측과 협의하여 영등포지구에 산업병원을 개설하는 것을 도왔다.[14]

1949년 2월에 들어와 전진한의 위원장 연임을 반대하던 한독당의 유기태 세력과 구국민당계의 김구 세력은 연합하여 단일전선을 형성하였다.[15] 그 결과 1949년 3월 25일 오전 10시부터 시천교당에서 400여 명이 참석한 가운데 열린 대한노동총연맹 제4회 정기대회에서 유기태(劉起兌)가 당선되고, 전진한은 21표 차로 낙선하고 말았다. 주종필(朱鍾駜), 안병성(安秉星)과 아울러 제명되었던 김구가 부위원장에 선임되었다.[16]

1949년 3월 말 전진한을 지지하는 대한노동총연맹 영등포연맹 등의 제 연맹은 동 대회의 모략성을 발표하고 전진한을 계속 위원장으로 옹립하려 하였다.[17] 1949년 3월 26일 전진한을 지지하는 대한노동총연맹 소속 영등포연맹 · 전업연맹(電業聯盟) · 경전(京電)노동조합 · 서울동대문연맹 · 강원도연맹 · 충청남도연맹 · 충청북도연맹 · 전라남도연맹 · 전라북도연맹 · 경상북도연맹 · 철도연맹 부산지구 · 철도연맹 마산지구 · 철도연맹 대구지구 · 철도연맹 대전지구 · 부산공작창지구 · 삼랑진지구 · 삼척지구 · 순천지구 · 경주지구 · 이리지구 · 춘천지구 등은 다음과 같은 성명서를 발표하였다.[18]

〈성명서〉

경애하는 3천만 동포여, 사랑하는 160만 盟員同志여.

우리는 해방 이후 파괴분자를 숙청하고 산업건설의 역군으로 대한민국 수립에 추진력이 되었고 정치적으로 사회적으로 혁혁한 업적을 남긴 것은 맹원동지의 혈투와 同胞諸位의 愛護의 結晶이다.

우리는 대한민국의 헌법정신 하에 더욱 건설적인 노동운동을 전개하기 위하여 조직과 단결을 강화하여야 할 이때에 아래와 같은 이유로 부득이 去 3월 25일, 26일 개최된 제4회 전국대의원대회를 否認하지 아니치 못하게 된 것을 유감으로 생각하는 바이다.

◇이유

반동파의 대의원 선정에 있어서는 갖은 모략과 기만이 있는 중 그 3 예를 들면

1. 철도연맹에서는 전국철도맹원에게 배정된 대의원 수 57명을 공평한 人數 비율에 의하여 公選配定치 않고 순수한 지방세포에게는 5·6천 명에 1명씩만을 선발하도록 하고 6천여 명에 불과한 중앙에서는 42명이나 되는 무리한 배정수를 自派謀略에 追隨하는 자에게 한하여 임의 지명 선출하였다.

2. 반동파에서는 연맹결성 이래 불순행위로 인하여 제명처분을 당한 자들을 대의원으로 기만 선출한 것

3. 직장을 갖지 않은 非盟員 街頭遊浪 분자 다수를 대의원으로 가장하여 투표에 참가시켰다.

그들 반동행위의 이면 의도를 究明하면

1. 노총 창시 이래 우리를 지도하여 온 현 위원장 錢鎭漢선생을 하등 과오도 없는데도 불구하고 허무한 모략중상으로 逐放하고 某黨의 당수를 추대하기 위한 준비공작으로 우선 劉起兌씨를 등장케 하고 가까운 일시에 소기의 목적을 달성하려는 음모가 반동파 모모 주동분자들의 祕密言明에 의하여 판명되었으며 일전 모 신문기사와 아울러 考察할 때에 본 노총을 모정당에 예속화시키려는 陰謀裡에서 본 대회가 모략적으로 진행되었음을 확인할 수 있다.

2. 금번 반동 이면에는 반동파 주동분자 중에는 5·10선거를 반대하였고 대한민국에 불충한 중간파 가면 쓴 破毀분자들이 다수 합류하여 대한노총의 애국적이오, 건설적인 지도이념을 말살하려는 음모책동도 잠재하여 있다는 것을 지적하여 둔다.

우리는 맡은 바 職域·지역을 통하여 정상적인 노동운동을 전개하면서

반동파의 갖은 모략을 배제하고 전국 근로대중의 재단결을 기하는 동시에
일치 단결하여 공무원법(초안) 제35조 삭제운동을 결사 추진한다.
   조속 시일 내에 합법적 대회가 구성될 때까지 소위 신임중앙간부의 존
재를 일절 부인한다.
   단기 4282년 3월 26일

   1949년 4월 대한노동총연맹 신임위원장 유기태와 간부들은 전진한
을 고문으로 추대하고 수습하려고 하였으나, 전진한은 대회의 재소
집을 요구하고 불응하면 별개 단체를 구성하겠다고 주장하였다. 이
틈을 타서 조광섭을 추대하려는 혁신파가 난립하기도 하였다. 당시
한 기자는 전진한은 순정적 면이 강하여 개인의 이해관계를 초월하
는 청년운동적 경향의 과오를 범하였고, 유씨 일파는 헌법에서 부여
된 노동자의 권리추구에 급한 나머지 자기들이 처한 사회체제를 망
각하고 우회작전을 취하지 못한 전략적 실패가 있었고, 5·10선거를
반대하였다는 오명을 벗지 못한 독로당(獨勞黨) 중앙집행위원 출신
김구 일파는 혁신적 경향을 보여, 모두가 중화를 모르는 과격, 미온
의 한 마디로 표현할 수 있다고 하였다.[19]
   1949년 4월 18일 전진한은 「맹원동지 여러분께」라는 글을 발표하
여 대한노동총연맹의 현 집행부에 남로당의 프락치가 있으며, 심지
어 인민공화국의 대의원까지 하였다고 비판하며 오는 4월 21, 22일
전국대의원대회에서 공정하게 대의원을 선출하여 대한노동총연맹 구
성원의 의사가 제대로 표현되도록 하자고 주장하였다.[20]
   재소집된 1949년 4월 21일 대한노총 전국대의원대회에서는 전 대
회를 무효라고 하고 전진한을 위원장으로 재신임하였다.[21] 그러나
다음날 대한노동총연맹 중앙본부는 4월 21일 개최된 전진한 측의 대

회는 하등의 법적 근거가 없으며 이로 인해 민족 분열과 노동자 복리를 위한 단결을 파손하는 행동에 불과하다고 성명서를 발표하였다.[22]

1949년 5월 대한노동총연맹의 유기태 집행부는 「전진한의 모략진상」을 발표하였다. 이들은 "전진한이 이승만의 배려 덕택으로 사회부 장관이 되었으나 1) 이승만의 절대 배려와 근로대중의 기대를 배신하고 세상에 웃음거리가 되었다. 2) 사회부장관 시에 철도연맹을 공인노동조합으로 인정하는 문제에 있어서 교통부 반대의사 표시에 대하여 자기의 행정권한 내에 속하는 문제를 무조건 포기하였다. 3) 8 개조 노동헌장을 헌법에 삽입하는 문제에 있어서 그가 철두철미 비굴하였고, 무능하였다는 것. 다행히 모대의원의 제안으로 겨우 이익균점권이 삽입되었다는 사실이다. 4) 조선전업노조 결성을 말살하려는 음모에 가담한 사실이다. 근로자는 어느 때건 항상 공정한 심판관이다. 그가 관제적 노동운동사상에 남긴 역력한 죄상이 이에 이르매 그의 낙선은 한 개의 예정된 운명이었다."고 하였다. 그리고 반동분자 운운은 사실이 아니며, 대한노총 반동분자들과의 이념적 차이를 운운한 것도 사실이 아니라고 하였다. 특히 3월 대회의 합법성과 4월 대회의 불법성을 역설하였다.[23]

1949년 5월 19일 대한노총 4월파(전진한파) 대변인은 "지난 14일 조선전업 분규 시 노동국장, 전업사장, 노동조합관계자가 경무대에서 대통령과 회견한 일은 있었으나 구체적인 지시와 특명은 없었음에도 불구하고 일부에 '대통령담화'라는 것이 발표되고 벽보가 붙는다는 것은 용인될 수 없는 일이다."고 주장하였다.[24]

이에 대해 정부 대변인은 1949년 5월 21일 정부는 결코 한 편을 지지하거나 반대한 것은 아니며 노총은 애국애족하는 단체이니만큼 하루빨리 서로 양보하여 합동하기를 기대한다고 하였다.[25] 당시 이승만정부에서는 전진한과 유기태의 어느 편도 들지 않고 중립적인 태도를 취하였던 것이다.

1949년 6월 27일 대한노총의 전진한파가 서울운동장에서 3만 명이 참석한 가운데 국토방위노동자총궐기대회를 거행하였다. 위원장 전진한은 "우리들은 단결하지 않으면 이 비상시국을 돌파해나가지 못할 것이다. 노동자고 농민이고 소시민이고 모두가 다 단결합시다."라는 개회사에 이어 신동권(申東權)이 대통령에게 보내는 메시지를, 유화룡(柳化龍)이 국회의장에게 보내는 메시지를, 이영모(李榮模)가 유엔의장에게, 김영배(金榮培)가 유엔 한국위원회에, 이정섭(李正燮)이 미국대통령에게, 김광준(金光俊)이 미국대사에게, 최규만(崔奎晚)이 아주노련준비회에 보내는 메시지를 낭독하였다. 이날 채택된 결의문은 다음과 같다. 1) 우리 노동자는 굳게 뭉치어 국토방위에 초석이 되자. 2) 미국은 대한민국의 국토방위에 필요한 무기를 즉시 공급하라. 3) UN은 세계민주주의의 발전과 정의인도를 위하여 하루 속히 대한민국의 통일과업을 완수하라. 4) 노동운동을 말살하려는 공무원법초안 제36조를 삭제하라. 5) 귀속재산처리법안을 수정하여 노동자에게 이익균점권을 확보시키라.[26]

'전씨파'와 '유씨파'로 분립하여 대립하던 대한노총은 1949년 7월 19일 이승만 대통령의 임석 하에 양파 5명씩 유기태, 주종필, 전진한, 조광섭, 김구, 박중정, 김중열, 신동권, 안병성, 김태룡을 최고위원으로 선출하여 집단지도체제로 운영하기로 함으로써 화합하였다. 그리고 다음날 양파는 "대한노총이 두 부분으로 갈리면 노동사회전체에 타격일 뿐 아니라 건국 초기에 위기를 양성할 것이므로 이에 참석한

3월대회와 4월대회 양측 대표자들도 여기 모여서 총재와 사회부장관 앞에서 협의한 결과로 노총에 분열을 피하며 국가대업에 공헌키 위해서 양측에 다소 의견과 관계를 다 초월하고 진심으로 합동해서 노총을 더 진전시키며 민생의 발전을 돕기로 맹서하고 총재의 지휘를 받아 우리의 동지들도 다 합동해서 다시는 이에 대하여 이의나 쟁론이 없이 정신과 의식적 통일을 완성하기로 공동협정하고 자에 공포한다.”라는 대한노총합동서약서를 작성하여 공포하였다.[27]

1949년 말 대한노총 최고위원 전진한은 대한노총 조합원들의 지지를 받기 위하여 조합원들의 권익을 지키기 위한 활동을 활발히 전개하였다. 1949년 8월 말 교통부에서 잡하종업원을 대한노총에서 탈퇴시켜 교통부 자체의 현업원조합(現業員組合)에 소속시키자 대한노총 최고위원 전진한은 “이러한 교통부 처사는 도저히 이해하기 곤란하다. 현업원조합을 조직하여 관이 이를 장악하려는 것은 순수한 노총뿐만 아니고 2만 7천 교통부 종업원의 의사를 무시하는 것이다.”라고 주장하며 저항하였다.[28] 또 전진한은 1950년 2월 5일 조선전업회사에서 노총조합 감찰부위원장 강찬탁(姜燦琢)을 노조일로 현장용 전화를 사용한 것을 문제 삼아 파면시키자 전진한은 대한노총 조선전업투쟁위원회를 구성하고 자신이 위원장이 되어 파면을 철회시키기 위한 활동을 전개하였다.[29]

전진한은 미국의 원조를 받아 노동자의 삶을 지원하고자 하였다. 1950년 1월 19일 대한민국에 대한 미국의 경제원조안이 미국 하원에서 193 : 191로 부결되자, 전진한은 1월 27일 ‘미대한경제원조촉진노동자총궐기대회’를 서울운동장에서 개최하였다. 동대회장인 전진한은 “반공투쟁이 절대적으로 요청되고 있는 이때 미국의 대한원조안이 부결되었음은 국가전체의 영향은 물론 우리 자유노동자들의 생존권에 일대위협이 아닐 수 없는 바로써 우리는 만방의 자유노동자 동지에 호소하여 동안의 철회를 촉진시키기에 결사투쟁하여야 된다."는 요지의 개회사를 하였다.[30]

1950년 2월 20일 사회부장관 주재로 대한노총 간부회의를 개최하였는데, 이 회의에서 4월파인 전진한은 위원장제도를 주장하였다. 이에 반하여 3월파인 유기태는 최고위원제를 주장하였다.[31] 이 이후 전진한은 위원장제를 부활시키고, 유기태는 최고위원제를 지키기 위하여 노력하였다.

전진한은 1950년 3월 10일 시천교당에서 열린 대한노총 제5회 전국대의원대회에서 최고위원제를 위원장제로 변경하고, 대한노동총연맹의 위원장에 당선되었다. 부위원장은 안병성(安秉星), 조양기(趙良基), 홍양명(洪陽明) 3명이 선출되고, 감찰부위원장으로 김구, 최고고문에 유기태가 선임되었다.[32]

대한노총 위원장에 당선된 전진한은 3월 11일 반공결의를 채택하였다. 그 결의문은 다음과 같다.

> 1) 우리는 북한괴뢰집단을 타도하여 실지를 회복함으로써 진정한 조국 통일을 구현하기 위하여 근로대중의 조직은 단결로써 결사투쟁한다.
> 2) 우리는 민주주의적 근로기준의 즉시 실시를 위하여 결사투쟁한다.
> 3) 우리는 대한노총 행동강령을 실시하기 위하여 철저히 싸울 수 있는 진정한 근로자의 대표를 우리의 단결된 조직으로써 국회에 보내자.
> 4) 우리는 대한청년단 직장단부를 제거하여 노동운동에 대한 외부의 간섭을 절대 배격한다.
> 5) 우리는 우리 자체의 힘으로 직장방위대를 조직하여 자립적 국민경제 재건을 파괴하려는 일체 음모와 책동을 분쇄한다.

6) 우리는 모든 형태의 계급독재를 배제하여서 진정한 근로자의 자유와 복리를 위하여 투쟁하는 국제자유노련의 가장 강력한 전투단위가 될 것을 기한다.[33]

위와 같이, 전진한은 대한노총이 반공투쟁의 선두에 서서 북한을 타도하고 계급독재를 배제하며, 국제자유노련의 노선을 따라 근로자의 자유와 복리를 위해 투쟁하는 민주주의적 노동단체가 될 것임을 천명하였다. 이것은 전진한이 이승만의 반공주의를 절대적으로 지지하는 활동을 하겠다는 표현이었다. 또 다른 한편, 전진한은 대한청년단 직장단부를 제거하겠으니 앞으로 대한청년단을 통해 대한노총을 간섭하지 말라고 요청하였다.

다음날인 1950년 3월 12일 전진한은 집행위원회를 열고 혁신위원회에 속하였던 대한노총원의 추방을 결의하였다. 이 이후 김구는 남한대공작사건에 연루 검거되어 활동이 불가능하였고, 6·25전쟁 발발 후 김구와 유기태는 피살·납치되고 말았으므로 전진한은 대한노총의 권력을 확고히 장악하고 운영할 수 있었다.[34]

6·25전쟁 기간 중 전진한은 대한노총의 맹원들을 동원하여 북한 공산세력을 물리치고 통일을 쟁취하려는 입장에서 활동을 전개하였다. 그는 1950년 8월 3일 대한노총의 위원장으로 전시근로의용단을 결성하고 그 단장에 선임되어 근로층의 역량을 총집결하여 군 원호작업, 전쟁의 승리를 위한 각종 작업, 그리고 전후 건설작업을 수행하였다.[35] 또 그는 1950년 9월 1일 전시 선전의 강력한 전개와 그 추진을 위하여 전시선전대책위원회를 조직하자 위원으로 참여하였고[36], 1950년 9월 13일 국토통일촉진국민대회 준비위원회 위원으로 참여하

여 북한의 침략을 물리치기 위한 국민정신을 고취하는 활동을 하였
다.[37] 또 1951년 5월 8일에는 애국호 비행기 비용 8,155,580원을 대통
령에게 헌금하였다.[38]

2. 국제자유노동조합연맹 회의 참석 활동

1945년 10월 소련의 주도하에 진정한 민주주의이념에 입각한 세계
노동자생활향상과 기회균등을 표방하며 세계노련이 탄생하였다. 이
에 미국의 CIO와 AFL, 영국의 TUW 등 민주주의진영이 탈퇴하여 1949
년 국제자유노동조합연맹(I. C. F. T. U., International Confederation of
Free Trade Union)을 조직하였다. 대회는 2년마다 개최되고 이사회는
매년 개최되는데, 그 창립 대회가 1949년 11월 28일부터 12월 9일까
지 런던에서 개최되었다.[39]

대한노총 위원장 전진한은 한국을 대표하여 이 국제자유노동조합
연맹의 창립대회에 참석할 수 있는 기회를 얻었다. 1949년 11월 22일
김포공항을 떠나면서, 그는 이 회의에 참가한 의의와 포부를 "금번
영국 런던서 개최되는 세계반공자유노동연맹(국제자유노동조합연맹)
결성은 세계사적 의의를 가지는 회합으로서 전 세계 민주주의옹호운
동의 노동대표가 이 회의에 참가하는 것은 비단 대한민국의 근로자
를 대변한다기보다 건국 이래 처음 있는 가장 의의 깊은 국민외교의
하나이다. 우리가 그 회의에 참가한다면 우리 국내의 노동실정을 세
계에 호소하여 전 세계 근로대중의 협조 또는 원조를 받을 것이요.
일면 한국의 모든 정치적 경제적 현실을 세계에 알려서 삼팔선을 놓

고 공산주의의 파괴가 얼마나 큰 죄악인가를 알림과 동시에 전 세계 근로자의 힘을 빌려서 삼팔선을 분쇄토록 할 것이다. 그리고 한국의 국가적 입장으로 보드라도 금번 국제회합에 참가하는 것은 대한민국의 국가적 권위를 앙양할 것이다."라고 밝혔다.[40]

1949년 11월 28일 예정보다 하루 늦게 런던에 도착한 전진한은 29일 둘째 날 회의부터 참석하였다. 이 회의에 참석한 강대국 및 약소국 50여 개 국 약 300명의 대표들은 본회의에서 노동문제를 토의하고 경제위원회·초안작성위원회 등 분과위원회를 두어 기술적인 토의를 진행하였는데, 전진한은 경제위원회에 소속되어 활동하였다.[41] 1949년 12월 런던에서 개최된 국제자유노동연맹(I. C. F. T. U., International Confederation of Free Trade Union) 창립대회에서 전진한은 20개 이사국의 이사회원으로 선출되었다.[42]

전진한은 국제자유노동연맹회의가 12월 9일에 끝나지만 노동문제를 연구하기 위하여 체류 연장을 정부에 요청하였다.[43] 그는 영국 런던에서 파리를 방문하여 수일간 프랑스 노동운동을 시찰하고, 다시 미국에 가서 뉴욕과 워싱턴을 들러 미국노동운동을 일주일간 시찰한 후 도쿄를 거쳐 1950년 1월 8일 귀국하였다.[44]

귀국 다음날인 1월 9일 오후 자택에서 전진한은 국제자유노동조합연맹 창립대회에 참석하여 느낀 바를 다음과 같이 밝혔다. 그는 이번 회의의 대의는 "인권을 무시하고 강압적으로 민(民)의 정치세력을 무시하려는 공산주의국 노동정책을 배제하고 진정한 민주주의 토대 위에서만 이루어질 수 있는 자유·평등·우호의 원칙 밑에서 세계 민주주의 국가가 상호 단결하여 앞으로 노동자의 권익을 옹호하자는 것이었다."고 소개하였다.[45] 그리고 "이번 회의의 참가를 통해 세계는 외국의 내정간섭과 주권침해를 절대로 배격하는 '티토이즘'과 같은 국가주의 혹은 민족주의가 유행하고 있으며, 각국 대표의 발언권은 실력에 의하여 좌우되는 것을 인식하고 하루 빨리 대한민국을 세계 반열에 올려야 하겠다고 다짐하게 되었다."고 소감을 피력하였다.[46] 그는 또한 자신이 "앞으로 세계 각국이 지향하는 바 신국가주의자가 되어 한국 노동운동에 공헌할 것을 다시금 각오하였다."고 이야기 하였다.[47] 요컨대 전진한은 국제자유노동조합연맹 창립대회에 참가하여 국가주의의 현실을 인식하고 노동운동을 통해 대한민국의 국력을 신장시키겠다고 다짐하였던 것이다.

그런데 이에 반하여 그와 함께 국제자유노동조합연맹 창립대회에 참가한 유기태는 1월 9일에 귀국하여 자신의 소감을 다음과 같이 밝혔다. "자유노련회의의 결의 내용은 노동시간의 단축, 노동력의 절약, 소년노동의 제한 급 금지, 사회보장제도의 확립 등 전부 36건이었다. 이와 병행하여 생산증강을 통한 노동자의 생활안정과 지위향상에 대한 방책이 논의되었다. 그리고 이러한 결의조건의 이론적 배경은 독재와 착취를 배제하고 빈궁과 압박에서 노동자를 옹호하고 자유를 확보하려는 것인 만큼 각국 대표 간에 진지한 논쟁이 전개되었으며 결의안에 있어서 특히 미영 양국에 견해의 대립이 있었다. 즉 미국은 노동운동의 기초를 기본에 둘 것을 주장한 데 비하여 영국대표는 사회주의를 운동 강령의 기본으로 할 것을 역설하였는데, 결국 헌장은 영국 대표의 주장이 통과되고 결의는 미국 측 주장을 기초로 하여 성문화되었다. 그리고 또 하나의 성과는 약소국가의 노동운동을 적극 원조하기로 된 것이며 여하한 국가를 막론하고 정부가 노동운동에 간섭 또는 억제하는 경우에는 노련에 그 부당성을 제의하여 선처를 촉구하기로 하였다."고 하였다.[48] 요컨대 유기태는 국제자유노동조합연맹 창립대회에 참가하여 참가자들이 "노동조건의 개선과 노동자 보호 제도, 독재와 착취를 배제하고 빈궁과 압박에서 노동자를 보호하는 것을 중요하게 생각하고 있었다."고 이해하였다.

대한노총 위원장 전진한은 1951년 국제자유노동조합연맹 제2차 회의에 참석하였다. 이 해 6월 제네바에서 개최될 예정이었던 국제자유노동조합연맹 제2차 회의에 참석하기 위해, 전진한은 1951년 5월 19일 부위원장 주종필(朱鍾弼)과 김포공항을 출발하였다. 그는 제네바에 가는 도중 국제자유노동조합연맹 아세아지역대회에 참석하기 위하여 파키스탄 카라치에 들렀다.[49] 5월 28일 국제자유노동조합연맹 아세아지역대회 회의에서 전진한은 국제자유노동조합연맹 아세아지역연맹의 부의장에 선임되었다.[50]

국제자유노동조합연맹의 제2차대회의 장소와 일정이 1951년 7월 4일 이탈리아 밀라노로 변경되자, 전진한은 밀라노로 갔다. 이 대회에서 전진한은 공산주의국가에 대해 유화적 경향이 있는 인도 대표 등의 반대를 물리치고 침략자에게 물자를 제공하지 말자는 주장을 하였다.[51] 그리고 중공을 침략자로 규정하고, 한국을 물심양면으로 지원하고, 한국이 민주통일을 완수할 때까지 공산 측과 타협하지 말자는 것을 UN에 건의하자는 결의안을 제출하였다. 그러나 이것은 결의안예비심사분과위원회에서 부결되고 말았다.[52]

국제자유노동조합연맹 제2차대회에 참석하고 돌아온 전진한은 1951년 7월 28일 국제자유노동조합연맹 한국 대표로서 북한의 침략과 노동자에 대한 탄압, 자유노동조합주의에 대한 박멸과 자유노동조합자에 대한 잔인한 조치, 정전회담 등을 비판하는 성명서를 발표하였다.

이 성명서에서 전진한은 국제자유노동조합연맹의 한국 대표로서 북한의 침략을 비판하고, UN의 통일한국을 위한 활동을 지지한다고 주장하였다. 그리고 국제자유노동조합연맹에게 공산주의자의 침략으로 고통을 겪는 한국의 노동자를 지원해줄 것을 호소하였다. 마지막으로 국제자유노동조합연맹은 미개발국가의 생활 향상이야말로 공산주의에 대항하는 최대의 무기라 믿고, 땅과 평화와 자유를 원하는 인민을 원조할 것이라고 맹서하였다.[53]

3. 조선방직회사쟁의와 이승만과의 불화

1951년 9월 부산 조선방직회사에서 갈등이 고조되기 시작하였다. 1951년 5월 이승만은 귀속재산인 부산의 조선방직회사를 그 회사의 노사에게 불하하려던 계획을 바꾸어 국영화하였다. 이는 이승만의 정치자금 획득과 관련되었다고 한다.[54] 이승만은 1951년 9월 자신과 개인적으로 친분이 있던 강일매(姜一邁)를 노동자 6,000명을 가진 조선방직회사의 사장으로 임명하였다. 그런데 강일매는 사장이 된 후 노동자를 해고하고 노동조합을 어용화 하였다.[55] 그는 1951년 12월 대한노동총연맹의 조방지부장을 비롯한 중요 인물을 파면하고, 자신과 가까운 신중역 73명 등 123명을 신규로 채용하여 자신의 세력을 부식하였다.[56]

불만이 고조되던 중 1951년 12월 8일 개최된 대한노총 조방분회 정기 전체대회에서 선출된 간부와 강일매 사장이 사이가 좋지 않자, 전진한 대한노총 위원장은 12월 14일 강일매 사장을 방문하여 사태를 해결하려 하였다. 그런데 전진한이 신당 창당 문제(자유당 창당의 자금문제: 필자)를 언급하였고, 이를 들은 강일매 사장이 전진한 위원장에게 듣기 싫은 언사를 해서, 대한노총에서 강일매 사장을 비판하는 성명서를 발표하기에 이르렀다. 강일매 사장은 이 쟁의는 임금투쟁이 아니고 전진한과의 개인적인 싸움을 노동브로커들이 조장한 것이라고 하면서 전진한을 비판하였다. 이에 상공부에서는 12월 26일 양쪽 대표를 불러 해결을 하려고 하였으나 점점 더 갈등이 증폭되었다.[57)]

조선방직쟁의가 해결되지 않자, 전진한은 1952년 1월 10일부터 1주일간 태국 방콕에서 개최되는 국제자유노동조합연맹 아세아지역연맹 상무이사회에 참석하여 이 문제를 해결하려고 하였다. 그는 1월 5일 문창준, 탁준과 함께 출국하려고 하였다.[58)] 그러나 임병직으로부터 전진한의 참가 배경을 들은 이승만이 전진한의 여권 발급을 불허하게 하였고[59)], 이에 따라 사회부와 재무부도 책임을 전가하며 전진한에게 외환을 교환해주지 않았다.[60)] 결국 전진한은 1952년 1월 태국 방콕에서 개최되는 국제자유노동조합연맹 아세아지역연맹 상무이사회에 참석할 수 없었다.

1952년 1월 중순 전진한은 이승만정부에 조선방직쟁의의 해결을 강력히 요구하고, 해결해주지 않으면 국제노련에 호소하겠다고 항의하였다. 1952년 1월 11일 조선방직의 강일매 사장이 "자신은 자본가가 아니므로 이번 쟁의는 노자쟁의가 아니며, 자신이 종업원의 임금 100% 인상, 노동자의 복리 증진 등의 활동을 하였으므로 노자투쟁이 아니다."라고 항변하자, 전진한은 "쟁의의 귀추 여하가 한국 노동자의 운명을 좌우한다. 정부가 강사장의 포학과 자유 노동운동 방해를 시인·묵인하는데, 그대로 조장한다면 대한민국은 자유분위기의 민주노동을 할 수 없고 어떤 전제국가처럼 지하 노동운동을 할 수밖에 없을 것이다. 또한 대한민국은 근로대중의 지지와 사랑을 받는 대한민국이 안 되고 어떤 특권기업가에 좌우되어서는 안 될 것이다. 우리 노총으로서는 이 쟁의를 최후까지 전 노동자의 생명을 걸고 투쟁할 것인데 만약 국내적으로 해결이 안 될 때에는 국제자유노련에 호소할 것이다."라고 하면서 끝까지 투쟁할 것을 천명하였다.[61]

1952년 1월 대한노총이 '조방쟁의대책위원회'를 구성하여 강일매 사장의 사임을 요구하자, 원외자유당 추종세력인 대한노총 내 주종필 등은 '대한노총정화위원회'를 구성하여 조방쟁의대책위원회에 대항하였다.[62] 그러니까 전진한은 조선방직회사 쟁의 시 조방노조를 후원하였기 때문에, 대한노총 내의 또 다른 친이승만파인 주종필 등으로부터 공격을 받았던 것이다.

1952년 1월 21일 오전 10시를 전후하여 6,000명의 종업원 중 수백명의 종업원(주로 여종업원)이 일단이 되어 "사장 강일매는 물러가라"는 구호 등을 외치면서 경남도청 내 국회의사당을 향하여 진정 데모를 하였다. 이를 발견한 경찰당국에서는 교통방해, 시내질서와 안전 등의 입장에서 경남도청 입구에 몰려든 조방종업원 행진을 12시 20분께 해산하였다.

1952년 3월 11일 오전 11시 대한노동총연맹 위원장인 전진한은 국회 본회의에서 12일부터 총파업을 단행하는 동시에 동 분쟁사건을 세계자유노련과 유엔노동보호국을 비롯하여 미국 CIO, 영국 노동총회 프랑스 노동총연맹 등에 호소문을 발송하겠다고 하였다.[63]

그러나 이날 오후 이승만이 대통령담화 형식으로 파업에 대해 강력히 경고하자[64], 3월 13일 오전 대한노총 위원장 전진한은 조방의 파업을 종결하는 다음과 같은 담화를 발표하였다. "작 3월 12일 오전 7시부터 시작한 조방 24시간 파업은 금 3월 13일 오전 7시까지 종결하였다. 조방 맹원 동지는 직장으로 돌아가 증산에 전력하여 생산보국의 충성을 다할 것을 지시하는 동시에 금번 파업이 부득이한 사태에서 실현된 것이나 국민제위에 대하여 미안한 말씀을 드립니다. 금번 파업에 있어서 경찰의 불법탄압과 어린 맹원들에게 대한 비인도적인 잔인한 고문에 대하여는 그 불법성을 규탄하는 동시에 법치국가로서 일대치욕임을 통탄하는 바이다. 우리는 금번 파업을 통하여 노동자의 굳은 결의를 천하에 표명하였다. 이 쟁의를 될 수 있는 대로 국내적으로 해결하기 위하여 국제적 호소는 일시보류하고 다시 한 번만 더 우리의 요구가 관철되도록 정부와 성의 있는 절충을 해볼 작정이다."라고 하였다.[65]

당시까지만 하여도 전진한은 이승만에게 정면으로 도전하지는 않았다. 전진한은 조방노조나 대한노총의 간부들과 상의도 없이 조방파업의 종결 선언을 할 정도로 이승만의 뜻을 거스를 의도와 의지가 없었다.[66] 애초에 전진한은 이승만이 조선방직을 통해 정치자금을 마련하려는 의도에서 강일매를 조선방직의 사장으로 삼았지만 전혀 이를 문제 삼지 않고 묵인하였다. 전진한이 조선방직쟁의 시 강일매에게 반발한 것은 그의 독선적이고 노조탄압적인 경영스타일이었다.[67]

제11장

정치적 시련과
대한노동총연맹 퇴출

1. 2대 국회의원 낙선과 보궐선거 당선

1950년 5월 30일 제2대 국회의원 선거가 치러졌다. 이 선거는 5·10 선거에 불참하였던 중도파 민족주의자들이 대거 출마하여 비상한 관심을 모았다.[1]

그는 부산시 갑구에서 대한노동총연맹 소속으로 출마하였다. 그와 함께 출마한 사람은 무소속의 김지태(金智泰), 조봉년(趙鳳年), 이윤우(李潤雨), 임갑수(林甲壽), 박수일(朴壽一), 문시환(文時煥), 이규섭(李奎鍱), 신주성(愼注星)과 국민당의 허영호(許永鎬), 사회당의 서영덕 등이었다.[2]

선거 결과 김지태가 당선되었고, 그는 낙선하였다.[3] 남북협상을 지지하고, 5·10선거에 참여하지 않았던 중도파 등 무소속 의원들이 대거 당선되고, 민국당 소속과 이승만 측근 세력들이 낙선되는 상황⁴⁾에서, 그도 그 파고를 이겨내지 못하였다.

그런데 부산무구 출신의 국회의원 최원봉(崔元鳳)이 1950년 11월 중순 귀향 도중 경북 김천 부근에서 자동차 충돌로 사망하는 사건이 발생하여⁵⁾ 전진한은 보궐선거로 국회에 입성할 기회를 얻었다. 1952년 2월 5일의 부산무구의 보궐선거에 그는 아홉 번째로 입후보하였다. 그 뒤에도 14명의 입후보자가 더 있어 총 23명이 한 자리를 놓고 겨루었다.⁶⁾ 1952년 1월 16일 경의 여론 조사에 의하면, 전진한은 국민생활 정화운동을 추진한 김상돈(金相敦), 부산 세력가 김우영, 울산에서 출마한 김수선(金壽善), 국회 프락치사건으로 수감되었던 서용길(徐容吉), 법조계의 신태악 등과 각축을 벌이고 있었다.⁷⁾ 그는 선거유세 때 "'전진한'이 '전진한'다, 국회로 '전진한'다, 노동자도 '전진한'다"는 구호를 사용하여 영도 천지를 떠들썩하게 하였다.⁸⁾ 1952년 2월 5일 부산 무구(戊區) 국회의원 보궐선거에서 전진한은 6,415표를 얻어 23:1의 경쟁을 뚫고 당선되었다. 그는 차점자 허명(득표수 1,992표)에 비해 압도적인 지지를 받았다.⁹⁾ 이것은 조방쟁의와 방콕 국제자유노련 아세아대회 출석 실기문제를 둘러싸고 선거권자의 동정을 얻은 측면이 있었다.¹⁰⁾

1952년 2월 6일 수많은 노총원에 포위되어 만연희색으로 방문한 기자에게 다음과 같은 당선소감을 말하였다. "나는 근로자의 대변자요. 근로자의 대변자로서의 임무를 다할 것이다."라고 주먹을 쥐어 보였다. 그리고 구체적인 포부는 다음 기회에 말하겠다는 약속을 남기고 노총원들과 함께 당선 사례차 거리로 떠났다.¹¹⁾

1952년 2월 18일 무렵 신임 국회의원과의 대담에서 전진한은 다음과 같이 말하였다. "당선되기 전에는 국회에 대하여 다소 불만이 있었던 점은 노동자, 농민, 근로대중을 표방하는 정당 혹은 각개 의원이 있었으나 우리는 그네들의 주장이 항상 추상적이며 관념적인 감이 있었고 근로대중의 실생활에서 획득된 진정한 그들의 염원을 입법으로 하거나 대변하지는 못한 감이 있었다." "이상의 소감에 기초를 두고 진정한 근로자의 대변자로서 노동조합법과 협동조합법 등 노동자와 농민을 옹호할 수 있는 기본법을 통과시키는 동시에 원내에서 진정으로 근로대중을 대변할 수 있는 의원 동지를 규합하는 한편 원외의 노동조합 협동조합 등 대중조직을 기반으로 모든 민주세력을 규합하여 타성적인 부패세력을 일소할 수 있는 새로운 정치세력을 구성함으로써 우리 국가민족 발전의 기초를 확립하겠다."[12]

그런데 보궐선거에도 당선되고, 조방쟁의도 타협되어 국회 활동에 매진하려던 1952년 3월 24일, 전진한은 부산무구 부정선거와 관련하여 송치되었다. 선거운동을 하던 중 선거권자를 술과 음식으로 매수하였다는 혐의였다.[13] 다행스럽게도 부산무구 입후보자 배종하, 황학명이 구속 송치된 데 반하여, 그는 불구속 송치되었다.[14]

심각한 사안이 아니었음에도 송치된 것은 조방쟁의와 관련된 이승만과의 불화가 영향을 미쳤을 가능성이 크다. 이승만으로부터 정치적 압박의 구름이 다가오기 시작하였다. 이제 곧 정치적 시련의 소나기가 그에게 쏟아진다는 예고였다.

2. 자유당 창당 활동과 이승만과의 결별

전진한이 1950년 5·30선거에서 낙선하고 대한노동총연맹 활동에 집중하던 1951년 무렵, 이승만은 제2대 국회의원 선거에서 야당이 우세를 확인하자 신익희가 주도하는 민국당을 견제하기 위해 정당 설립을 추진하였다. 이승만은 1951년 8월 광복절 기념사에서 전국적인 큰 정당을 만들겠다고 천명하였고, 동년 11월 일민주의(一民主義) 아래 신당 조직에 대한 발표를 하였고, 12월 17일 국민회, 조선민족청년단(족청), 대한청년단, 대한노동총연맹, 농민총연맹, 대한부인회 등 반공단체를 규합하여 부산 동아극장에서 자유당(원외)을 발족시켰다.[15] 그리고 12월 23일 원외자유당을 발당하였다.[16] 이 원외자유당에 참여한 대한노동총연맹의 책임자는 주종필이었다.[17]

1951년 12월 23일, 내각제 개헌을 지향하는 국회의원 90여 명이 국회에서 자유당(원내)을 창당하였을 때 전진한은 여기에 참여하였다. 1951년 12월 25일, 전진한은 원내자유당의 노동부장에 선임되었다.[18] 제2대 대선에서 떨어져 당시 국회의원이 아니었지만, 초대 국회의원이었고, 당시 대한노동총연맹의 위원장이었기에 그가 원내자유당의 노동부장에 발탁되었던 것 같다. 이후 대한노동총연맹이 자유당(원내)의 노동부와 같은 역할을 하게 되었던 데에는[19] 전진한의 역할을 무시할 수 없을 것 같다.

1952년 초 이승만이 추진한 대통령직선제 개헌안이 부결된 후 내각제개헌을 추진하던 원내자유당이 원외자유당과의 합동파와 잔류파로 분화되었을 때[20] 그는 합동파의 편에 섰다. 1952년 4월 17일 국회에 제출된 내각제 개헌안에 대해, 그는 1952년 4월 19일 무소속 의원으로서 반대의사를 표명하였다.[21]

그는 원외자유당과의 합동을 주장한 소위 '삼우장파'에 속하여 1952년 5월 3일 소속 국회의원 53명과 내각제 개헌에 대한 반대를 표명하였다.[22] 그리고 5월 19일에는 51명의 의원과 함께 원내자유당과 원외 자유당의 합동을 추진한다는 이른바 '삼우장파'라는 교섭단체를 만들 어 국회에 등록을 신청하기까지 하였다.[23]

이러한 활동에도 불구하고, 이승만은 전진한을 대통령직선제 지지 자로 인정하려 하지 않았다. 1952년 초 조선방직 쟁의 문제로 전진한 과 불편한 관계에 있었던 이승만[24]은 전진한을 민주국민당과 깊이 관련된 인물로 보고 있기까지 하였다.

1952년 4월 이승만이 임병직에게 보낸 서신에는 다음과 같이 되어 있다.

> "전진한은 어떠한 능력도 갖고 있지 않다. 그래서 나는 그를 해직해야만 하였다. 그렇지만 나는 그를 대한노동총연맹의 위원장으로 임명하였다. 그 는 런던에서 열린 국제노련대회에 참가하였을 때까지 잘하였다. 우리는 그 를 거기에 보냈다. 당신(임병직)도 기억하듯이 Father 윤이 통역으로 그와 같이 갔다. 지난 해 이 위원회가 아시아의 어딘가에서 있었고, 그는 제네 바, 파리, 워싱턴 등을 방문하였다. 당신도 알고 있듯이, 몇 개월 동안 통역 을 포함한 4~5명과 함께 그렇게 여행하는 것은 막대한 양의 돈이 든다. 우 리는 그가 그 돈을 어디서 얻었는지 의아해 했다. 그가 돌아온 후, 우리는 그가 Democratic Party(민국당: 필자)와 연결되어 있음을 알았다. 그는 부 산에서 국회의원선거에 입후보했다. 노동자들이 그가 변하였음을 몰랐기에 그는 당선되었다. 그는 정부의 방적공장과 함께 전국적 쟁의를 일으키려고 시도하였으나 실패하였다. 후에 그는 몇 번 나를 보기를 원하였으나 나는 그와 함께 어떤 일을 하는 것을 거부하였다. 그리고 노동자들에게 다음 선 거에서 그를 내던져버리라고 이야기하였다.[25]

위에서와 같이, 이승만은 조선방직 쟁의 후 전진한에 대해서 의구심 을 품고 바라보았고, 결국 그가 민국당과 연결되어 있다고 판단하였다.

그 후 이승만은 전진한의 거듭된 면담 요청에도 이를 거부하였다.

1952년 5월 말 이승만은 다음과 같이 전진한을 국회로부터 추방하고, 한국의 노동자단체에서 제거하고, 한국의 노동자 대표로 국제노련에 보내지 않을 것이라고 다짐하였다.

> 최근 전진한은 모든 부를 갖고 있고, 지배계급이며 흥사단과 연결되어 있고, 정부를 불신시키기 위해서 있는 민국당과 비밀리에 연결되어 있었다. 우리의 국회는 만약 정부가 그의 요구에 굴복하지 않는다면 그는 국외의 노동자 집단의 감정을 불러일으켜 정부에 압력을 가할 것이라고 최근에 선언하였다. 이것으로 그는 노동자 조직을 비롯한 모든 방면에서 비난받았다. 그는 국회로부터 추방될 것이고, 또한 한국에서 노동자 단체에서 제거될 것이다. 우리는 결코 그런 사람을 우리의 노동자 대표로서 보내지 않을 것이라고 Mr. Lovestone에게 이야기 하여라.26)

전진한은 1952년 6월 20일경 다음 달 7월 1일부터 서독의 본(Bonn)에서 개최되는 국제자유노동조합연맹 이사회에 참석하도록 정식으로 초청을 받았다. 이 이사회에서는 노동자들의 이익을 위한 재건비용으로 사용하도록 세계의 노동자에게서 모은 4,000만 달러 중 850만 달러를 한국의 노동자들에게 주는 문제가 논의될 예정이었다. 전진한은 2,000만 원을 마련하여 6월 20일 이전에 출발하려고 하였다.27)

1952년 6월 22일 삼우장파(三友莊派) 소속 국회의원이며 대한노총 위원장인 전진한은 다음과 같이 과거의 정파에서 떠나 독립적으로 투쟁하겠다고 성명을 발표하였다.

> 거 2월 5일 보궐선거에 있어서 근로자의 대변인이 되겠다는 공약 하에 의외에도 당선의 광영을 가지게 되자 나는 국회를 통해서 또는 가능한 방

법으로써 노동자의 복리를 도모하게 되었다. 특히 조방문제는 노동자의 희생이 너무나 크매 이 문제의 해결이 초미의 급무임으로 타협에 의한 해결의 길까지라도 찾아보려 할 즈음에 백림에서 열리는 국제자유노련이사회에 참석하라는 초청장을 받아 이 대회에서 한국 원조안이 상정된다는 것을 알고 이 두 가지 중대 문제에 소기의 성과를 거두어 보려고 세간의 훼예(毀譽)를 불문에 부치고 다각적인 노력을 계속하여 왔으나 결국 조방문제는 해결은커녕 도리어 악화의 일로를 걷고 있고, 백림이사회 참가문제도 절망하지 않을 수 없는 처지에 빠지고 말았다. 나는 불원천 불우원인(不怨天 不又怨人)의 심경에서 모든 책임은 본인의 부덕불민(不德不敏)의 소치로 돌리고 금후는 노동운동의 초당파성에 대한 본인 본래의 신념을 견지하면서 모든 정낭정파를 이탈하여 노동운동자로서의 양심이 명하는 대로 엄정한 태도로써 독자적 행동을 취할 것을 성명한다.[28]

이것은 조방쟁의 문제로 이승만과의 관계가 멀어지는 현실에서 노동운동에만 종사함으로써 이승만정권과 대립하지 않겠다는 화해의 손길이었다.

그렇지만 이승만은 전진한의 손을 잡지 않았다. 사회부장관은 1952년 6월 26일 "전진한은 대한민국정부가 국제회의에 출석케 할 수 없는 사람이고 현재에 이르러서는 이사회 기일관계로 출석할 수 없는 처지에 있다."[29]고 하면서 전진한의 국제자유노동조합연맹 이사회 참석을 허락하지 않았다.

3. 제3대 부통령 선거 출마와 낙선

이승만정권으로부터 소외 받던 상황에서 전진한은 돌연 1952년 8·5정부통령선거에 부통령후보로 출마하겠다고 발표하였다. 1952년

7월 23일 출마의 변에서 "중대한 위기에 직면한 조국은 인순고식 퇴폐에서 약진 창의 혁신을 요청한다. 1) 권력과 금력을 배경으로 하지 않은 어떠한 국민도 본인과 같은 미천한 사람도 국가정치의 요추에 참여할 것을 당당하게 주장할 수 있다는 것을 예시하여 한국에서 민주주의의 새싹이 돋아날 여지가 아직까지도 남았다는 것을 천하에 보여주려는 뜻으로, 2) 특권층에 농단되고 있는 조국의 정치에서 노동자 농민 근로대중의 권익이 무시당하지 않는 진정한 민주정치로 이르는 한 개의 혈로를 개척하기 위하여, 3) 늙은 정치를 젊은 정치로, 조국의 민주주의 발전의 역사를 백년간 단축시키기 위하여, 본인은 단호히 부통령에 입후보하였다."라고 밝혔다.[30] 이 변론에서 권력과 금권을 배경으로 하는 정치를 않겠다고 한 것은 이승만정권 및 자본가와 지주를 중심으로 한 한민당계의 민국당과 다른 정치를 하겠다는 의사의 표현이었다.

대통령 이승만 앞에서 자신의 꿈이 대통령이라고 밝힌 바도 있었기에[31], 이는 자신의 꿈을 실현하려는 용기 있는 도전이라고 볼 수도 있다. 또 전진한은 부통령 선거 출마가 충무로 광장에서 억울한 박해를 받았던 근로대중을 위한 정당의 조직과 관련된 것이라고 말하였다.[32] 그렇지만 이는 이승만정권에 대한 도전으로 보이기에 충분하였다.

이윤영(李允榮) · 조병옥(趙炳玉) · 함태영(咸台永) · 임영신(任永信) · 이범석(李範奭) · 백성욱(白性郁) · 이갑성(李甲成) · 정기원(鄭基元)과 함께 부통령 후보로 나선 전진한[33]은 1952년 7월 말부터 8월 초까지 노동자 농민의 표를 획득하고자 현 정부의 실정을 맹렬히 비난하는 한편 노동자의 권리를 주장함으로써 적지 않은 관심을 받았다.[34] 이승만의 절대적인 심복이었던 적도 있지만, 그는 대한노총의 분열 후 야권의 편에 서서 영도의 창고에 선거사무소를 마련하고 국회의원 선거보다 빈약한 처지에서 유세를 벌였다.[35]

1952년 8월 5일 부통령 선거에서 자신이 500만 표를 얻어 무난히 부통령에 당선될 수 있다고 호언장담하였다. 이는 그가 대한노총의 위원장을 지냈기 때문에, 국민의 80%를 차지하는 농민과 노동자가 그를 지지할 것이란 지나친 믿음에서 비롯되었다.[36] 그러나 전진한은 겨우 302,471표를 얻어, 부통령에 당선된 함태영이 획득한 2,943,813표에 훨씬 미달하였다.[37]

부통령 선거에서 떨어졌음에도 불구하고, 전진한은 "아니야, 아니야. 무리한 강권의 탄압을 받았기 때문이야. 노총은 탄압으로 마비상태에 빠졌으니까"하면서 어디까지나 노동자는 자기를 지지하고 있다고 믿었다. 전진한은 지난번 충무로 광장에서 이유 없이 억울한 박해를 받는 근로대중을 위하여 정당을 만들고자 부통령에 출마하였다고 그의 정견을 밝혔는데 이제는 "정당은 안만들 테야. 정치세력의 육성에만 전력을 퍼부을 작정이야"라고 주장하였다. 그러나 그는 한 기자에게 권력을 배경으로 노동운동을 하는 사람, 대한노동총연맹을 분열시킨 위원장, 약자의 대변자가 되겠다는 이념보다 실천이 뒤떨어지는 정열의 인간으로 평가받았다.[38]

4. 대한노동총연맹의 최고위원 낙선과 지도력 상실

1952년 제3대 부통령선거에서 낙선 후 전진한은 이승만정권으로부터 대한노총 위원장에서 물러나라는 압력을 받았다. 1952년 9월 중순, 전진한은 사회부 노동국장으로부터 "대통령에게 도저히 용납되지 못하니 대한노총 위원장을 사퇴하라"는 압력을 받았다.[39]

전진한은 이에 강력히 저항하였다. 그는 "대통령이 싫어한다는 이유만으로 노동운동자가 노동운동선상에서 물러가야 한다면 대한민국에서는 진정한 노동운동의 정신은 말살될 것이요, 다만 권력과 금력에 아부추수하는 괴뢰 어용조합만이 존재할 수 있을 것이다. 그러므로 본인은 결단코 사퇴하지 않을 것이다. 정부에서 취할 수 있는 방법은 첫째 본인을 국외로 추방하든지, 둘째 공산당으로 몰아 투옥하든지, 셋째 테러행동에 의할 수밖에 없을 것이요, 최후로 다른 한 가지 방법은 소위 노동자 대표들을 총칼의 위력으로 일당(一堂)에 몰아넣고 거수 또는 기립표결의 형식을 취하여 본인을 제명하는 수밖에 없을 것이다."라고 하며 강경하게 저항하였다.[40]

그렇지만 전진한은 1952년 11월 8, 9일 열린 대한노동총연맹 전국통일대회의 최고위원 선거에서 그만 퇴출되고 말았다. 대회의 둘째 날인 9일 회의의 규약개정안의 통과 후 진행된 최고위원 선거에서 송원도(宋元道, 157표), 조경규(132표), 이진수(129표) 3인이 선출되고, 그는 낙선하였다.[41] 송원도는 조방노조를 결성하는 데 측면 지원을 하였고, 당시 부산지구연맹의 부위원장을 한 인물로 이승만의 의중을 따르는 사람은 아닌 것으로 알려졌다.[42] 어쨌든 전진한은 대한노총의 최고위원으로 선출되지 못했고 그 지도력을 상실하였다.

1952년 11월 10일, 전진한은 대한노총 통일대회에 대하여 다음과 같은 성명을 발표하였다. "지난 11월 8, 9일 소위 대한노총 통일대회는 관권과 금권에 의한 강제불법대회인 것은 지난번 본인의 성명에서 명확히 한 바 있거니와 저들의 소위 대회의 구성과 진행 광경을 볼 때 소위 대의원은 정통조직은 전연 무시하고 대부분 유령조제 단체의 대표와 날조 유령 대의원이었다. 금번에 날조된 유령 대한노총은 권력과 금력의 엄호 하에 백주대도를 횡행할 것이나, 진짜 대한노총은 위원장 전진한 영도 하에 진정한 노동운동의 정신을 수호하면서 비표면적일지는 모르나 대한민국의 민주주의와 노동자의 권익을 위하여 계속 투쟁할 것을 백만 대한노총 맹원과 국제자유노련인 좌하 전 세계 노동 동지에게 엄숙히 선언한다."고 하였다.[43]

이승만에 의하여 대한노총의 최고위원에서 쫓겨난 후, 전진한은 노동운동과 정치 활동의 새로운 토대를 마련하고자 노력하였다. 이는 노농당 등 정당의 결성을 통한 활동으로 나타났다.

제3부

야당 정치인으로서의
정당 활동(1952~1972)

제12장

이승만정권기의
정당 활동

1. 노농당의 창당

1952년 11월 대한노동총연맹의 위원장에서 밀려난 전진한은 정치적 방법에 의하여 이 나라의 근로대중을 구출하고 이들을 주도세력으로 삼아 남북을 통일하고 번영의 터전을 닦으려고 하였다.[1] 노동자와 농민을 중심으로 구성된 노농당을 만드는 것이 그 방략이었다.

무소속 민의원이었던 전진한은 1952년 11월 29일경 무소속구락부에 참여하였다.[2] 무소속구락부는 1952년 5월 26일 이승만의 대통령 영속을 목표로 한 부산정치파동에 불만을 품은 정일형 등 20명의 국회의원이 1952년 9월 9일 국회사무처에 등록하려한 단체였다. 여기에는 무소속 출신의 정일형(鄭一亨)·유택천(柳澤天)·김정기(金正基)·박순천(朴順天)·곽상훈(郭尙勳)·김택천(金澤天)·이시목(李時穆)·김성부(金成夫)·이종현(李宗鉉)·이용설(李容卨)·이범승(李範

昇) 국회의원, 민우회(民友會) 출신의 김광준(金光俊)·민영복(閔泳復)·하만복(河萬福) 국회의원, 민국당(民國黨) 출신의 최국현(崔國鉉)·김명수·홍길선(洪吉善)·안만복('安萬福)·유승준(俞昇濬)·윤단 국회의원 등이 참여하였었다.[3] 그런데 민국당 출신 여섯 의원이 참여를 보류하여 등록이 보류되었었다.[4] 그랬다가 민국당 출신 의원 6명이 빠지고, 전진한과 김의준(金意俊), 육홍균(陸洪均), 서상덕(徐相德), 곽의영(郭義榮), 김지태(金智泰) 의원이 새롭게 참여하여 등록을 마쳤다.[5]

그러니까 전진한은 1952년 말 자유당 및 민국당과 결별하고 무소속구락부라는 독자적인 정치세력을 형성하고 활동하였던 것이다. 이는 직선제 개헌안을 관철하여 이승만의 집권 연장을 도운 자유당[6]과 아울러 한민당·대한국민회의·대동청년단 등을 중심으로 1949년 2월 조직되어 1952년 3월 내각제 개헌을 추진한 민국당[7]도 비판적으로 보고 있음을 의미한다.

1953년 5월 25일 말, 전진한은 1948년 추진하려던, 가칭 '노농당'을 발기하였다. 그는 기자에게 "금번 노농당의 발기는 민국당과 자유당을 제외하고 과거 반공투쟁을 하여온 민족진영 인사를 결집시켜 반공결전 태도 확립에 그 목적이 있는 것이다."고 취지를 말하고, "20~30명의 국회의원을 참여시키려 한다."고 포부를 밝혔다.[8]

그렇지만 노농당의 창당은 쉽지 않았다. 발기한 지 한 달도 안 되어 각 방면으로부터 방해를 받고, 애로가 생겨 중단상태에 들어갔다. 전진한은 당시의 상황을 "근래기여춘우락(近來氣與春雨落), 불신기명전진한(不信其名前進한)"이라 하였다.[9] 즉 "근래에 기운과 봄비가 떨어지니, 그 이름 '전진하는 사람(전진한)'을 믿을 수 없다."고 하였다. 대한노총의 위원장에서 물러났기에 그 조합원들을 노농당의 발기에 참여시키기 쉽지 않았고, 이러한 상황을 본 국회의원들의 참여도 미미하였으리라 짐작된다.

1953년 12월 5일, 전진한은 노농당발기주비처 대표의 자격으로 근로대중의 정치적 세력결집을 위한 노농당의 결성이 긴급하다고 성명서를 발표하고, 노농당 발기의 근본 취지를 밝혔다. 노농당의 취지는 "근로대중의 정치적 세력을 집결하여 민족진영 제2전선을 형성함에 있으며 이승만 대통령의 민족자결노선을 절대지지하고 반공투쟁에 공헌하는 한편 사회정의에 입각한 균형 있는 국민생활을 보상하는 데 있다."고 하였다. 그리고 노농당의 정강은 "① 헌법을 수호하여 현실정치에 이를 실천한다. ② 대한민국 주권하의 모든 전체주의를 배격하고 민주적 민족통일국가를 건설한다. ③ 관료 독선과 자본독재에 입각한 특권정치를 타파하고 노동자, 농민, 근로대중의 권익을 옹호하여 자유협동사회를 건설한다. ④ 사회보장제를 확립하여 사회정의에 입각한 균형 있는 국민생활을 보장한다. 국제연합과 협력하여 세계평화를 촉진하며 국제자유노동조합연맹과 제휴하여 정치적 경제적 민주주의를 구현한 진정한 자유세계건설에 매진한다."는 것이었다.[10]

요컨대 전진한은 노동자와 농민 등 근로대중을 결속하여 관료 독선과 자본독재의 특권정치가 행해지는 자유당 혹은 민국당과는 다른 정당을 건설하려 하였다. 그런데 이 정당은 공산주의와 같은 전체주의가 아니라, 개인의 자유의사가 존중되는 자유협동사회를 지향하였다. 비특권 계층인 노동자, 농민, 근로대중의 권익을 옹호하고, 사회보장제를 확립하여 사회정의에 입각한 균형 있는 국민생활을 보장한다는 내용으로 보면, 전진한이 사회민주적 체제를 지향한 것처럼 보일 수도 있다. 그렇지만 그는 이승만 대통령의 민족자결 노선 절대지지와 반공투쟁 공헌, 전체주의 반대 등의 내용으로 보면, 그는 분명히 자유주의체제를 옹호하였던 것이다. 그리고 그는 대한노총을 장악한 이승만정권과 대립하지 않음으로써 대한노총 소속의 조합원을 견인하려고 하였다. 이러한 점에서, 『동아일보』 1953년 12월 5일자의 글에서는, 그에 대해 "역시 전진에는 틀림없으나 전진한 발자취가 없으니 그를 슬어한다."고 평하였다.[11]

노농당 창당활동이 지지부진하던 1954년 5월 20일의 제3대 민의원 선거가 닥쳤다. 제3대 민의원 선거는 이승만 대통령의 3선 개헌을 위해 중요한 선거였다. 1952년 발췌개헌의 결과 직선으로 대통령을 연임하였지만, 이승만은 대통령 3선을 위해 헌법 개정을 염원하던 터였다.[12] 자유당은 105석이라는 의석을 갖고 있었지만 203개 지역구에서 개헌 가능선인 전체의 2/3석을 얻으려 하였다.[13] 이범석계 인물이 제거된 후 자유당의 정권을 잡은 이기붕은 그의 지도력이 시험받는 선거였기에 제3대 총선의 승리를 위해 사활을 걸었다.[14]

1954년 1월 23일 자유당이 갑자기 경제조항 개헌안을 내놓자, 이승만의 종신집권을 획책하려 자유당이 개헌을 도모할 것이라 의심하던 정치인들은 경각심을 갖지 않을 수 없었다.[15] 3월 20일경 자유당에서 제3대 민의원 선거를 통하여 개헌을 추진하려 한다는 소문도 언론에 보도되자[16] 정치인들은 놀라 긴장하였다.

이승만의 대통령 3선을 위한 개헌에 반대하던 전진한은 의원으로서 이를 저지하고자 하였다. 1954년 3월 1일, 전진한은 제3대 5·20 민의원 선거에 부산시 을구의 무소속으로 출마하였다.[17] 5월 9일자

발표에 따르면, 부산 을구에는 무소속의 전진한(52, 민의원) 외에도 11명이나 출마하였다. 전 국무총리서리 허정(58), 민주신보사장 김예준(46, 자유당), 안학순(33, 회사회장, 무소속), 사회운동가 강길수(46, 무소속), 이정수(53, 무직), 이상철(29), 이종순(48, 회사원), 임영선(38, 무직, 국민회), 이상창(40, 상업, 무소속), 김영환(42, 사무원), 우갑린(45, 사회운동)이 바로 그들이었다.[18]

제3대 총선의 선거운동 과정에서 자유당은 개헌안의 일부를 밝혔다. 그 내용은 "첫째 정·부통령의 임기는 4년으로 하되 재선에 의하여 1차 중임할 수 있다. 단 초대 대통령은 차한에 부재한다. 둘째 헌법개정 및 국가구성요소의 변혁은 유권국민 3분의 2이상의 결의 없이는 할 수 없다. 셋째 선거민에게 양원 의원에 대한 소환권을 부여한다. 넷째 정부에게 민의원 해산권을 부여한다. 다섯째 헌법 제6장 경제조항을 개정한다."는 것이었다.[19]

제3대 민의원 선거에 출마한 전진한은 "이번 선거에는 개헌반대를 정견으로 들고 나오겠다."고 기염을 토하였다. 『동아일보』의 기자는 "전진만을 아는 전진한군에게는 작전상 후퇴도 필요 없으렸다."고 평하였다.[20] 전진한은 이승만의 반공주의 정책을 지지하였으나 이승만이 헌법을 개헌하여 대통령 3선을 함으로써 장기집권을 하려는 데에는 생각을 달리하였던 것이다.

이승만 종신집권을 결연히 반대하자, 이승만정권은 전진한의 선거운동을 방해하였다. 5월 12일 부산경찰서에서는 전진한의 부인을 부산 을구의 유권자를 자기의 집으로 초대하였다는 혐의로 구속하여 문초를 가하였다.[21] 심지어 교통순경이 버스와 택시를 정견발표장으로 몰아넣어 유세를 방해하였고, 북부산경찰서에는 선전용 지프에 탄 선거

원 4명을 구인하고, 차의 마이크 등을 파손하기까지 하였다.[22]

5월 15일 전진한은 「성명서」를 발표하여 "나는 단 한 개의 마이크 밖에 없고, 이 마이크의 대금을 전액 다 지불하지 못하고 사용 중에 있으므로 매일같이 마음을 졸이고 있는 형편인데 (이제 마이크가 망 가졌으나) 마이크를 새로 정비할 돈도 나올 곳이 막연하다."고 하였 다. 그리고 그는 "이러한 당국의 탄압에도 불구하고 이 생명이 계속 하는 한 투쟁을 계속할 것이다. 사실상 선거운동이 불능상태에 빠진 나에게 어떠한 모략이 나올지 모르나 나는 최후까지 일보도 후퇴하 지 않을 것"이라고 포효하였다.[23]

관헌의 갖은 탄압에도 불구하고, 전진한은 제3대 민의원 선거에서 부산 을구의 국회의원으로 당선되었다.[24] 43명의 재선 의원 중 한 사 람이었던 그는 무려 31,288표를 획득하였다.[25] 충청남도와 충청북도 는 자유당 일색이었지만 대구와 부산 같은 도시에서는 야당이 강세 를 보인 결과, 자유당의 지도적 인물인 이갑성과 배은희 등이 낙선하 였고, 무소속의 전진한도 신익희, 김도연, 조병옥, 김준연, 윤보선, 조 재천, 김상돈, 신각휴, 유진산, 최천, 서동진 등의 야당 인물과 함께 당선되었던 것이다.[26]

제3대 민의원 선거의 결과 자유당은 전체 표수의 36.8%, 민국당은 7.9%, 무소속과 군소정당은 55.3%를 획득하였다. 그러나 의석수는 자 유당 99석(비공인 후보 15인 포함하면 114석), 민국당 15석, 대한국민 당 3석, 국민회 3석, 제헌동지회 1석, 무소속 67석이었다. 자유당은 득표율에서는 36.8%, 의석수에서는 48(56)%를 차지했고, 제1야당인 민국당은 15석을 획득하는 정도에 불과하였다. 무소속 의원들의 숫 자는 전에 비하여 줄었다.[27]

자유당의 무소속 의원 회유와 민국당의 무소속 의원 견인 활동에 맞서, 전진한은 1954년 6월 14일 무소속 의원과 30명과 무소속동지회를 발족하였다. 그리고 교섭단체 명부를 국회에 제출하였다. 당시 대표간사는 윤병호, 총무간사는 임흥순, 선전간사는 김수선, 재무간사는 권중돈, 연락간사는 유진산, 그 외 가입 의원은 김영상, 서인홍, 최갑환, 권오종, 이우출, 김의준, 이병홍, 정준, 김의택, 최영철, 박해정, 조만종, 이철승, 윤형남, 전진한, 양일동, 정성태, 김달호, 백남식, 정재완, 김선태, 김철, 박기운, 곽상훈, 박종길, 민영남 등이었다.[28]

　개헌선 확보에 혈안이었던 자유낭은 김두한 등 무소속 의원을 끌어들여 1954년 6월에는 의원수가 136명에 이르렀다. 1954년 9월 6일 자유당에서는 이기붕 등 136명의 이름으로 초대 대통령 3임을 허용하는 헌법개정안을 국회에 제출하였고, 개헌안은 9월 8일 국무회의를 거쳐 당일에 공고되었다. 30여 일 간의 공고기간이 지나면 국회에 상정되어 토론과 표결에 들어가도록 일정이 정해졌다. 그렇지만 여론조사에서 국무총리제 폐지와 초대 대통령 3임 허용에 대해서, 각기 찬성 28.8%와 반대 63.7%, 찬성 16.9%와 반대 78.8%의 부정적 의견이 압도적이어서 국회에 상정하지는 않았다.[29]

　그런데 1954년 10월 27일 민국당 선전부장 함상훈이 민국당 신익희 국회의장의 뉴델리 밀약설을 제기하면서 자유당은 개헌을 진행할 호기를 맞았다. 함상훈은 신익희가 1953년 5월 뉴델리에서 북한의 조소앙을 만나 남북협상 문제를 밀의하였고, 1954년 3월 조소앙의 밀사 오경심이 신익희를 만났다고 주장하였다. 이것은 민국당의 김준연·조병옥 등 수구세력이 조봉암과 친분이 있는 민국당위원장 신익희를 타격하려던 데에서 발생한 사건이었다. 그런데 자유당은 이것을 이용하여 11월 4일 '남북협상 중립배격 결의안'을 통과시켰고, 11월 6일에는 국토통일에 대한 국시를 천명하고, 11월 11일에는 유엔 감시 하에 북한지역에서 모든 공산군이 철퇴한 후 선거를 실시하는 것이 국시라고 하면서 국회 내외에서 개헌의 필요성에 대한 여론을 고조시켰다.30)

당내의 개헌 반대 여론을 잠재운 자유당은 1954년 11월 18일 개헌안을 국회에 상정하기로 최종 결정하였다. 그리하여 두 달 간 미루어졌던 개헌안 문제가 국회에서 본격적으로 논의되었다. 9일간의 여야 간 법안에 대한 공방전을 치른 후, 11월 27일 오후 3시 30분 태평로의 국회의사당에서 최순주 국회 부의장 사회 하에 23분간의 투표가 진행되고 곧 개표가 이루어졌다. 그 결과는 재적 203, 가 135, 부 60, 기권 7이었다. 최순주 부의장은 부결을 선언하였다. 그런데 그 다음날 국무회의에서 203석의 2/3는 135.333…인데 이를 반올림하면 135가 된다는 소위 사사오입의 논리로 개헌안 통과를 결정하고 이를 공포하였다.31)

소위 사사오입 개헌을 부정하며 퇴장한 60여 의원들은 11월 29일 '민의원 위헌 대책 위원회'를 구성하였다. 그리고 이들은 다음날인 11월 30일 원내단체로 '호헌동지회'를 결성하는 한편 대외적으로 신당 결성촉진위원회를 구성하였다.32) 전진한은 이 호헌동지회에 참여하여 정책위원회의 위원으로 이승만과 자유당의 폭거에 저항하였다.33)

그런데 민국당 의원들이 중심을 이루던 호헌동지회는 반공·반독재, 자유·민주·진보를 이념으로 하는 신당을 결성하고자 하였다. 반공주의와 반이승만주의를 갖고 있던 이들은 처음에는 자유와 민주의 이념과 아울러 사회주의와 같은 진보적인 이념도 포용하려고 하였다. 그러나 1955년 초에는 조봉암의 신당 참여를 배제하려는 움직임도 있어 조봉암의 신당 참여 문제를 둘러싸고 신당 결성에 참여한 국회의원들은 서로 대립하고 있었다.[34]

이 무렵인 1955년 2월 10일, 전진한은 시공관에서 「노농당 발당을 앞두고」라는 제목으로 일장 연설을 하였다. 반백이 넘는 머리에, 사시사철 다리지 않은 다색(茶色) 양복을 입고, 막걸리의 정을 느끼게 하는 품새였다. 안경을 벗었다 썼다 하는 데에서 그의 흥분됨이 드러났다. 그는 소담스럽게 냉수 한 컵을 들이켜고 연설을 시작하였다. 그 개요는 노농당을 만들어 노동자와 농민이 뭉쳐야 이 나라에도 행복이 온다는 것이었다. 그의 털털한 연설에 모인 청중가운데 탄복한 사람도 더러 있었다. 이는 1953년 봄 부산에서 노농당을 발기하고 창당을 위해 취지서를 돌리며 동지를 구하던 정치적 열정의 연장이었다.[35] 그러니까 전진한은 1955년 초 김성수와 같은 자본가가 중심의 민국당 의원들이 민국당 의원들이 주도하는 민주당 창당 추진집단 및 조봉암이 주도하는 진보당 창당 추진집단과 결별하고, 노동자와 농민 주도의 노농당 창당을 다시 추진하였던 것이다.

1955년 2월 15일 상호 10시 40분 천도교대강당에서 대의원 39명과 방청인 약 200명이 참석한 가운데 노농당의 결당대회가 개최되었다. 유화룡의 사회로 시작된 결당대회는 전진한의 개회사, 변종철의 경과보고, 국민회 이영, 민국당 이정래 등의 축사로 진행되었다. 이어 의장단으로 전진한, 유화룡, 변종철 3명을 선출하고, 자유협동주의를 골자로 하는 선언문, 강령과 당헌 등을 채택한 후 임원 선거에 들어갔다. 만장일치로 전진한이 노농당의 위원장으로 선출되었다.[36]

노농당 위원장 전진한은 1955년 2월 16일 중앙집행위원을 선출하고 13부서 중 8부서의 임원을 선정하였다. 서기장 겸 총무부장 유화룡(柳化龍), 조직부장 변종철(卞鍾喆), 노동부장 김철(金哲), 농민부장 유상열(柳尙愨), 선전부장 김갑환(金甲煥), 청년부장 권경주(權景柱), 문화부장 김예철(金藝喆)이 바로 그들이었다.[37]

총무부장 유화룡은 대한독립노동총연맹에서 활동하다가 1946년 10월 31일 탈퇴하였고, 1949년 9월 1일 대한노동총연맹의 총무국 책임위원에 선임되었고, 1950년 11월 2일 대한노총의 사무국장에 선임된 인물이었다.[38] 변종철은 해방 후 경남 창원군 웅남면 목리에서 좌익계열에 속하여 활동하다가 1949년 12월 11일경 탈당하였고, 1954년 5월 20일 민의원 선거 시 경남 합천에서 무소속으로 출마하였다.[39] 간부진의 정확한 이력은 확인되지 않지만, 유화룡의 예로 미루어보면, 전진한과 함께 대한노총 활동을 해온 인물로 판단된다.

2. 자유협동주의 사상의 고취

노농당의 위원장인 전진한은 1955년 3월 13일 『동아일보』에 노농당부의 이름으로 「자유협동주의와 민족재건」이라는 광고를 실었다. 이 글에서 그는 민족재건의 길이 바로 자유협동주의에 있음을 역설하였다.[40]

이미 일제강점기에 협동조합운동을 전개하였던 전진한은 해방 후에도 신문에 글을 연재하거나 책을 발간하여 협동조합사상을 고취하고 협동조합운동의 필요성을 역설한 바 있었다. 1952년 9월 26일부터 9월 28일까지, 전진한은 『경향신문』에 「협동조합운동의 신구상」이란 글을 연재하였다.[41] 그리고 이 글을 모아, 이해 9월 30일 부산 봉래동 1가 94번지에 위치한 협동조합운동사에서 『협동조합운동의 신구상』이란 책을 발간하였다.

이 책에 나타난 그의 협동조합운동에 대한 구상은 다음과 같다. 전진한은 천도교가 매일 1식에 한 숟가락의 쌀을 모아 막대한 성과를 거두고, 1927년 경북 상주군 함창면에서 성미제도로 수십 개의 협동조합을 만들었듯이, 성미제도라는 무한한 저축력과 단결력을 바탕으로 자율적 복리기관인 자주적 협동조합을 시읍면 단위로 조직하고 이것을 전국적 단위로 발전시키자고 제안하였다. 그는 협동조합을 바탕으로 전래의 미풍과 자율적 도덕률인 덕업상권(德業相勸), 과실상규(過失相規), 예속상교(禮俗相交), 환난상휼(患難相恤)을 실천하면 민족 재건의 성업기초가 물심양면으로 확립될 것이라고 보았다.[42]

전진한은 협동조합을 설립하기 위한 실천방법을 다음과 같이 제시하였다.

> 일. 법률 또는 대통령령으로 전국 일제히 실시되기를 희망한다.
> 이. 전국 각 시·읍·면을 단위로 협동조합설립준비회를 조직하고 별지 저축규정에 의거하여 저축을 여행(勵行)하여 그 저축액이 10억 원 이상에 도달할 때는 즉시 협동조합을 설립하고 준비회는 해산하여야 한다. 협동조합설립준비회의 규정은 협동조합정관안을 참작하여 이사제를 채택하고 총무, 선전, 조직, 사업, 저축부 등 적의 설치한다.
> 삼. 협동조합설립준비회의 조직은 초당파적으로 각계 각층을 망라하여야 한다.
> 사. 적당한 장소에서 단기간의 지도자강습회를 개최한다.

오. 저축수집방법은 회원이 각자 소포낭 3개를 제작하여 수집에 편리한 장소에 괘치(掛置)하고 차에 작입(酌入)하며 매일 오후에 회원 7세대 이내로 조직된 공려반원(共勵班員)이 윤번으로 가져간다.

육. 수집된 금품은 반장, 사찰 급 간사의 연대책임으로 협동조합설립준비회를 통하여 소정의 금융조합에 저입(貯入)한다. 준비회의 간부는 저축금품의 보관에 대하여 연대적 책임을 진다. 전항의 저축금품은 설립준비회의 결의에 의하여 회원의 생산, 구매, 기타 필요한 사업에 이용할 수 있다.

칠. 각리동의 간사, 사찰, 반장은 반원의 생산상태를 상지(詳知)하여야 하며 더욱 이 한 끼의 소요식량을 명확히 결정하여야 한다.

팔. 회원은 구역 내 주거하는 전 세대가 참가되어야 한다.

구. 저축규정은 협동조합설립준비에서 적용할 규정임으로 기설된 협동조합에서는 이것을 조합원 저축에 준용한다.

십. 설립될 협동조합원의 출자금은 저축액에서 충당시킨다.[43].

전진한은 회원의 경제적 발달과 문화적 향상을 도모하기 위한 협동조합을 운영하기 위하여 협동조합설립준비회를 조직하고 이것을 바탕으로 자금을 마련하려고 하였다. 전진한은 협동조합설립준비회 산하에 저축부를 두고 그 아래 7호 이내로 공려반(共勵班)을 구성한 후 다음과 같이 자금을 모으려고 하였다.

일. 매일 매세대당 삼시(三匙) 또는 회원가족 매인당 매일 일시(一匙)의 양미 저축(自助米)

이. 5일 1차의 죽식 저축(愛鄕米)

삼. 7일 1차의 결식 저축(救國米)

사. 농가의 하곡 추곡 타취장에서 각 1두 저축

오. 농가의 춘잠, 하잠, 추잠, 수견장(收繭場)에서 각 1승 저축

육. 농가의 축산 기타 농산물 판매시의 백분지일 저축

칠. 상공업가의 매월 1품 저축

팔. 봉급생활자의 매월 봉급액의 백분지일 저축

구. 기타 총회에서 결정된 금품 또는 근로저축[44]

전진한은 1952년 10월경 농지개혁 후 파멸상태에 있는 농촌의 경제 상태를 개선하기 위해서 농촌협동조합법을 통과시켜 이를 설립하고 운영할 것을 주장하였다. 그는 지금은 토지개혁이 되었으므로 과거 농민총동맹이나 농민조합의 소작쟁의와 지주에 대한 투쟁의 방식이 아니라 협동조합을 통한 경제적 복리를 증진하는 운동으로 선환되어야 한다고 주장하였다. 그리고 이 단계에서는 협동조합이 어떠한 정당의 이용물이 되거나 정치적 도구가 되어서는 안 되고, 초당파적으로 운영되는 협동조합이 되어야 한다고 주장하였었다.[45]

1954년 8월 2일 오후 5시경 지방 순시차 통영에 간 노농당의 창당 준비 대표인 전진한은 시내의 신한호텔에서 다수의 지역 유지와 면담하고 노동자와 농민의 복리를 위해 협동조합을 설립하는 것의 시급성을 말하고, 약화된 국민회를 다시 강화시키기 위하여 좌담회를 개최하였었다.[46]

그런데 노농당의 창당 후 약 1개월 후인 1955년 3월 초, 전진한은 노농당부의 이름으로 「자유협동주의와 민족재건」이라는 글을 게재하고 민족재건의 방법이 자유협동주의에 있음을 다시금 강조하였던 것이다. 이 글에서 전진한은 당시 우리 민족의 상황을 민족 분열, 공산주의의 확산 야욕과 일본의 협위 등을 겪는 위기라고 보았다. 그리고 이 위기 상황에서 민족의 분열을 극복하고, 사회의 갈등을 해소하며 자유주의체제를 발전시키는 길이 바로 자유협동주의라고 주장하였다.

전진한은 우리 민족이 지금 북의 적색제국주의와 남의 자본주의 일본의 협위의 위험을 안고 있고, 안으로 정치적 빈곤이란 중대한 위기에 직면하여 있다고 보았다. 그는 이 이 민족적 위기를 타개하기 위해서는 먼저 전 민족적 일대창의를 발휘하여 북으로 공산주의독재 사상을 초극하고, 남으로 자본주의 독점사상을 초극해서 남북을 통한 전 민족이 다 같이 수긍하여 우선 남북을 사상적으로 통일할 수 있는 대사상을 창안하거나 이 사상의 이념을 실현시킬 수 있는 대경륜을 확립하여야 한다고 보았다. 그런 후 전 민족이 굶으나 먹으나 총 심력을 경주하여 이 방면으로 매진할 수 있도록 민족의 진로를 명시하지 않으면 안 된다고 하였다.[47]

그는 국가의 국민이 공동운명체임을 자각하여 한 방향으로 행동할 필요가 있다고 보았다. 북한은 공산주의라는 한 개의 사상과 공산당이라는 한 개의 조직이 있어서 일정한 방향으로 밀고나가면서 잘되었건 못되었건 무엇인가 창조하고 있지만, 남한은 오늘날의 혼돈상태를 볼 때에 과연 등뼈 같은 중심축이 생겼다고 볼 수 없다고 하였다.[48]

전진한은 남한의 국민을 이끌 사상은 자본주의가 아니라고 하였다. 왜냐하면 자본주의가 중세 봉건사회로부터 오늘날의 정치적 민주주의사상의 발전, 인류 자유의 진전, 생산력의 비약적 발전과 과학문명의 조성을 가져온 것은 사실이지만 자유경쟁과 적자생존에 따라 자본가계급의 독점과 일반 대중의 경제적 예속이 심화되는 것은 부인할 수 없는 자본주의사회의 폐단이라고 보았기 때문이다.[49]

그는 이런 자본주의의 모순을 전 인류의 자유해방을 지향하는 인류발전사에서 도저히 용인할 수 없다고 하였다. 그는 적어도 자본주의는 중대한 수정을 가해야 한다고 판단하였다. 바로 이런 연유에서 미국자본주의를 위시한 세계자본주의가 중대한 수정단계에 들었고 실제 수정이 진행 중이라고 주장하였다.[50]

전진한은 공산주의도 남한의 국민을 이끌 사상이 아니라고 하였다. 공산주의가 자본가의 노동자에 대한 착취와 개인주의 같은 자본주의의 모순을 극복하기 위하여 배태된 것은 맞지만, 오늘날 소련 블록의 공산주의는 전체를 위한다고 하며 강권을 가지고 개체를 말살시키고 있다고 보았다. 그리고 공산주의는 계급투쟁의 원칙하에 자기 계급만의 자유를 주장하고 다른 계급의 자유를 부정하는 원칙에서 출발하고, 또 관료적 특권계급인 공산당은 자신의 자유를 무제한으로 보장하기 위해서 전 무산계급의 자유를 무시하고 심지어 그들을 감시·숙청하고 있다고 보았다. 뿐만 아니라 공산당 자체 내에도 계급이 있어 당원은 항상 당 간부의 감시와 숙청의 대상이 되고, 당 간부 내에는 한 개의 독재자가 있어서 다른 간부를 감시숙청하고 있다고 생각하였다. 이와 같이 해서 공산적색전체주의사회에 있어서는 스탈린이나 불가닌(Nikolai Aleksandrovich Bulganin) 한 사람의 자유만이 보장되고 10억에 가까운 공산 블록의 전 대중의 자유는 공산주의 계급투쟁 원칙의 희생물이 되어 그들은 죽음의 공포 속에서 인간성을 박탈당하고 일개 기계와 같이 구사되고 있다고 판단하였다. 이런 점에서 그는 공산주의가 자본주의의 모순을 적발하고 시정하는 데 역사적인 사명을 수행하였지만 그 자체가 내포한 죄악과 모순 때문에 인류역사에서 용인 받을 수 없다고 판단하였다.[51]

전진한은 자본주의 독점사상과 공산주의 독재사상이 모두 벌써 존재의 의의를 상실하고 하나의 시대적 유물이 되었다고 보았다. 이런 견지에서, 그는 지금이야말로 이 양 주의를 초극하여 전 인류가 항구적인 평화와 복지를 누릴 수 있는 공존공영의 신사회를 건설할 수 있는 새로운 일대사상의 출현이 기대되는 때라고 하였다.[52] 그리고 민족재건의 사상적 토대가 되며 인류가 대망하는 신사상이 바로 자유협동주의라고 하였다.[53]

그는 이 자유협동주의가 개체를 전체에 예속시키려는 기계주의적 평등주의, 즉 유물주의에 입각한 사회주의와 확연히 구별된다고 주장하였다. 기계적 평등주의는 각 개인의 개성의 특수성을 무시하고 힘으로 평등화 하여 결국 인간 개성의 발휘를 저해하고 인류문화 발전의 창의성을 말살할 것이라고 보았다. 이에 반해 자유협동주의는 인간 개성을 존중하여 각자의 식량과 식성에 따라 먹을 수 있게 하고, 문화면에 있어서도 각자의 개성과 창의를 발휘할 수 있게 하여 만인이 각자 바라는 바를 얻을 수 있게 하려는 것이라고 하였다. 그는 각자가 바라는 바를 얻기에 개체와 개체 사이에는 충돌과 침범이 없고 도리어 조화와 협동이 가능하다고 보았다.[54]

그의 자유협동주의는 사회민주주의와도 명확히 구별되었다. 그는 사회민주주의를 민주주의 수단에 의하여 사회주의를 성취하자는 것, 즉 힘의 강제 없이 자유 수단에 의해서 사회주의를 성취하자는 것으로 보고, 이것은 힘의 강제 없이 자유 수단에 의해서 평등이라는 결과를 가져오자는 것이므로 그 자체가 이율배반의 모순을 범하고 있다고 판단하였다. 뿐만 아니라 그는 사회민주주의를 기계주의적 평등주의와 유물적 사회주의 이데올로기를 탈각하지 못하고 있다고 하였다.[55]

요컨대 전진한은 자본주의나 공산주의 모두를, 유물적이요 관능적이요 동물적인 점에 있어서, 근대유물주의의 쌍생아라고 보았다. 그래서 인류가 이 유물주의와 동물주의를 지양하고 인류 본위의 하나의 세계를 이루지 않으면 인류는 원자탄에 의한 자멸을 면치 못할 것이라고 하였다.[56]

전진한은 자유협동주의는 경제적인 면에 있어서 협동조합체제로 나타난다고 하였다. 그는 협동조합체제를 자본 지배가 아닌 인간 본위의 체제로 개인의 경제적 자유 활동권을 용인하면서 협동조직에 의하여 공동의 복리를 증진하려는 경제질서라고 보았다. 이런 점에서 협동조합이 개인의 경제자유 활동권을 부정하려는 공산독재주의와 인간 본위의 경제협동을 무시하려는 자본독점주의를 초극한 하나의 새로운 경제질서라고 하였다.[57]

그런데 전진한은 협동조합체제의 수립 방안을 어떻게 보았을까? 전진한은 도시에서는 노동자 소시민을 중심으로 전 시민을 포섭하는 광범한 소비협동조합을 조직하여 도시소비 생활을 합리화 하고, 중소생산업자를 중심으로 생산협동조합을 조직하여 융자·원료구입·판매 등 협동력을 발휘하여 생산의 급속한 발전을 도모해야 한다고 하였다. 그리고 농촌에는 농촌협동조합을, 어촌에는 어민협동조합을 조직하여 생산·구매·판매·이용·신용 등 농어민경제의 자치화와 자주화를 이루려고 하였다. 그리고 그는 이 협동조합기구를 통하여 도시경제와 농촌경제를 적정하게 교류시킴으로써 국민경제를 일부 독점재벌이나 간상모리배나 탐관오리에 농단되지 않는 민주적 경제로 발전시키려 하였다. 그리고 이렇게 함으로써 악성 인플레를 방지하고, 국민경제의 안정을 가져오고, 민생의 안정과 민심의 귀일을 가져오려고 하였다.[58]

전진한은 협동조합체제를 수립한다고 하더라도 그 협동조합이 소련이나 파쇼 이태리처럼 국가대용기관이나 관료에 의해서 운영되는 것을 비판하였다. 왜냐하면 그는 소련 같은 전체주의 국가에 있어서는 협동조합이 대중 자신의 이익과 의사로 운영되지 않고, 국가대용기관처럼 징발·배급되어 관료·어용기구적 활동을 하고 대중의 이익 및 의사와 상반되는 면이 있다고 보았다. 그리고 파쇼 이태리와 같은 백색전체주의 국가에 있어서는 협동조합이 그들 파시스트의 정치도구화 되었다고 하였다.[59]

그는 우리나라도 협동조합의 지도정신에 따라 관료적 또는 정치적 도구로 될 가능성이 다분하니 자유협동주의에 대한 철저한 대중계몽운동을 선행 혹은 병행해야 한다고 주장하였다. 그리고 이를 위해서는, 우선 성실하고 희생적이고 자각 있는 지도자가 많이 출현하는 것이 절대로 필요하다고 하였다.[60]

전진한은 자유민주주의, 사회민주주의, 자유협동주의 중 적합한 사상을 결정하기에 앞서 우리나라의 경제수준과 경제주체의 특성을 고찰하였다. 그는 우리나라의 경제는 공업경제가 아직 자본주의열강과 겨룰 수준이 아니라고 보았다. 그리고 경제의 중심은 농촌경제인데, 농촌경제의 농민은 기계적 평등주의에 반대하는 반사회주의적 특성을 지닌다고 보았다.[61]

이러한 토대 하에, 전진한은, 당시 우리가 취할 만한 자유민주주의, 사회민주주의, 자유협동주의의 이념 중에서, 자유민주주의 노선이 적합하지 않다고 주장하였다. 왜냐하면 자유민주주의는 자유경쟁에 입각하여 민족자본을 육성할 것을 표방하며, 개인자본축적에 의하여 이 나라를 하나의 전형적인 자본주의국가로 발전시키자는 것인데,

우리나라는 자원이 부족하고 기술이 빈약하며 국외시장에서 선진자
본주의 국가들과 경쟁할 수 있을 만큼 생산력이 발전되어 있지 않으
므로 자본주의 방도는 주로 국내 대중을 무자비하게 수탈하게 된다
고 보았다. 또 그는 외자로 자본주의를 발전시키면 민족경제의 주체
성이 전무한 매판자본 육성이 되어 경제적 예속관계가 초래될 것이
라고 보았다.[62]

그는 사회민주주의노선도 바람직한 노선이 아니라고 주장하였다.
그는 영국식 사회주의를 전체적 개체주의 또는 사회주의적 자본주의
로, 독일식 사회주의를 개체적 전체주의 또는 자본주의적 사회주의
로 본 데 반해, 소련과 같은 사회주의적 전체주의는 내 계급만을 내
세우는 계급투쟁주의에 입각한 것이므로 진정한 전체주의가 아니라
고 하였다. 사회주의적 전체주의는 내 계급만을 내세우기에 하나의
개체주의에 불과하다고 보았던 것이다. 그리고 그는 우리나라의 사회
민주주의를 내세우는 정파가 "피해대중은 단결하라."는 구호를 주창
하는 것은 마르크스주의자의 "피압박, 피착취 계급은 단결하라"는 구
호의 동의어라고 하였다. 그는 적대계급을 상정하고 이를 타도해버리
겠다고 결의하는 것이야말로 계급과 나만을 내세우는 마르크스주의
적 계급투쟁주의, 계급적 개체주의임을 스스로 입증하는 것이라고 보
았다.[63]

이에 반해, 자유협동주의는 개체와 개체 또는 개체와 전체가 주체
적으로 대립하면서 하나로 통일된다고 주장하였다. 그는 자유협동주
의를 민족주의 견지에서 본다면 민족적 개체인 나와 너가 각기 주체
성을 가지고 대립하지만 동일민족으로서의 혈연성, 지연성, 문화성,
즉 동일역사성과 동일운명성을 매개로 '우리'에게로 통일된다고 보았

다. 그리고 그는 민족의 개체인 국민과 민족국가 간에도 이와 같은 대립의 통일관계가 성립된다고 보았다. 이런 점에서 그는 자유협동주의의 우리는 너와 나의 주체성을 인정하는 우리이므로 개체의 주체성을 인정하지 않는 전체주의 소위 강권협동주의와 구별되어야 하고, 자유협동주의의 너와 나는 우리에로 통일이 되는 너와 나이므로 전체의 주체성을 부정하려는 개체주의와는 구별되어야 한다고 하였다.[64]

그는 자유협동주의를 통해 각 개인이나 계급의 주체적 협동과 호양과 상조와 단결을 이룩할 수 있다고 보았다. 그리고 이것을 토대로 국민생활의 균형발전을 도모할 수 있다고 보았다. 이런 견지에서, 그는 자유협동주의야말로 민족혁명의 역사적 과업을 수행하고 자손만대에 평화와 자유와 번영의 기초를 확립할 유일한 구국구족노선(救國救族路線)이라고 역설하였던 것이다.[65]

이런 사고와 철학을 가졌으므로, 그의 자유협동주의는 이승만의 자유민주주의노선 및 혁신세력의 사회민주주의노선과 궤를 달리하였다. 그런데, 혈연·지연·문화·동일운명성 같은 민족적 특성에 입각한 협동을 강조한 측면에서, 그의 자유협동주의는 민족적 측면에 입각한 자유주의라고 할 수 있을 것이다.

3. 노농당의 독자노선 추구

호헌동지회 중에서 민주국민당 주도의 신당 추진에서 비켜나 독자적으로 노농당을 창당한 전진한은 민주국민당의 자유민주파가 민주당 창당을 준비하던 1955년 7월 무렵[66] 이들과 결별하였다. 1955년 7

월 31일 제20회 국회의 종료 시점에 맞추어 노농당 위원장 전진한은 이인, 송방용, 윤제술, 최영출, 문종두, 도진희, 양일동, 서인홍, 변진갑, 정준, 김정호, 장택상과 함께 호헌동지회를 탈퇴하였다.[67]

원내교섭단체로 인정받기 위해, 전진한은 무소속 의원 30명과 '무소속구락부'를 조직하고 1955년 9월 28일 국회에 등록을 신청하였다. 여기에 소속된 의원은 양일동, 이우출, 박해정, 박기운, 박종길, 권오종, 조만종, 임흥순, 김재황, 백남식, 김영상, 이병홍, 김수선, 최갑환, 서인홍, 김홍식, 민관식, 황남팔, 김두한, 김재곤, 신태권, 육완국, 김동욱, 문종두, 정준, 김달호, 신도성, 변진갑, 최영철, 전신한, 권중돈의 31명이었다.[68]

노농당 위원장 전진한은 민주당과도 거리를 두었지만 1955년 10월 24일 발기한 진보당 그룹[69]과도 정치적 노선을 달리하였다. 1956년 4월 19일 노농당 위원장 전진한은 『경향신문』 기자와의 단독회견에서 "노농당의 진보당과의 연합설은 일종의 모략에 불과한 것"이라고 항의하였다. 그는 "진보당에서 표방하고 있는 통제경제는 기계적 획일주의 이외의 아무것도 아니다."라고 신랄하게 비평하고, "분배까지 통제한다는 것은 권력주의를 지향함을 의미하며 일당 독재를 꿈꾸는 것이다."라고 단언하였다." 그리고 "그들의 사고방식은 유물적 마르크스주의의 잔재에 사로잡혀 있다."고 부연하였다. 또 전진한은 진보당이 민주당과의 야당연합 추진 시에 표명한 평화적 통일에 관하여 "진보당 측의 평화적 통일론은 타민족에의 예속통일설에 불과하다."고 일축하고 "허울 좋은 평화통일은 민족의 운명을 위태롭게 하는 것이며, 적 앞에 항복을 하자는 것이나 다름없는 것으로서 당략도 심하면 군의 사기를 저하시키는 해독을 갖게 된다."고 비난하였다.[70]

전진한은『경향신문』1956년 4월 22일, 24일, 25일자에「평화통일
문제에 관하여」라는 글을 통해 진보당의 평화통일론을 비판하였다.

　　가혹한 전화와 정치적 빈곤에 인하여 국민은 도탄에 빠져 있어 공산주
의자들의 한 개 선동의 대상이 되기에 알맞고 우리 민족이 해방 전 반일제
투쟁을 할 때에 일본주의에 대항하기 위하여 주로 마르크스주의 이론을 채
택하게 되었는데 그 타성으로 해방 후도 마르크스주의세력이 전국에 지배
적이었고 대한민국 수립 후 남한에 있어서 대부분이 정치적으로 전향했다
고 하나 마르크스주의적 사상 잔재가 그들의 뇌리에서 완전히 청소되었다
고 누가 보장할 것인가. 통일선거 시 또는 통일정부 수립 후 그들의 향배는
민족운명에 큰 영향을 가져올 우려가 있으며 6·25사변을 통해서 우리 국
민이 공산주의의 포악성을 체험했다고 하나 시일이 갈수록 기억에서 사라
져갈 뿐 아니라 능히 공산주의를 초극할 수 있는 민족적 지도이념이 확립
되어 있지 않은 오늘날 사상의 주체성을 갖지 못한 이 나라 국민이 공산주
의의 선동과 모략에 넘어가지 않는다고 누가 이것을 단언하겠는가. 특히
북에서 내려 미는 적색제국주의 중소 추축이 한반도에 가해지는 그 압력을
가산해 볼 때에 현재 이대로 무조건 남북총선을 통해서 통일정부를 수립한
다고 상정할 때에 민족적 감정에 의해서 총선거에 일시적 승리를 민족진영
이 가져온다고 하더라도 공산세력의 침투와 잠식에 저항하면서 민족적 주
체성을 가진 독립국가로서 지속해 나갈 수 있을까 하는 중대한 의문이 없
지 않다.
　　민족적 주체성을 확립함이 없이 이대로 즉시 총선거 평화통일을 주장한
다면 이 민족이 타민족에 예속되는 통일을 초래할 우려가 다분히 있다. 우
리가 요구하는 것은 민족주체적 통일이다.
　　그런데 민족적 주체성은 대한민국의 주권 하에서만 확립을 기할 수 있
는 것이요 이북이나 제삼지대에서 이와 같은 민족적 주체성을 함양할 수는
없는 것이다. 그렇다면 평화통일이란 공염불만 부르짖기보다는 대한민국
내에서 하루바삐 민족적 주체성을 확립하는 데 전 국민이 총력을 집결하여
야 할 것이다. 우리는 화전 양면의 태세를 완비하여 북한 괴뢰의 재침에 대
비하면서 남북을 통한 전 민족이 지지할 수 있는 새로운 민족이념을 창달

하여 이 이념 밑에 국민을 재편성 재조직함으로써 민생을 안정케 하고 민심을 귀일케 하여 대한민국에서 일대민족적 신건설을 성취하여야 한다. 이와 같은 민족적 주체성이 확립된다면 북한동포가 대한민국에 합류하려는 패연(沛然)한 민족적 응결력은 어떠한 국제적 장애라도 이를 분쇄할 것이요 민족통일은 스스로 완수될 것이며, 이와 같은 주체성이 확립된 후에야 설혹 무조건 총선거를 국제정세가 우리에게 요청한다 하더라도 우리는 이에 하등 의구심이 없이 응하여 민족주체성이 확립된 통일독립국가를 수립할 수 있을 것이다. 끝으로 진보당에 바라는 바는 평화통일의 구체적인 내용을 국민 앞에 명시하며 우리의 의구심을 하루바삐 해소해주기를 바라마지 않는다.71)

위와 같이, 전진한은 "공산주의자들이 해방 전 반일제투쟁을 하기 위하여 마르크스주의를 채택한 후 해방 후에도 그 세력이 잔존한다. 그리고 공산주의 국가인 소련과 중공의 한반도에 미치는 강한 영향력으로 볼 때 지금 당장 남북한 총선거에 의한 평화통일은 공산주의화 되고, 또 우리 민족이 소련이나 중국에 예속될 것이다."라고 하며 진보당의 평화통일론에 대해 반대하였다. 그는 대한민국이 발전하여 북한의 주민이 대한민국의 체제와 이념에 합류한 후 평화통일이 이루어져야 한다고 주장하였다. 요컨대 그는 자유주의체제로의 민주적 평화통일을 희망하였다. 이런 점에서 그의 노선은 진보당의 노선과 차이를 드러내었다.

그런데 1956년 5·15 정부통령 선거에서 진보당 대통령 조봉암이 약진하였다. 진보당의 대통령 후보로 출마한 조봉암은 평화통일, 피해대중을 위한 정치, 계획경제의 공약을 내세웠다. 그는, 민주당 대통령 후보로 출마한 신익희가 급서한 탓에, 비록 낙마하였지만 216만 표나 획득하였다. 이승만이 얻은 721만 표와는 많은 차이가 있었지만

국민들로 하여금 조봉암이 이승만의 대항마라는 생각을 갖게 하는 데에는 충분하였다.[72]

사회주의적 정당에 대한 국민의 지지 여론을 파악한 전진한은 1956년 6월 중순 정화암, 장건상, 조경한, 양일동이 추진하던 통일사회당의 결성에 참여하였다.[73] 전진한은 노농당의 참여조건으로 통일사회당의 강령에 노농당의 '자율적 협동주의'를 반영해주고, 적당한 당권을 요구하였다.[74] 그런데 이것은 받아들여지지 않았던 것 같다.

전진한은 통일사회당 불참을 공식적으로 선언하였다. 1956년 6월 25일 그는 노농당위원장의 자격으로 "자유협동주의를 기본이념으로 하는 노농당은 사회주의 내지 사회민주주의이념을 들고 나오는 어떠한 정치세력과도 절대 합류하지 않겠다."는 성명서를 발표하였다.[75]

한편 대통령선거에서는 이승만이 당선되었지만, 부통령 선거에서 이기붕이 장면에게 패한 자유당은 1956년 8월 8일 있을 시읍면장과 시읍면의회의원 선거, 그리고 8월 13일 서울특별시 시도의회 의원 선거에서 갖은 불법을 자행하였다. 그 하나가 야당계 입후보 예정자를 청소·문패·병역·야간통금 위반 등 갖가지 경범죄로 구류하여 후보등록을 못하게 한 것이었다. 7월 1일부터 20일까지 구류된 사람이 무려 3,558명에 이르렀다. 이에 야당계 의원들은 7월 23일 입후보 절차를 밟지 못한 사람에게 투표일 7일전까지 등록기회를 주자는 '지방의회의원 및 시읍면장 선거 임시법안'을 제출하였다. 그렇지만 자유당에서는 이 법안을 본 회의에 상정조차 하지 않았다.[76]

전진한은 1956년 7월 27일 63명의 의원들과 함께 국민주권옹호투쟁위원회를 조직하고 민권옹호를 위한 투쟁을 전개하였다. 당시 전진한은 국회 본회의에서 지방의회 의원과 시읍면장 등록 기한에 관한 임시조치법안의 상정제안이 자유당 측 반대로 좌절될 위기에 직면하여 일대혼란을 야기한 채 산회되자, 야당 의원과 함께 의사당 내에 별도로 집합하여 투쟁을 결의하였다. 그리고 "국민주권의 위기에 처한 우리는 삼일정신으로 분연 궐기하여 최후까지 투쟁할 것을 만천하에 선언함"이란 선언문을 공표한 다음 즉시 시가데모행진을 벌였다.[77]

1956년 7월 31일 전진한은 국민주권옹호투쟁위원회의 기획의원에 선임되었다. 당시 그와 함께 선임된 기획의원은 장택상·소선규·조병옥·현석호·백남식·윤치영·강승구·이인·유진산·변진갑·윤제술·민관식이었다. 그리고 총무위원 김홍식·강승구·이석기, 재정위원 이충환·서동진·민관식, 섭외위원 윤치영·윤제술·김영선, 선전위원 조재천·민관식이 그와 함께 활동하였다.[78]

이러한 국민주권 옹호활동과 대여투쟁에 힘입어 노농당의 존재감을 드러낸 전진한은 조직을 확장하고 지구당의 결성을 재추진하였다. 관심의 한 예로 김두한(金斗漢) 의원이 노농당에 입당하였다.[79] 그리고 노농당에서는 1956년 10월 14일 노농당 동대문구당을 결성하고, 21일에는 장충단공원에서 성동구당을 결성하기로 하였다.[80]

1956년 10월 30일 전진한이 위원장으로 있던 노농당에서는 다음과 같이 이북동포들에게 반공 총궐기를 촉구하는 호소문을 발표하였다. 그는 "공산주의 질곡 속에서 신음하는 약소민족이 용감히 반소 반공의 기치를 올리는 이때야말로 역사적 변혁기라 하겠다. 이때 우리가 남북을 통일하고 자주독립 국가로서 자손만대의 복락의 기초를 확립치 않고는 약소민족의 비애를 면할 기회는 없다. 이북동포는 반공 반소 민족통일전선으로 궐기하라."고 하였다.[81]

1957년 3월 춘궁기에 전진한은 종로에 새로 사무실을 마련하고, '일인일당(一人一黨)'이라는 조롱을 받았지만 노동자와 농민을 위한 당은 노농당뿐이라는 자부심을 갖고 활동하였다. "천하의 공당은 우리당뿐이야. 자유당이 노동자·농민을 살린다고 노총·농민회 다 가져갔지만 어디 그 사람들이 진짜 자유당이 되고 싶어서 간 줄 알아? 말하자면 남의 당원을 강탈해간 셈이지. 나는 그 노동자·농민들을 빼앗아 오고 싶지는 않아. 그러면 자연 희생을 내게 되니까."라는 소신을 갖고 활동하였다.[82] 또 그는 우리나라 인구의 7할 이상이 농민인 점에 자신감을 갖고 아픈 처지임에도 불구하고 자유협동주의를 주장하고 노농당의 생활표를 설명하기도 하였다. 병원에 있으면서도 선전대원을 지방에 파견하고, 서울에 정치훈련원을 설치하는 등의 계획을 구상하였다.[83] 건강이 좋지 않지만, 엄청나게 큰 꿈은 여전히 살아있었다.

1957년 4월 초 보건정책을 묻기 위해 신당동 자택을 찾은 『경향신문』의 기자에게, 그는 전체와 개체를 통일할 수 있는 철학과 이치는 자율협동주의라고 역설하였다. 그리고 사회민주주의를 비판하고, 자유주의와 협동주의의 결합을 주장하였다.[84]

1957년 5월 전진한은 임시국회에 자유당이 출석치 않고, 자유당이 장면 부통령을 무력화시키기 위해 내각제 개헌을 추진하고, 또 국회법을 개정하려는 불순한 의도를 보이자 이를 지탄하며 다음과 같이 국민의 권리 의식 앙양을 호소하였다.

"대한민국은 이 민족완전독립의 유일한 교두보이다. 우리 자손만대의 평화와 자유와 번영의 터전을 잡아야 할 이 대한민국은 일당일파의 당리당략에 희생되어서는 안 될 것이다. 백성은 지극히 약해도 아무도 이길 수 없는 것은 백성인 것이다. 백성이 권력 앞에 매우 약한 듯이 보이나 동학혁명도 삼일혁명도 일으킨 것은 백성임을 상기하라. 경애하는 국민 여러분! 이 나라의 정상적인 발전은 국민 여러분이 이 나라의 주권자로서의 권리를 정상하게 행사될 때에 오는 것입니다. 이 나라 주인공인 여러분은 오랜 역사를 통한 폭압정치 밑에서 주인행세를 못해 왔다. 아니 차라리 자기가 주인인 것조차 모르고 온 것이 사실일 것이다. 그리하여 이 나라에는 사나운 종들이 주인을 멸시하고 이 나라 정치가 여러분의 뜻대로 움직일 때 이 나라의 모든 부패는 시정되고 이 민족의 전도에 광명이 비칠 것이다."라고 하였다.[85]

　　1957년 6월 문봉제교통부장관이 97명의 여승무원 일시 해임을 지시하자, 19일 전진한은 노농당 위원장으로서 담화를 발표하여 문교통부장관이 97명의 열차승무원을 일시에 해임시킨 것은 부당하므로 열차승무원의 사표를 반려하고 배후 사실에 따라 처리함으로써 사회문제화 시키지 말라고 강하게 말하였다.[86]

　　조봉암, 박기출, 김달호 등이 진보당을 창당한 1956년 11월 이후에도, 노농당 위원장 전진한은 진보당에 비판적 입장을 견지하였다. 전진한은 1957년 6월 7일과 14일 『경향신문』에 「진보당에 호소함」이란 광고를 게재하였다. 이 글에서 전진한은 먼저 "피해대중은 단결하라."라는 구호는 "피착취계급은 단결하라."라는 마르크스의 계급투쟁의 구호와 다름이 없는 것으로 반공민족혁명의 현 단계에 적합하지 않다고 진보당을 비판하였다. 다음으로 '평화통일'만이 절대적이라는 주장은 국군의 사기와 국민의 반공의식을 저하시키고 공산침공에 대한 무력과 무비를 해이케 하는 하나의 패배사상을 고취하는 것이라고 하였다. 또 이것은 김일성 도배와 발을 맞추고, 소련의 침략에 이용당할 수 있으므로 반대한다고 하였다. 그는 완전한 민족적 통일을 이루기 위해 당면목표로 계급투쟁적 입장에서 민족협동적 입장으로 과감히 방향을 전환하여 노농당과 제휴하고 반공독립의 민족적 투쟁에 일로매진하자고 호소하였다.[87] 이 광고를 통하여, 전진한은 노농당의 정치적 위상을 진보당과 같은 반열로 올리고 싶었을 것이다.

전진한은 비진보당계 혁신세력과의 제휴에도 거리를 두었다. 1957년 6월 24일 전진한은 노농당을 위시한 수개정당의 합당설을 부인하고 노농당은 독자적 노선을 걷고 있으므로 타당과의 합당은 있을 수 없다고 주장하였다.[88] 그리고 1957년 7월 2일 혁신세력대동통일추진위원회의 대표 조경한이 담화를 발표하고 전기 대동추위의 호소에 대하여 민주혁신당의 장건상, 진보당의 윤길중, 노농당의 김두한 등이 호응을 통고해왔다고 발표하자, 전진한은 노농당의 참여 사실을 전면 부인하였다.[89]

1957년 7월 초 조경한(趙擎韓)이 대표로 있는 '혁신세력대동통일추진위원회'가 동참을 호소하였을 때 전진한은 선뜻 참가하지 않았다. 노농당의 김두한이 이에 참여한 데 반하여 전진한은 그 참여를 공식적으로 부인하였다.[90]

1957년 8월 초 조봉암의 진보당과 민주혁신당에서 제거된 장건상, 그리고 앞서부터 사회당운동을 추진해오던 정화암 씨와 구한독당계 등 여러 갈래의 세력이 세칭 혁신세력대동통일운동을 전개하고 새로운 민주사회당(가칭)의 창당을 추진하였는데, 전진한은 참여 반대의 의사를 밝혔다.[91]

대신에 노농당 위원장 전진한은 1957년 10월 서상일의 민주혁신당,

조경한의 혁신세력대동통일추진위원회, 진보당의 혁신세력추진위원회와 함께 '민족진영혁신세력 총집결추진위원회'를 조직하였다. 민족진영추위는 제3노선과 일절의 회색주의를 배격하였고, 중요 슬로건으로 ① 계급적 이기주의 배격, ② 민족역량의 최대한 발휘는 근로대중으로부터, ③ 용공주의 제삼세력 일체의 회색주의를 배격하고 민족주의 혁신세력 집결 등을 내세우며 활동하였다.[92]

이러한 전진한의 태도와 정책에 따라 김두한(金斗漢) 의원은 1957년 10월 12일 노농당의 노선에 충실하겠다고 성명서를 발표하였다. 이 성명서에서 김두한은 "한동안 혁신세력통일운동에 관여한 바 있으나 무원칙한 통일은 불가능할 뿐만 아니라 무의미한 것이라고 말하고 혁신세력통일운동에 관해서 손을 떼고 노농당책에 순응할 것이다."라고 언명하였다.[93]

한편 노농당의 전진한은 국회 내에서의 권한을 강화하기 위해서 1957년 1월 24일 비자유당계, 비민주당계 의원들과 '정우회'라는 교섭단체를 조직하고 활동하였다. 이 정우회의 위원은 25명으로 대표간사 변진갑, 총무간사 김홍식, 재정간사 김정호, 의원간사 송방용, 선전간사 민관식, 운영간사 백남식, 정책위원 황남팔·김두한·윤만석·신도성·김달호, 그리고 무임소의원으로 전진한 외에 장택상·이인·윤치영·이충환·박해정·윤재욱·김기철·신규식·양일동·정준·신태권·문종두·박기운이 있었다.[94] 그런데 이 정우회는 1957년 12월 초 소속 의원들이 정당에서만 선거위원을 선출할 수 있도록 하는 선거법안의 개정에 참여·합의한 문제로 동요되고, 14일 소속의원 8이 탈퇴하여 17명이 됨으로써 교섭단체의 권한을 상실하게 되었다.[95] 따라서 전진한의 정우회를 통한 국회 활동도 막을 내리게 되었다.

4. 제4대 민의원 선거 낙선과 군소정당 합당 추진

1958년 5·2 제4대 민의원 선거의 해가 열리자 전진한은 자신의 정견과 포부를 밝혔다. 그는 이번 선거에서 자유당과 보수당은 현상을 유지하기 어려울 것이고, 민족적 입장의 혁신세력은 하나의 세력으로 집결되어 예상외의 의석을 얻을 수 있을 것이라 예상하였다.[96]

1월경 전진한이 운영하던 노농당은 총선에 대비하여 서울시당부, 경기도당부, 경남도당부, 부산시당부, 대전시당부 등 3개 도당부와 2개시당부를 결성하였다. 그리고 2월 말일까지 전국의 중요도시에 지방당부를 확장하였다. 이러한 노력에 따라 1월 20일까지 노농당에 민의원 후보 공천 신청서를 낸 사람이 40여 명에 이르렀다. 그중에 공천이 내정된 사람은 전진한, 유화룡(柳化龍)사무장, 김두한(金斗漢), 이상옥(李相玉), 박대환(朴大煥) 등 11명이었다.[97]

3월 15일 전진한의 노농당은 1차 공천자 명단을 발표하였다. 그 내용은 다음과 같다.

> 서울특별시: 종로을구 김두한, 성동을구 김상덕, 영등포갑구 전진한
> 경기: 수원시 최선규, 인천시병구 심경국, 용인군 오광선, 김포군 권영
>   익, 연천군 김철, 양주을구 장흥순
> 충남: 당진갑구 한명동, 천안갑구 유화룡, 홍성군 김봉규
> 전남: 광주갑구 김창선, 목포시 홍익선
> 경북: 상주갑구 석재곤
> 경남: 부산 서구갑구 장인달, 부산영도갑구 허명, 부산영도을구 김용환,
>   부산동구을구 이상옥, 부산진갑구 변동조, 부산진을구 김희봉, 부
>   산동래구 윤관, 진양군 지우석, 충무시 조벽래
> 강원: 홍천군 전창덕 이상 25명.[98]

위와 같이 전진한은 1958년 5월 2일 제4대 민의원 선거에서 영등포 갑구에서 출마하였다. 당시 전진한은 자금의 부족으로 어려움에 처하였다. 그는 돈이 떨어져 기력이 다한 운동원을 붙들고 최후의 일각까지 싸워주기를 애원하였다. 한 신문의 기자는 장충동 자택에서 강연연습을 시킨 청년을 왜 쓰지 않느냐고 조소하기까지 하였다. 그의 상황은 "돈 진(盡)한 전진한이 전진한다."는 모습이었다.[99]

5·2 제4대 민의원 선거에서, 그는 민주당의 윤명운, 자유당의 윤재욱에 이어 3등을 하였다. 민주당의 윤명운이 10,266표, 자유당의 윤재욱이 4,264표를 얻은 데 비하여 그는 고작 2,869표를 얻었다.[100]

전진한은 그의 낙선을 "국민당의 윤치영, 민혁당의 서상일 등이 낙선하였듯이, 이는 정당정치에 대한 국민의 인식이 증가하여 국민의 투표 경향이 자유당과 민주당 양당 중심으로 나타난 때문이다."[101]라고 변호하였다. 언론에서도 1958년 5·2총선을 정당 중심의 경향이 현저하다고 보았다.[102] 자유당은 360만 표(42.1%)로 126석을 차지하였고, 민주당은 293만여 표(34.2%)로 79석을 차지했고, 무소속은 27석밖에 못 얻었다.[103]

선거의 변화된 양상을 보고 전진한은 군소정당을 합하여 제3의 정당을 결성하려고 시도하였다. 1958년 5월 4일 전진한은 성명서를 발표하고 자유당, 민주당 양당이 모두 보수세력의 집결체임을 지적하면서 금번 총선거에서 국민들이 민주당을 지지한 경향이 있는 것은 신뢰할 만한 질량이 구비된 제3당이 없으므로 자유당의 실정에 대한 구급책으로 취한 태도"라고 하였다. 그리고 그는 이러한 혁신정당의 기운이 성숙할 때 노농당은 무조건 백지화 할 것이라고 주장하였다.[104]

이러한 전진한의 제의에 대하여 독립노농당의 위원장 유림(柳林)

은 5월 16일 건전한 혁신정당의 통합은 국내외적 정세로 보아 필요한 일이지만 구성인사들의 정치적 성분으로 보아 성공할 수 없다고 지적하면서 독립노농당은 참가할 의사가 없다고 밝혔다. 다만 그는 각 혁신정당의 정치적 연맹은 필요하다고 보지만 최후의 목표와 본질이 다른 정당이 그 정당의 원칙을 벗어나 어떻게 합당할 수 있겠냐고 반문하였다. 그리고 민혁당(民革黨)의 간사장 서상일(徐相一)은 5·2선거에서 자기가 주장한 혁신정당 연합을 정면으로 거부한 노농당의 전진한과는 통합할 수 없다고 의사를 밝혔다.[105]

그런데 갑자기 20여 일 뒤인 1958년 6월 4일, 전진한이 이끄는 노농당과 민혁당과의 합동이 발표되었다. 유화룡, 백근옥, 김상덕, 변동조, 김무진 등 10명의 위원으로 합동준비위원회를 구성한 전진한은 독립노농당과 통일사회당의 동참을 이끌어내려고 하고 있으며, 이 통합 정당의 이름은 대중당으로 하고, 집단지도체제로 운영될 예정이라고 밝혔다.[106] 그렇지만 민혁당의 위원장인 서상일이 1958년 8월까지 상경을 하지 않았던 점으로 보아 군소정당의 통합운동은 지지부진하였다고 보는 편이 옳을 것이다.[107]

노농당의 위원장 전진한은 범야혁신세력을 모아 1958년 11월 초 '제삼당추진구인위원회'를 구성하였다. 이 제삼당추진구인위원회는 노농당의 전진한과 김상덕, 민혁당의 신숙과 김성숙, 전국민당의 이인과 이규갑, 전통일당의 서상호, 전사회당의 조백래, 한독당의 조경한 등으로 구성되었다. 당명은 민중당과 민주사회당 중에서 민주사회당이 중론이었다.[108]

5. 국가보안법 반대 투쟁과 민족주의민주사회당 결성

1958년 11월 자유당은 1960년에 치러질 정부통령선거를 위해 국가보안법 개정안과 지방자치법 개정안을 국회에 제출하였다. 개정안은 1) "누구를 위하여, 또는 그 지령을 받고"라는 요건이 없어도, 허위사실을 유포하거나 사실을 왜곡하여 적시 유포함으로써 인심을 혹란케 하여 적을 이롭게 한 자를 중벌에 처할 수 있었다. 2) '헌법상의 기관에 대한 명예훼손'을 엄벌하는 바 주권자인 국민이 정부, 국회, 법원이나 대통령, 장관, 국회의장, 국회부의장 기타를 비판할 수 없게 하였다. 3) '국가기밀'과 '정보'의 개념을 군사뿐 아니라 정치·경제·사회·문화 영역으로 확대하였다. 4) 경찰, 헌병, 특무대에서 작성된 신문조서의 증거능력을 부여하여, 고문에 의한 자백을 장려하였다. 5) 예비·음모를 해도 이미 수행한 사람과 같이 중벌에 처할 수 있게 하였다. 지방자치법 개정안은 선거제로 하는 시·읍·면장을 임명제로 함으로써 여당에 압도적인 유리함을 줄 수 있어서 문제였다.[109]

이러한 악법의 발의에 대하여, 전진한은 민주당 등 야당과 보조를 함께하여 1958년 11월 24일 노농당과 민주혁신당의 공동성명서를 내고 국가보안법 개정을 반대하였다. 그는 "거족적인 비난을 도외시하고 그것의 통과를 강행코자 꾀하는 자유당의 처사는 일당전제정치의 최후 발악이다. 국가보안법 개정안은 이 나라의 민주주의를 말살하는 것이요. 특히 건전한 혁신세력의 활동과 신장을 정면으로 저지·분쇄함으로써 소수특권계급에 의한 영구집권을 기도하는 음모."라고 비판하였다.[110]

이러한 노농당의 보안법 반대에 대해 이승만정권은 노농당을 압박하였다. 이승만정권은 1958년 12월 초 노농당의 김용환을 그 동생 파북 혐의로 특무대에 압송하였다.[111] 이에 전진한이 12월 5일 노농당의 김용환을 제명함으로써 사단을 없앴지만[112], 특무대에서는 12월 11일 노농당 위원장 전진한과 노동부장 김철을 소환하였다.[113]

1958년 12월 21일 노농당의 전진한은 민주당, 민혁당과 함께 최후의 일각까지 국가보안법 반대투쟁을 계속할 것이라 천명하였다. 이어 전진한은 민주당 최고위원 백남훈, 민혁당 위원장 김성숙과 함께 국회의사당에 나가 농성하고 투쟁하는 위원을 만나 격려하기도 하였다.[114]

1958년 12월 23일 오후 전진한은 서울 시내 대성빌딩에 가서 야당 지도자들과 함께 '국가보안법 개악반대 전국 국민대회 발기준비위원회'를 조직하였다. 전진한은 장이욱, 백남훈, 신숙 등의 공동의장단과 상임위원회를 구성하고 보안법 개정안을 철폐시키기 위한 투쟁체제를 갖추었다.[115]

1958년 12월 24일 야당의원들을 감금한 채 국가보안법 개정안과 지방자치법 개정안을 통과시키자, 전진한은 야당의 책임자 및 의원 등과 함께 이것의 무효화를 위한 투쟁을 벌여나갔다. 1958년 12월 29일, 전진한은 '국가보안법 개악반대 전국 국민대회 발기준비위원회'의 지도위원의 한 사람으로 지도위원 김창숙·장이욱·백남훈, 상임위원회 부의장 고희동·김팔봉, 그리고 상임위원 제씨와 연석회의를 갖고 보안법개악 반대투쟁을 벌이기로 결의하였다. 다음날에는 국민대회발기인 서명운동을 벌이기로 하였다.[116]

1959년 1월 6~7일에도 전진한은 개악된 보안법의 무효화를 위한 투쟁을 이어나갔다. 민주당이 주축이 된 '국민대회준비위원회'에 참여한 전진한은 1월 6일 밤 시위 전개를 허락해줄 것을 요청하였다. 그리고 1959년 1월 7일 상오 11시 보안법에 대한 반대 데모를 전개하였다. 전진한 등은 "대한민국 만세"와 "국민주권 쟁취 만세"를 외치며 기세를 올렸다. 그러나 자유당 정부 측에서 "군중 속에 괴한을 넣어 김일성만세를 부르게 한 후 데모군중 전부를 반란죄로 체포한다."는 정보를 얻어 가두시위의 전개를 중지하였다.

이러한 활동에 대해 이승만정권은 전진한을 김용환간첩사건으로 속박하였다. 전진한은 1959년 1월 8일 노농당 조직선전부장으로 활동한 김용환(金用煥)이 간첩에 연루된 사건으로 조인구 부장검사의 소환을 받았다.[117] 전진한은 검찰의 신문에 대해 "김용환이 구속되었을 때 노농당에서 제명시켰으며, 노농당은 하부조직이 없는 정당이어서 조직·선전 활동은 별로 한 것이 없다."고 진술하였다." 그리고 전진한은 "김용환이 일본에 갔다고 온 줄은 알았지만 간첩인 줄은 전연 몰랐다."고 답변하였다.[118]

1959년 1월 13일 상오 대성빌딩에서 전진한은 국가보안법 개악 반대 전국국민대회의 참가자와 함께 수천 명의 무자비한 경찰관이 강력 저지하는 가운데 시위를 전개하였다. 특히 그는 수 명의 부녀들과 대성빌딩에 돌진하여 시위를 전개하였다. 그러나 대기하고 있던 4,50명의 경찰관에게 제지를 당하여 산업은행 쪽으로 밀려났다.[119]

1959년 1월 14일 전진한은 '국가보안법반대전국국민대회'의 일원으로 정부의 데모와 집회 금지를 강력히 비판하며 투쟁하였다. 그리고 '국가보안법반대전국국민대회'를 발전적으로 해체하고 국민운동체로서 '민권수호국민총연맹'을 발족시켰을 때 전진한은 김팔봉, 이석기, 김대중, 김수한 등과 함께 선언강령 및 규약 기초위원으로 선

정되었다.[120]

1959년 2월 재일교포를 북송한다는 소식을 듣고, 전진한은 일본정부 등에 북송반대 활동을 전개하였다. 그는 1959년 2월 16일 오후 서울대학교 강당에서 개최된 '재일한인북송반대전국위원회'에 참여하였다. 이날 발회식에서 그는 김병로·함태영·이범석·백두진·변영태·이재학·한희석·김준연·서상일·곽상훈·유림·윤일선·유진오·백낙준과 함께 고문으로 선정되었다.[121]

1959년 3월 21일 '민권수호국민총연맹'이 소위 혁신세력의 탈퇴로 사실상 그 기능이 마비상태에 이르렀으므로 전진한은 '민권총련'의 여러 지도위원과 함께 여기에서 물러난다고 발표하였다.[122] 그러나 전진한은 "민총을 탈퇴하기는 했으나 제반기반에 있어 야당 측과 협력할 방침이라고 전제하면서 혁신정당을 조속히 이룩하는 데 최선을 다하겠다고 표명했다." 그렇지만 이 군소정당의 단일화는 쉽게 이루어질 수 없는 것으로 추측되고 있었다.[123]

1959년 말 다음해에 있을 대통령과 부통령 선거를 대비하여 노농당의 당수 전진한은 노농당, 민혁당 기타의 혁신세력을 규합하여 가칭 '사회당'을 만들고 이를 기반으로 내년의 대통령 후보로 출마할 뜻을 밝혔다. 이어 부통령 후보로 출마할 러닝메이트는 신당에서 나올 것이라고 첨언하였다.[124]

1959년 12월 4일 전진한은 다음해에 있을 정부통령 선거를 앞두고 장택상, 서상일 등과 비보수 노선을 표방하고 신당 창당을 준비하였다. 전진한은 이들과 가칭 '민족주의민주사회당'을 만들고 취지문까지 작성하였다. 그러나 참여자의 생각은 서로 달라 장택상은 사회민주당, 전진한은 민족주의민주사회당, 서상일은 민족주의혁신당을 만들려고 하였다. 이 무렵 전진한은 다음 해 있을 선거의 민족주의민주사회당의 대통령 후보로 거론되었다.[125)

1959년 12월 20일 오전 노농당은 전국대의원대회에서 당명을 '민족주의민주사회당'으로 변경하였다. 전국 대의원 420명 중 250명이 참석한 이 대회에서 전진한은 최고위원과 다음 해 정부통령 선거의 대통령 후보로 선출되었다.[126)

민족주의민주사회당의 대통령 후보인 전진한은 1959년 12월 21일 오후 기자회견을 열고 "자유, 민주 양 보수세력은 혁신세력의 새싹을 유린하지 말라."고 호소하였다. 그리고 그는 "국민의 주체성을 확립함으로써만 진정한 민주주의를 실현할 수 있으며 남북통일의 숙원도 달성할 수 있을 것이다."라고 강조하였다. 또한 그는 "현재로서는 내년 정·부통령 선거에 대비한 야당연합전선을 펴는 것을 반대한다."고 하였다.[127)

제13장

4·19혁명과
혁신정당 활동

1. 3·15 대선 출마 좌절과 공명선거 활동

1959년 말 이승만정권과 자유당은 집권을 연장하기 위해서 1960년 4, 5월에 진행될 제4대 대통령과 제5대 부통령을 함께 묶어 선거하려는 '동일티켓제 개헌안'을 추진하였다. 이에 대해 전진한은 『동아일보』가 주최한 좌담회에서 "동일티켓제는 법조문으로 규정한 입법사례가 없고, 법적으로 이를 규제한다면 이는 국민의 자유의사에 하나의 제약을 가하므로 민주주의에 위배된다."고 하였다.[1] 전진한 등 야당 정치인들의 반대로 자유당의 동일티켓제 개헌안은 상정되지 못하였다. 대선의 날자는 3월 15일로 결정되었다.

1960년을 시작하면서 그는 민족주의민주사회당의 대선후보로서 대선에 대해 예측하고 자신의 견해를 밝혔다. 그는 "이번 정부통령선거가 자유당은 국가보안법과 지방자치법을 강행·통과시켜 대기하고 있으므로 공명정대한 선거가 치러질지 의심된다."고 예상하며, 선거감시위원회의 구성을 주장하였다. 아울러 그는 "민주당이 내부 분열 중이므로 민사당과 같은 혁신정당이 지지를 받을 것이다."라고 평하였다.[2]

1960년 1월 말 민족주의민주사회당의 대통령 후보로 공식 지명된 전진한은 대선의 승리를 위해 선거일의 연기를 주장하였다. 3·15선거가 농번기철이고, 너무 이르니 5, 6월에 실시하자는 것이었다.[3] 그러나 이것은 받아들여지지 않았다.

1960년 2월 전진한은, 반공투위의 장택상, 민혁당의 서상일, 민사당의 이훈구, 전진보당의 박기출과 윤길중 등이 추진한 '비보수연합'에 참여하지 않고[4], 단독 출마를 추진하였다. 함께 출마할 부통령후보로는 김강조(金應祚)가 지명되었다.[5]

3·15대선에 나가려면 2월 13일 오후 12시까지 등록을 마쳐야 하였다. 그런데 노농당을 민족주의민주사회당으로 변경하는 것을 공보실에서 허가하지 않았다. 강령·정책·대표자 등의 변경이 있어 단순한 명칭 변경이 아니라 신당 신청으로 처리해야 하기에 시일이 걸린다는 것이었다.[6]

1960년 2월 13일 오전 전진한은 3·15 대선 출마를 포기하였다. 공보실에서는 노농당 명의로 출마할 수 있다고 하였으나 하루 만에 다시 추천장을 받을 수도 없어 깨끗이 출마의 뜻을 접었다.[7]

출마를 포기하자 정부에서는 2월 19일 조건부로 '민족주의민주사회당'의 등록을 허가하였다. 민족주의민주사회당의 강령 중 1) 북한괴뢰집단을 부인할 것, 2) 공산주의를 반대할 것, 3) 북한괴뢰가 주장하는 평화통일론을 반대할 것을 명문으로 반영시키라는 단서를 달아

허가하였던 것이다. 당시 민사당의 대표최고위원은 이훈구였고, 전진한은 성낙훈과 함께 최고위원으로 선임되었다. 민사당은 2월 19일 민사당의 등록을 발표하고 "앞으로 노동자 농민, 소시민의 권익을 위하여 투쟁할 것"이라고 말하였다.[8]

출마가 좌절된 전진한은 민주당 등의 재야인사와 공명선거운동을 전개하였다. 민족주의민주사회당 최고위원 전진한은 1960년 2월 28일 오후 2시 대성빌딩에서 '공명선거추진전국위원회'의 결성식에 참여하고 최고위원에 선정되었다. 그는 위원장 장이욱, 부위원장 김팔봉·이관구, 고문 김창숙·장택상·김성숙·고희동·김준연·임영신, 최고위원 김병로·장이욱·백남훈 등과 전국적으로 조직을 확대한 후 강력한 공명선거운동과 자유당반대투쟁을 전개하기로 결의하였다.[9]

그런데 전진한의 공명선거추진위원회를 통한 활동은 여의치 않았다. 전진한은 1960년 3월 6일부터 14일까지 동위원회의 장택상, 이관구 등과 시내 효창공원과 동대문 등지에서 강연을 하려고 계획하였다. 그러나 정부의 강연장 사용 불허 등으로 효과를 제대로 거두기는 어려웠다.[10]

3·15 부정선거의 결과 대통령에 이승만, 부통령에 이기붕이 당선되자 전진한은 민주당 등 야권의 인사들과 함께 선거무효투쟁을 전개하였다. 3월 16일 민사당의 최고위원인 그는 민사당의 〈선거무효선언〉에 동참하였다. 그는 3·15선거는 '불법·무법·폭력에 의한 선거'였다고 하고, 이번 선거가 무효임을 거듭 강조하였다.[11]

또 그는 3·15선거의 부정에 저항하다가 순사한 사람들을 위해 '3·15민주수호순사자 합동위령제'를 개최하였다. 이 행사에는 민주당, 공명선거추진위원회, 민혁당, 반공투위, 민주사회당, 민총, 변협

등 재야 7개 단체의 대표가 참여하였다. 4월 8일 개최된 '3·15민주수호순사자합동위령제'에서 그는 민족주의민주사회당 대표의 제주(祭主)로 활동하였다.12)

4월 19일 서울을 비롯한 전국에서 발생한 학생 등의 부정선거 항의시위에 경찰이 발포하여 183명의 사망자와 6,259여 명의 부상자가 발생하자13), 전진한은 김병로 전대법원장을 비롯한 정치지도자 12인과 회합을 갖고 건의안을 작성하여 정부에 제출하였다. 전진한은 김병로·서상일·이인·이규갑·김성숙·이원혁·차재정·이관구·주석균·안정용·장택상·정화암과 김병로의 집에 모여 "① 비상계엄을 즉시 해제하라, ② 학생들의 희생을 이상 더 내지 말고 구속된 자를 즉시 석방하라, ③ 국민총의를 존중하라"는 결의를 하고 건의안을 작성하였다. 이 건의안은 이날 오후 3시 30분경 이인, 이규갑, 이관구의 세 대표에 의해 홍진기내무장관과 김광협국방장관에게 전달되었다.14)

2. 4·19혁명 직후의 혁신연맹과 한국사회당 결성 활동

4·19혁명 후인 4월 27일 허정 과도정부가 수립되자, 전진한은 안심하면서 원만한 국정 처리를 기대하였다. 그는 "얌전한 분들로 구성되었다. 비교적 수수하고 양심적인 인사들이니 착실히 할 것 같다."는 견해를 표명하였다.15)

그런데 허정 내각은 4월 23일 자유당정권에서 4·19혁명의 수습책으로 제기한 내각책임제 개헌안을 통과시켰다. 허정 내각은 여야의

의원과 협의하여 내각책임제 개헌안을 마련하고, 5월 5일 공청회, 5월 9일 개헌 요강 발표를 거쳐, 5월 11일 정헌주 위원장 외 174명의 이름으로 국회에 상정시켰다. 이 내각책임제 개헌안은 6월 10일 본회의에서 통과되고, 6월 15일 국무회의 의결을 거쳐 6월 16일 공포되었다.[16]

이처럼 내각책임제 개헌안의 마련 후 7월 29일 민의원 선거를 통해 정부를 수립하려는 계획이 추진되자, 전진한은 민주당에 맞서 정권을 획득하기 위하여 혁신적 군소정치세력과 '혁신구국연맹'(가칭)을 조직하려 하였다. 5월 초 민족주의민주사회당 전진한과 이 운동을 주도한 인사는 민족주의민주사회당의 김무진·김진환·박명서, 민족혁신당의 서상일·김철(선전부장)·김종원(총무부장)·박찬훈(재정부장), 독립노농당, 한독당, 반공투쟁위원회 인사 등 30여 명에 이르렀다.[17] 당시 혁신운동의 방향은 순수한 혁신정당의 결성, 연맹체의 구성, 비민주당·비자유당계를 망라한 보수정당 결성, 기성층을 배제한 혁신정당과 청년정당의 결성 등으로 다양하게 나타났다.[18]

혁신세력의 통합운동이 김병로를 중심으로 한 '혁신연맹(구국민족연맹)'과 김달호 등 진보당계 인사들을 중심으로 한 '혁신세력통일촉진회'로 분화될 때 전진한은 혁신연맹(구국민족연맹)의 편에 섰다.[19] 전진한은 1960년 5월 7일 김창숙, 김병로, 서상일, 장건상, 신숙, 이인, 조경한, 정화암, 유림 등과 함께 혁신연맹의 지도위원에 내정되었다.[20]

그런데 혁신세력은 1960년 5월 12일경 6개의 세력으로 분열되었을 때, 전진한이 참여한 혁신연맹은 처음의 주도권을 상실하고 세력이 약화되었다. 당시 혁신연맹은 민혁당, 민족주의민주사회당을 중심으로 각군 소정당의 중견층이 참여하였다. 이 외 5개의 세력은 김창숙·장건상·유림·조경한·권오돈 등의 혁신동지협의회(가칭), 서상일을 중심으로 윤길중·유병묵·이동화 등이 주도하는 국민대중혁신당(가칭), 한국혁신당 혹은 대중당, 민주사회당준비위원회, 사회대중당이었다.[21]

김달호 등 진보당계의 인사가 중심이 된 '혁신세력통일촉진회'의 인사들은 연맹체가 아닌 혁신정당의 설립을 추진하였다. 그리하여 구진보당계인 윤길중·박기출·김달호, 민족자주연맹의 송남헌·조헌식, 근로인민당의 김성숙·최근우·유병묵·유한종, 민주혁신당의 서상일·이동화, 민족주의민주사회당의 이훈구 등은 5월 12일 가칭 사회대중당을 발기하였다.[22] 혁신세력 통합운동을 전개하였던 세력의 다수가 사회대중당에 참여하였던 것이다.

이에 맞서 민족주의민주사회당의 전진한은 혁신연맹에 참여한 군소정당과 함께 '민족사회당'을 발기하려고 하였다. 전진한은 5월 16일 오후 시공관에서 국민당의 장건상, 근민당의 정화암, 민주사회당의 이단, 천도교 대표, 조민당 간부인 이인·한동혁, 전체신장관인 이광, 족청계 인물을 만나 빠른 시일 내에 '민족주의 혁신세력'의 집결체로서 '민족사회당'을 출범시키려고 하였다.[23] 그러나 이것은 뜻을 이루지 못하였다. 전진한은 '민족'을 강조하고 싶었지만, 다른 군소정당의 인사들은 '사회'를 선호하였던 것 같다.

민족주의민주사회당의 전진한은 군소 잔여정당의 인사와 '한국사회당'을 발기하였다. 전진한은 5월 18일 오후에 대려도(大麗都)에서 민주혁신당의 김성숙·우문, 전진보의 김병휘, 혁신연맹의 안정용, 이강훈 등 30여 명과 한국사회당 발기인대회를 가졌다. 그리고 5월

20일 오후 대려도에서 조헌식·김병휘·이승복·백남신·양우조·우문·안정용·김철 등 36명과 발기총회를 개최하였다.[24] 이때, 전진한은 구족청계 및 보수파 인사들을 가입시키지 않고 순수 민주사회주의 이념을 가진 혁신인사들로 한국사회당을 운영하려고 하였다.[25] 전진한은 한국사회당의 발기 취지문에서 "자유와 번영을 지향하는 민주적 사회주의 정당의 결성을 발기한다."고 하였다.[26]

한편, 한국사회당 발기위원장 전진한은 1960년 5월 29일 이승만이 부인 프란체스카 여사와 함께 호놀룰루로 망명하자 전진한은 자신의 소회를 밝혔다. 그는 "과거 자신이 이승만 박사와 함께 일을 하였기에 동정이 가는 측면도 없지 않으나 이 일은 이승만 박사가 자초한 일이다."라고 하였다.[27] 반민주적인 정치로 인해 해외로 쫓겨났지만, 그는 자기가 모신 이승만과 그 부인에게 각별한 동정을 표시하였다. 전진한은 이런 품성의 소유자였다.

한국사회당 발기위원장 전진한은 공산주의 색채를 띠는 인사에게는 단호한 태도를 보였다. 구국청년당의 발기대표인 고정훈(高貞勳)이 "현 국회는 개헌자격이 없으며 개헌 여부는 인민의 의사를 국민투표로 물은 후에 결정해야 한다."고 주장하여 공산주의자 혐의를 받아 구속되자, 전진한은 1960년 6월 4일 성명서를 발표하였다. 이 성명서에서 전진한은 "고정훈(高貞勳) 씨 구속을 계기로 반혁명세력규탄공동투쟁위원회에 동당이 참가한 것은 고씨의 구속이 혁신세력의 앞날의 발전을 위협하려는 보수세력의 정치적 압력이라고 간주한 까닭이요. 고씨가 주장하는 괴뢰집단과의 문화교류 및 공산당 합법화 운운 등 용공적 태도는 동당으로서는 이를 반민족적 행동으로 규정하고 철저히 배격한다."고 한국사회당의 입장을 밝혔다.[28]

1960년 6월 14일 전진한은 시내 시공관에서 전국대의원 915명 중 823명이 참석한 가운데 한국사회당 결성대회를 가졌다. 임시의장에 선임된 전진한은 오는 총선거에서 단일후보의 조정, 대보수세력공동전략 수립 등을 위해 '혁신세력선거연합전선'을 구성하고, 공산당을 비롯한 일체의 독재세력을 타도하여 민주정치를 수립하며 계획경제체제를 확립하여 복지국가를 건설한다는 요지의 강령과 선언을 발표하였다. 그리고 선거 시 사용할 선거강령 및 결성준비회 준칙 등을 채택하고, 유엔에 보내는 메시지, 과도정부에 보내는 메시지 등을 채택하였다.[29]

한국사회당의 강령은 다음과 같다.

◇강령(綱領)

▲ 한국사회당은 원자력우주시대가 우리에게 부과하는 사명을 깊이 자각하고 민주사회주의에 입각한 새역사의 창조에 선구자가 된다.

▲ 한국사회당은 공산당과 기타 일체의 독재세력을 타도하여 자유를 수호하고 품위있는 민주정치를 실현한다.

▲ 한국사회당은 계획적 경제체제로써 생산력을 가속적으로 높이고 독점 및 기타모든 형태의 착취를 폐지하여 현대적인 복지국가를 건설한다.

▲ 한국사회당은 현대 최대의 자원인 인간의 지능과 창조력을 배양개발하여 국가의 끝없는 발전과 민족의 영원한 번영을 뒷받침 한다.

▲ 한국사회당은 억압과 빈곤이 없는 사회의 기반위에 우방제국과의 긴밀한 제휴로써 민주적 조국통일의 주체가 된다.[30]

위와 같이 한국사회당은 민주사회주의를 정치이념으로 하였다. 그리고 공산당과 기타 일체의 독재세력을 타도하여 자유를 수호하고 품위 있는 민주정치를 지향하였으며, 계획적 경제체제로 생산력을 높이고 독점과 착취를 폐지하여 복지국가를 건설하고자 하였다. 또 한국사회당은 인간의 지능과 창조력을 배양개발하여 국가의 끝없는 발전과 민족의 영원한 번영을 이루려 하였다. 마지막으로 한국사회당은 억압과 빈곤이 없는 사회의 기반 하에 우방제국과 긴밀히 제휴하여 민주적 조국통일의 주체가 되고자 하였다.

1960년 6월 15일 한국사회당 결성준비위원회의 21전형위원회가 7인의 총무위원을 선출하였을 때, 전진한은 그중 한 사람으로 선정되었다. 전진한 외 다른 총무위원은 김성숙·성낙훈·양우조·우문·이강훈·김승벽이었다.[31] 김성숙은 해방 후 여운형과 근로인민당에서 활동하였고, 1950년대 중반 진보당에서 활동하였다. 성낙훈(成樂熏, 1911~1977)은 경남 함안 출신으로 한학을 공부한 경북대 철학과 교수였다. 양우조(楊宇朝, 1897~1964)는 평남 평양 출신으로 대한민국임시정부와 광복군에서 활동하였고, 귀국해서는 조선방직협회 이사, 대한여론협회 회장, 한중협회 이사 등으로 활동한 인물이었다. 우문(禹文, 1903~1980)은 경북 금릉 출신으로 동양외국어전문학교 부학장, 농림부장관 비서실장, 자유당 총무부장을 역임한 인물이었다. 그리고 이강훈(李康勳, 1903~2003)은 신민부와 한족총연합회에서 활동하였고, 1933년 남화한인청년연맹 산하 흑색공포단을 조직해 백정기와 주중일본공사를 암살하려다 체포되어 징역 15년을 받고 나가사키형무소에서 복역하였다. 그리고 해방 후 재일한국거류민단 부단장을 지내고 1960년경 귀국한 독립운동가였다.[32]

3. 5대 민의원 당선과 민정구락부 의원 활동

전진한은 1960년 7월 29일 있을 5대 민의원·초대 참의원 선거에서 선전하기 위하여 혁신동지총연맹, 사회대중당과 혁신세력단일후보를 내기로 결의하였다. 그리하여 부산 동구갑에서는 혁신총련의 장건상, 경기도 고양구에는 사회대중당의 김성숙을 혁신세력 단일후보로 공천하기로 하였다.[33] 그렇지만 한국사회당과 혁신동지총연맹은 연합전선론에 큰 기대를 걸었으나 단독으로 싸워도 이길 자신이 있었던 사회대중당의 적극적 참여가 없어 큰 성과를 거두지는 못하였다.[34]

전진한은 1960년 7월 29일의 민의원선거에서 한국사회당의 성동갑구 후보로 공천을 받았다.[35] 성동갑구에는 6명이 출마하였는데 전공명선거추진전국위원회 위원장을 지낸 흥사단의 장이욱, 민주당의 유성권, 한국사회당의 전진한이 삼파전을 벌일 것으로 예상되었다.[36]

1960년 7월 29일의 총선에서 전진한은 서울 종로갑구의 민의원 후보로 출마하였으나 민주공화당 신파의 유성권(劉聖權)에 져서 낙선하였다.[37] 거물급 낙선자로 거론된 대표적 인물이 그였다.

전진한은 1960년 8월 3일 오후 한국사회당을 탈당하고 "정당인 생활에서 물러난다."고 성명하였다. 전진한은 당분간 정치 일선에서 물러나서 노동운동과 농민운동의 준비에 힘쓰겠다고 말하였다. 그는 관념적인 혁신의 제창만으로는 혁신세력이 커갈 수 없으므로 앞날의 혁신을 위해 대중기반을 닦기로 결심하였다고 밝혔다. 현재 여러 갈래로 나뉘어 있는 대한노총, 노조협의회, 교원노조 등의 간부들이 자신의 노동운동 참여를 요청해왔다는 언급에서 그의 노동운동 참여가 예측되었다.[38]

그런데 윤보선이 대통령에 선출되어 10월 10일 종로갑구의 보궐선거가 생기자, 전진한은 출마하여 당선되었다. 1960년 9월 10일, 전진한은 박은혜(56세), 무소속의 김두한(42세)과 함께 후보등록을 하였다.[39] 전진한은 복덕방영감, 장사꾼 같은 50여 명의 서민과 선거운동을 하였다. 그의 말에 따르면, 별로 돈도 없어 300만 원 정도의 운동비를 썼다고 한다.[40] 자신을 빨갱이라고 공격하는 상대방 후보에게 자신은 "돈 있는 사람도 잘살고, 돈 없는 가난한 사람도 잘살아야 한다. 가난한 사람만 잘살자는 게 빨갱이지 나야 가난한 민족을 향상시키자는 민족주의자"라고 반박하였다.[41] 1960년 10월 10일 실시된 서울시 종로갑구의 보궐선거에서 전진한은 11,326표를 얻어 8,738표를 얻은 김두한을 누르고 당선되었다. 이는 민주당 신구파의 갈등에 대한 종로구민의 염증을 반영한 결과였다.[42]

제5대 민의원 당선 직후 전진한은 무소속에 속하였다. 10월 12일 오전 전진한은 민의원(民議院)에 의원 선서와 당선 인사를 하였다. 그는 첫날 회의에서 교섭단체등록을 당분간 보류하겠다고 의견을 밝혔다.[43] 1960년 10월 18일 민정구락부 소속의 송능운(宋能云), 송영선(宋泳선) 의원이 민주당(신파) 입당을 천명하였지만, 전진한은 조윤형(趙尹衡)과 함께 무소속으로 남았다.[44]

그런데 1960년 11월 1일 전진한은 민정구락부에 참여하였다. 민정구락부가 규정을 개정하여 정당적 성격을 강화하자 이에 참여하였던 것이다. 전진한은 장택상(張澤相), 김준연(金俊淵), 박제환(朴濟煥), 김시현(金始顯), 김석원(金錫源), 윤재근(尹在根) 등과 민정구락부의 고문으로 활동하였다.[45]

민정구락부 소속의 민의원 의원 전진한은 전국노동조합협의회와 대한노동조합총연맹 산하 산별노조의 통합에 참여하여 자신의 영향력을 확대하려 하였다. 전진한은 1960년 9월과 10월 민의원 유세 중에도 전(前) 노동단체지도자의 한 사람으로 규약개정공청회에 참석하여 "대동단결하여 굳게 뭉쳐야만 노동대중이 살아날 수 있으며 노동자의 권익을 옹호하고 건전한 노동운동을 이룩할 수 있다."고 통합을 강조한 바 있었다.46) 그는 1960년 11월 25·26일 전국노동조합협의회와 대한노동조합총연맹을 통합하여 한국노동조합연맹을 조직하고, 집단지도·단일지도·중앙운영위원회 체제 중 단일지도체제의 운영 방식을 마련하려 하였다. 그는 내심 한국노동조합연맹의 위원장이 되었으면 하는 바람이 있었다. 그러나 지도체제는 13명의 중앙위원회체제로 결정되고, 전진한은 위원에 포함되지 못하였다. 한국노동조합연맹이 김말룡을 의장, 이규철·성주갑·김정원을 부의장으로 선출하고 업무를 진행하자, 1960년 12월 전진한은 전국노동조합통합수습대책위원회를 조직하고 그 의장으로 활동하면서 정회된 대의원 대회를 속개하거나 통합대회를 다시 열어야 한다고 주장하기도 하였다.47)

전진한은 김말룡이 주도하는 한국노동조합연맹에 맞서서 한국노동조합협의회를 조직하였다. 한편 서유석을 중심으로 한 세력은 한국노동조합총협의회를 조직하고 활동하였다.48) 1960년 말에서 1961년 초, 전진한은 트로이카 체제의 한국노동단체의 한 축을 담당하고 있었다. 그런데 5·16군사정변 후인 1961년 8월 30일 한국노동조합총연맹으로 통합됨으로써49), 그는 노동조합운동에서 거리를 두었다.

한편 전진한은 1960년 1월 14일 개최된 민의원 본회의에서 장면 총리가 경제 개발을 위해 조급히 한일국교정상화를 하고 일본의 자본을 도입하는 것을 반대하였다. 그는 "우리는 우리의 경제기초가 어느 정도 확립된 다음에 외국의 협조를 얻어야할 것이다. 정부는 자유당 때 하던 독점자본가적 형태만 취하고 있다. 일본의 개인자본도입도 반대한다. 일본의 자본은 우리의 산업자본화 하여 영원히 경제적으로 일본에 예속될 가능성이 크다."고 주장하였다.[50]

제14장

박정희정권기의
정치 활동

1. 단일야당 창당운동과 민정당 창당

민주당의 구파인 윤보선, 유진산 등이 분당하여 1960년 12월 14일 신민당을 창당하자[1] 그는 표면적으로 이를 환영하였다. 1961년 2월 10일 신민당의 결당대회에 참석한 전진한은 신민당의 원내제일야당 발족을 축하하였다.[2]

그러나 내심으로, 그는 민주당과 신민당 외에 제3정당을 만들려는 정치적 욕망을 지녔다. 1961년 초, 그는 "사실 지금은 단군 이래의 최대 위기야. 보수정당에서는 한국이 통일 없이 남쪽만 가지고도 독립이 된 줄 알고 있고, 혁신세력이라는 사람들도 너무 통일에만 성급히 굴기 때문에 통일된 다음에 자주독립을 어떻게 유지하느냐 하는 문제는 전혀 생각도 안 해. 솔직히 말해서 외군이 철퇴하면 공산주의에 먹히고 마는 거야. 자유민주주의나 중립화 통일론을 금과옥조로 밀

고 있지만 그렇지도 않아."라고 자신의 속내를 넌지시 드러내었다.[3]

5월 10일경 전진한은 김기철(金基喆), 신민당의 서민호(徐珉濠) 등과 접촉하며 범국민적인 통일운동을 모색하고, 특정 정당에 소속되지 않은 인사들이 주도하는 조직체를 만들고자 하였다.[4]

그런데 1961년 5·16군사정변의 발생으로 정치적 상황은 완전히 뒤바뀌었다. 5·16정변을 주도하여 권력을 장악한 군부는 군사혁명위원회를 설치하고 비상계엄을 선포했다. 그리고 군사혁명위원회를 국가재건최고회의로 바꾸고 입법·사법·행정의 3권을 장악한 후 정당사회단체의 정치 활동을 금지하였다.[5]

전진한은 바둑과 불경으로 소일하거나 방문과 비정치 행사 참석의 형식으로 정치인을 만나 정국의 추이를 살폈다. 전진한은 1961년 10월, "정치에는 직업선수인데 그것을 안 할 수 있나"라며 제헌동지회 인사를 만났다.[6] 그리고 1962년 2월에는 '조병옥박사2주기추도식'에 참석하여 신민당의 장면·김도연·백남훈·유진산·이영준·서민호·조영규·정성태·박준규·권중돈·서범석, 민주당의 홍익표·조재천·정헌주·정일형·김선태·김상돈·김재순·조연하, 그리고 무소속의 장택상·김준연·이재형·이인 등의 인사를 만나기도 하였다.[7]

1962년 3월 16일 박정희정권이 '정치활동정화법'을 발표하여 기존의 정치권, 군부, 진보적인 인사와 학생지도자의 활동을 철저하게 규제하였을 때 전진한도 이에 포함되었다. 정치활동정화법은 적격심판을 청구하여 확정되지 않은 사람은 1968년 8월 15일까지 6년간 정치활동을 금지하였다. 이는 기존 정치인들의 활동을 철저하게 규제하며 향후 소위 '새 세대'라는 민주공화당 소속 정치인들의 부상을 노린 책략이었다. 이 규제에서 벗어나려면, 15일 이내에 적격심판을 청구

해야만 하였다.[8]

정치활동정화법에 대한 규제를 벗어나기 위해 적격심판을 청구한 전진한은 1962년 5월 30일 적격 판정을 받았다.[9] 2,958명이 적격심판을 청구하여 45%인 1,336명이 적격 판정을 받았는데, 그 기준은 혁명 과업 수행에 현저한 공헌이 있는 자, 국가 민족에 현저한 공로가 있는 자, 강요에 의하여 당해 행위를 한 것으로 인정되는 자 애매모호 하였다.[10] 군사정부에 대한 지지와 협력의 대가로 적격 판정을 받은 사람도 있었다. 전진한이 어떠한 경우에 해당되는지는 분명하지 않다. 전진한은 적격판정을 해준 것에 감개무량해 하고, 그렇지 못한 사람들에 섭섭해 하며, "정치 활동 허가시기까지의 공간을 이용하여 국민운동에 협조하고 싶다. 정치 활동이 허락되면 온 민족이 협동해서 잘 살아갈 수 있는 방향으로 노력하겠다."고 소회를 밝혔다.[11]

1962년 중반, 전진한은 박정희군사정권의 민정 이양을 기대하며 정치 활동의 기지개를 폈다. 전진한은 박정희군사정권이 민정에 정권을 이양하여 1963년 총선거가 실시된다면 출마하겠고, 정당 활동에 고립주의를 취한 과거와 달리 앞으로 민주주의적이고 혁명성을 띠는 정당이라면 참여하겠다고 하였다. 그리고 가난한 사람의 정치 참여를 위해 공탁금제도의 철폐를 주장하였다.[12]

1962년 11월 전진한은 정치 활동 제한 인사의 조속한 해금을 주장하였다. 그는 "원래 우리나라에는 인재가 많지 않기 때문에 많은 정치인들에게 정치 활동을 금지시키면 앞으로 정당 해나가기가 매우 어려울 것이다."라는 견해를 피력하였다.[13]

1962년 말 제3공화국의 출범과 관련된 개헌안이 공고되자 전진한은 자신의 견해를 밝혔다. 1962년 5·16군사정변의 기념식에서 민정

이양을 위한 헌법개정 문제가 발표되고, 7월 21일에 최고위원 9명, 전문위원 21명으로 '헌법심의위원회'를 발족한 후 헌법개헌안을 마련하여 11월 5일 공고되었다.[14) 이 공고안에 대해 전진한은 국민의 권리·의무를 구체적으로 제정한 것, 소급법 제정 금지 조항은 긍정적으로 평가하였다. 단원제, 대통령 법령을 공포하지 않을 때에 국회의장이 공포하도록 한 것, 국회의원의 엽관운동 및 이권운동 금지 조항, 국회에 탄핵소추권을 준 것 등도 찬성하였다. 그리고 협동조합 육성 조항은 대단히 진보적이어서 좋다고 하였다. 그렇지만 국회에 국무위원 해임권한을 주었으나 대통령이 묵살하면 그만이기에 국회의 불신임권과 국무총리 임명에 대한 인준권이 없는 것에 비판적 입장이었다. 그는 국회의 권한이 약화되고 대통령의 권한이 강화된 것에 부정적 견해를 가졌다.[15)

1962년 10월 박정희 의장의 민정참여 문제가 제기되자 전진한은 이를 비판하였다. 그는 최고위원들이 군복을 벗고 개인행동으로 나온다면 모르되, 그들이 결속해서 다음 민정의 주도권을 잡으려 한다든지, 과도적 민정을 하겠다는 목적의식을 갖고 행동한다면 그것은 혁명공약을 위반한 것이고, 내외의 반응도 좋지 못할 것이라고 하였다. 이에 덧붙여 전진한은 "박의장 개인을 위해 말한다면 일단 하야해서 당분간 쉬는 것이 좋겠다."고 말하였다.[16)

전진한은 1962년 12월 이후 정당법과 국회의원선거법 개정 및 민주공화당의 창당에 대응하여 단일야당 창당운동을 전개하였다. 개정된 정당법에서는, 중앙선거관리위원회에 등록되려면 정당은 131개 지역선거구 중에서 1/3 이상인 44개 이상의 지구당을 가져야 하며, 매 지구당은 50인 이상의 당원을 가져야 하였다. 그리고 개정된 국회의원선거법에 따르면 지역구 의원의 당선자수는 지역구 131명에, 정당별 비례대표위원 40명의 총 171명이었다. 그래서 거대 야당을 조직하는 것이 유리하였다. 게다가 5·16군사정변의 주도세력들은 김종필이 중심이 되어 1963년 1월 18일 민주공화당의 창당을 선언하였다.[17] 이에 대응하여 전진한은 1962년 12월부터 이인, 김병로와 협의하여 서울·부산·대구 등지에서 범야규합운동을 벌였다.[18]

1963년 1월 3일, 윤보선, 김병로, 이인과의 '4자회담'에서 전진한은 단일야당의 명칭을 '민정당'으로 하는 데 합의하였다. 그리고 민정당은 "기성정파연합이 아닌 개인자격 참여"로 한다는 결성 방침도 세웠다.[19] 그러나 전민주당계 인사들이 윤보선의 대통령 후보 추대를 반대함에 따라 대통령 후보 선정 문제는 합의되지 못하였다.[20]

박정희군사정권에 대한 투쟁의 방식 등에 있어서도 전진한은 구민주당계 인사들과 견해를 달리하였다. 전진한은 박정희군사정권이 대통령 및 국회의원의 조기선거를 표명하자, 전진한은 1963년 1월 7~9일 김병로, 김수한 등 민주당계 인사와 만나 의견을 조율한 후 1963년 1월 14일 오전 이인, 김법린과 박정희 의장을 방문하여 대통령 및 국회의원 선거의 7월 실시와 정치정화법 해당 구정치인의 전원 해금을 요청하였다. 그러나 이는 거부되었다.[21] 이 직후 전민주당 그룹은 '대여전면투쟁방침'과 최소한의 인원 배정과 대통령 후보 내정을 요구하였다. 이에 반해 전진한이 속한 민정당 추진 그룹은 한계 내에서의 시시비비의 점진적 투쟁을 시사하고, 정책수립, 세력배정, 대통령 후보 내정 등의 문제는 우선 범야단일정당을 발기하고 논의하자고 하였다.[22]

단일야당 결성안이 타결되지 않자, 전진한은 1963년 1월 16일 무소속계인 이인과 함께 자유당계 인물인 김법린·김종규를 만나 절충안을 협의하였다. 그 절충안은 ① 대통령을 미리 정하거나 6명의 대통령 후보 불출마 합의, ② 조직비율을 무소속 2, 각파 1로 하자는 안이었다.[23] 그러나 1월 17일 회담에서 전민주당 측이 6인의 대통령 후보 불출마를 제기하자 다시 협상이 결렬되었다.[24]

민정당 추진 과정에서 전신민당계가 독주하자, 전진한은 1963년 3월 2일 장택상, 김준연 등 99명과 '국민주권수련'을 결성하자고 발의하였다. 100명의 발기인이 모인 이 자리에서 전진한은 새로운 세대교체의 힘을 구축하며, 국민의 기본권 확장과 존엄성을 선양하고, 진부한 구세대에 대결한 신진세력의 진출과 범국민적 단합을 이룬다는 발기문을 채택하였다. 그리고 임시의장단으로 신현중·유연국·임기성·송광삼·김병돈을 선정하였다.[25] 전진한은 3월 3~4일 비신민계 지도위원인 이인·김법린·서정귀 등과 모임을 갖고 민정당의 조직 문제 등을 논의하였다.[26] 비신민계의 '15인위원회'의 한 사람인 전진한은, 전신민계가 대통령 후보 윤보선, 당수 김병로를 주장한 데 반하여, 대통령 후보 윤보선, 당수 이인 혹은 김병로의 안을 주장하였다.[27]

1963년 3월 16일 박정희 의장의 군정 연장 선언에 대해 전진한은 반대투쟁을 전개하였다. 3월 19일 민정당원을 대표하여 전진한은 3·16 성명이 철회될 때까지 극한투쟁을 할 것이라고 선언하였다. 그는 "우리 국민이 요구하는 것은 3·16 성명을 철회하고 당초 방침대로 민정 이양을 해주는 것이라고 강조하면서 구정치인 중 때 묻고 국민의 지탄을 받는 사람을 가려내는 것은 총선거를 통해 국민이 심판할 것이지 아무도 이것을 판정할 자격을 갖지 못하고 있다고 하였다. 이어 그는 극한 투쟁으로 '데모'를 진행할 수 있다고 강력히 항의하였다. 그는 3월 20일 저녁에는 40여 명의 정치인과 윤보선의 집에 찾아가 군정연장 반대 문제를 협의하였다.[28] 3월 21일 전진한은 안국동 윤보선의 집에서 "3·16성명의 철회를 주장하고 조속한 민정 이양을 촉구한다."는 구국선언문에 서명하였다. 이어 그는 윤보선, 김도연, 김영삼, 서범석, 유옥우 등과 종로 1가 파출소 앞에서 을지로 입구까지, 미대사관에서 시청 앞까지 이르는 거리 등지에서 데모를 벌었다. 심지어 그는 김도연·김영삼·서범석·유옥우·서정귀·정성태·김수선·김상흠·유청·송우범·황영재·윤병한·김춘호 등과 함께 체포되어 3월 22일 비상사태수습을 위한 임시조치법 위반으로 수도방위사령부 고등군법회의에 구속·송치되었다가 석방되었다.[29]

한편 박정희 의장과 민주공화당은 1963년 3월 말 과도정부수립안을 구상한 후 3월 27일 '시국수습회의'의 개최를 제안하였다. 과도정부수립안은 군정기간 2~3년 단축 가능, 최고회의 의원을 50~60명으로 충원하여 그중 2/3는 민간인에 배정(또는 민간인 50명, 군인 25명), 원로정치가와 사회명사와 고관들로 구성된 자문협의회 설치, 민정 이양 대책 연구기관 설치 등을 내용으로 하고 있었다.[30] 이는 결국 군정의 연장안이었다.

이러한 박정희 의장과 민주공화당의 제의에 대해, 전진한은 민정당의 지도위원으로서 재야정파의 지도자와 만나 군정연장반대운동을 강화해나갔다. 전진한은 3월 25일 김병로의 집에서 김병로·윤보선·허정·김도연·이범석·이인·백두진·박순천·김준연·정일형 등과 만나 시국수습회의의 불참을 촉구하고 군사정부에 예비회담을 요구하기로 결정하였다. 그리고 이것이 받아들이지 않자 민정당 및 신정당의 당원과 함께 3월 27일 시국수습회의에 불참하였다.[31]

국면의 타개책으로 박정희는 1963년 4월 8일 성명으로 "군정 연장을 위한 국민투표를 9월 말까지 보류하고 정치 활동을 다시 허용한다."고 발표하였다. 그리고 공화당은 당내 정국수습협의희 계열 인사들을 중심으로 범국민정당운동을 전개하는 한편 박정희의 공화당 대통령후보 지명 문제를 거론하였다. 그런데 박정희는 1963년 5월 말 공화당 대통령후보 지명을 받아들였다.[32]

군사정변세력의 민정을 통한 집권계획이 드러나자, 전진한은 군정연장반대투쟁기구의 민정당의 연락위원으로 재야지도자를 결집하여 군정연장 반대운동을 지속해 나갔다.[33] 그는 1963년 4월 15일 재야정치지도자인 김병로·김도연·김법린·김준연·박순천·백두진·윤보선·이범석·이인·정일형 등과 함께 군정 연장 반대 성명서를 발표하였다. 그 요지는 다음과 같다.

성명서 요지

군사혁명정부는 과거 2년간 민주헌법의 기능을 정지시키고 삼권을 수중에 장악하여 그 소신대로의 임의독재정치를 감행하여 왔으나 무모·무정견하고 조변석개하는 시책과 건설적인 비판을 용납할 줄 모르는 군사정부의 독선적인 결과는 오늘날 경제질서의 파탄과 전례 없는 참혹한 민생고를 가져오게 하였고, 소위 혁명주체세력 내부의 분열과 갈등은 정치적 혼란을 격화하였을 뿐만 아니라 마침내는 국토방위의 지대한 사명을 지닌 국군의 단결과 질서마저 약화시키고 말았다.

세칭 4대 의혹사건을 비롯한 허다한 부정의 초점은 군사정부의 부패상을 여지없이 드러내어 부패와 부정을 일소하겠다고 하던 당초의 혁명공약을 무색하게 하였다. 혁명정부는 그야말로 과거 어느 때의 정권보다도 무능하고 부패하였음으로써 자기들의 공약과 국민의 기대를 무참하게 유린하였다.

우리나라의 모든 국민은 2 · 27선서로 민정이양이 될 날을 오직 갈망고 대하는 마음에서 모든 것을 참아왔던 것이다. 그러나 2 · 27선서 후 불과 2주일이 지나지 않아 혁명정부는 또 다시 그 공약을 저버리고 군정연장을 강행하려는 횡포무관한 3 · 16성명을 표명하였으니 이로 말미암아 국내외에 준 충격은 이루 헤아릴 바 없었고 혁명정부가 기도하는 가공할 저의가 무엇인지 가히 알고도 남음이 있는 것이다.

국민의 여론이 강력하게 군정연장을 반대하자 군사정부는 또 다시 무모한 강압책을 써보았으나 이를 반대하는 국내외의 노도와 같은 집중공격은 드디어 4 · 8성명을 발표케 하였다.

소위 4 · 8성명이라는 것을 살펴보면 이는 2 · 27성명에 있는 8 · 15까지의 민정이양을 완료하겠다는 공약에 대한 부정이요, 더욱이 민정이양의 확약도, 집권욕망의 포기도, 국민투표의 철회도 아무것도 찾아볼 수 없으니 이는 또 하나의 기만적인 책략이요, 이 위험스러운 시기에 처한 국가에 혼란을 가하여 파국으로 몰아넣자는 저의 밖에는 다른 것이 없을 것이다.[34]

이는 3 · 16의 군정 연장, 4 · 8의 박정희 의장의 민정 참여 주장을 철회하고, 2 · 27 선언대로 8월 15일까지 민정 이양을 실천하라는 것이었다.

또 다른 한편 전진한은 4월 말 민정당의 창당을 서둘렀다. 전진한은 김법린, 서정귀와 정책과 현안과 지도체제와 대통령 후보 등에 대한 타협안을 마련하였다. 지도체제는 7인집단지도제로 하고 대표지도위원은 김병로, 나머지 6명의 지도위원은 무소속 2명, 신민당계 2명, 민주당계 1명, 자유당계 1명으로 배분하고, 대통령 후보는 윤보선으로 내정하였다.[35]

마침내 1963년 5월 14일 오전 9시경 민정당 창당대회가 시민회관에서 개최되었다. 이 자리에서 민정당의 당원들은 "진정한 자유민주주의에 입각한 새 시대 창조의 선구자가 될 것"을 다짐하였다. 그리고 980명 중 참석한 850명의 당원들은 만장일치로 윤보선을 대통령 후보로 선출하였다. 대표최고위원으로 김병로가 선출되었고, 전진한은 백남훈·김도연·이인·김법린·서정귀와 함께 최고위원으로 선정되었다.36) 민정당은 신민당, 자유당, 민주당과 무소속 출신으로 구성되었는데, 그는 무소속을 대표하는 최고의원으로 선정되었던 것이다.

민정당은 1) 헌법을 개정하여 대통령의 권한 축소, 국회의 권한 확대, 2) 국토보전개발과 사회적 간접자본의 충실, 3) 다각적인 사회보장제의 점진적 확대, 4) 유엔 감시하 인구비례에 의한 자유선거로 통일을 정강정책으로 하였다.37)

민정당의 최고위원 전진한은 1963년 5, 6월 군정연장을 막기 위해, 비군인 출신 대통령 단일후보의 성사, 여론의 환기, 여당의 실정 폭로 등의 활동을 전개하였다. 5월 25일 그는 민정당 최고위원인 이인, 김준연, 김법린과 함께 민정당 외에 공화당, 민주당, 신정당 등 여야인사를 만나 박정희 의장의 출마를 저지하고 순수한 민간인으로 1년 임기의 대통령 단일후보를 세우려 하였다.38) 그리고 그는 5월 27일 박정희가 공화당의 대통령 후보로 선출된 다음날인 5월 28일 군정연장반대전국투쟁위원회 의장단의 한 사람으로 박정희 의장이 출마할 경우 선거관리내각을 구성하라고 촉구하였다.39) 5월 31일 동국대학교 법정대학의 정치현실문제강연회에서는 〈평화적 정권교체와 우리의 각오〉라는 주제로 강연하였고40), 5월 27일에는 정치자금을 마련하려고 획책한 증권파동, 워커힐사건, 새나라사건, 빠찡코사건 등 4대의혹사건, 김종필·오종근의 외유 문제 등 여당의 실정을 공격하였다.41) 6월 12일 전진한은 군정연장반대투쟁위원회 의장단의 한 사람으로 재야세력과 군정연장반대투쟁을 전개하였다.42) 그의 활동의 결과, 민정당에서는 각 정당 연합을 위해 1963년 6월 20일 정권 확보 시 각 정당 연합에 의한 거국내각 구성, 대통령 및 국회의원 임기를 1년 또는 2년으로 함, 헌법 개정 및 공정선거와 건전한 정당정치 구현을 위한 관계법 개정의 단행 등의 내용을 선거공약으로 내세우기로 합의하였다.[43]

민정당 최고위원 전진한은 6월 27일 아침 허정 신정당준비위원장을 만나 단일야당의 결성에 합의하고, 우선 민정당과 신정당의 통합부터 추진하기로 하였다. 전진한은 허정과 만난 자리에서 "① 야당통합은 박의장의 출마의사를 꺾을 힘을 만든다. ② 박의장이 출마하는 경우 연합전선으로서는 야측이 이기기 곤란하다. ③ 야측이 이기는 경우에도 한 데 통합되지 않으면 안정세력 구축이 어렵다. ④ 현 난국수습을 위해서도 필요하다." 등의 취지를 들어 단일야당을 추진하기로 하였다. 그런데 민정당과 신정당의 주도 문제에 있어서는 "이미 창당을 끝낸 유일한 야당인 민정당의 기득권을 최대한 이용해야 할 것이다."라는 입장을 취하였다.[44]

민정당 최고위원으로 신정당 측과의 통합을 추진하던 전진한은 1963년 6월 29일 아침 야당 통합의 방법론으로 '선통합 후요직안배'의 방법론을 제시하였다. 그러면서 그는 창당을 치르고 등록을 마친 유일한 야당인 민정당의 기득권을 활용하기를 희망한다고 하였다.[45]

민정당의 최고위원으로 야당통합추진위원장(전 군정연장반대투쟁기구 민정당 연락위원)인 전진한은 7월 11일 아침 허정 신정당준비위원장을 만났다. 그 자리에서 전진한은 야당을 통합하기로 한 종래의 방침을 다시 확인하고, 민주당과 정민회(正民會)에게도 통합에 응하라고 설득하기로 하였다. 이것은 허정의 신정당과 민우당의 통합 후 민정당과 연합하려는 문제를 막기 위한 것이었다.[46] 민정당 최고위원 전진한은 최고위원 이인과 함께 12일 오전 민우당 고문 이범석과 이윤영을 각각 그의 자택으로 찾아가 야당 통합을 적극 추진하기로 하였다.[47] 7월 12일 아침에는 민우당의 고문 이범석을 만났다.[48]

7월 12일경 전진한은 민정당의 유진산과 이인, 민주당의 이춘기(李春基), 민우당의 이윤영(李允榮) 등의 중진과 "대의를 위한 국회의원 출마 포기운동"을 벌이기로 하였다. 그는 7월 12일 오후 국회의원 출마포기를 언급하였다.[49]

전진한은 7월 13일 이인과 함께 민주당의 정일형을 만나 야당 통합에 대하여 협의하였다.[50] 민정당의 야당통합추진위원장인 전진한은 7월 7일 정민회(正民會)의 변영태위원장과 민우당의 신태악 기획위 의장을 만났다.[51] 이처럼 전진한은 통합야당인 '국민의당'을 결성하기 위해 헌신의 노력을 하였다.

1963년 8월 2일 오후 전진한은 국민의당 지도위원으로 추가로 선정되었다.[52] 국민의당에서는 1963년 8월 5일부터 9일까지 전국 약 131개지구당 중에서 34개지구당의 조직책을 선정하였다. 그 지구당은 민정당 19, 신정당 6, 민우당 5, 무소속 5명으로 하였는데, 전진한은 종로구지구당 책임자로 내정되었다.[53]

1963년 8월 19일 전진한은 민정당 최고위원으로서 신정당 위원장 허정을 만나 '국민의당'이 잘 되도록 하기 위해서는 첫째 지구당 조직책을 각 정파에 한 사람씩 내어 집단지도제로 하고, 민정당의 등록을 이용해야 한다고 제의하였다. 그러나 이러한 전진한의 제의에 대하여 허정은 명확한 반응을 나타내지 않았다.[54] 8월 24일 전진한 민정당 최고위원은 민정당의 기획위부의장인 김수선(金壽善)과 다시금

이러한 요구를 신정당위원장 허정에게 전달하였으나 허정은 거부하였다.[55]

민정당은 8월 24일 오전 '국민의당' 60개 지구당의 신임장을 주면서 본격적으로 지구당 조직에 착수하였다.[56] 이는 신정당으로 하여금 '국민의당'에 당 차원으로 참여하라는 일종의 압력이었다. 그런데 신정당 측에서 민정당의 요구를 받아들이지 않아, 결국 통합은 결렬되었다. 결렬의 주요한 원인은 아직 공식적으로 창당되지 않은 신정당 당원의 등록을 민정당을 이용하여 등록하자는 것도 있었지만 보다 큰 원인은 지구당의 당권에 대한 양보였다. 신정당 측에서는 7월 17일 민정당 측에서 50지구당을 비워주기로 했으나 행하지 않았다고 주장하였다.[57]

8월 26일경 민정당 주류파의 한 사람인 전진한은 유진산(柳珍山)과 함께 민정당, 신정당, 민우당을 합하여 통합야당인 '국민의당'을 결성하려고 하였다. 그러나 신정당의 참여가 소기의 성과를 거두지 못하자, 김도연은 민정당을 고수하는 쪽으로 입장을 선회하였다.[58]

2. 제5대 대선의 민정당 선거사무장 활동

통합야당인 국민의당 결성이 실패로 돌아가자, 전진한은 1963년 10월 15일에 있을 제5대 대선의 승리를 위해 야당 대통령 후보의 단일화 운동을 전개하였다. 8월 28일 전진한은 오후 3시부터 이윤영의 집에서 회의를 가졌다. 그는 박의장을 이길 수 있는 사람을 물망자에 국한하지 말고 폭넓게 찾아보자고 주장하였다. 그리고 8월 28일의 민

정당 전당대회에서 자금력이 있고, 군정과 싸울 투지가 있는 사람으로 선정하자는 데 합의하였다.[59]

8월 29일에서 31일, 전진한은 야당의 단일후보를 마련하기 위한 활동을 하였다. 8월 29일 전진한은 남산동의 외교구락부에서 대통령 후보 단일화를 위한 원칙을 마련하고, 다음날 이윤영, 장택상, 정일형 등의 조정위원과 허정·김도연·김병로를 찾아가 입후보 경합을 조정하였다.[60] 그리고 8월 31일에는 오후 자하문 밖 박충식(朴忠植)의 집에서 열린 야당 단일대통령 후보 사전 조정회의에 참석하였다. 이 회의에서 신정당, 민우당, 민주당의 대표들은 '국민의당' 대표로 유력한 허정과 김도연 가운데 한 사람을 정할 수 있으리라 생각하였다. 그러나 민정당의 대표인 전진한과 이인은 사전에 조정하기 어려울 뿐만 아니라 된다고 하더라도 '국민의당'에게 강요할 수는 없다는 입장을 취하였다.[61]

전진한은 9월 3일 야당의 대선후보 단일화를 위해 민주당 당사에서 개최된 회의에 참석하여 허정을 후보로 결정하였다. 당시 야당협의회 대표로는 정일형·조재천·정헌주(민주당), 김종규(민정당), 손원일·박세경(신정당), 안호상(민우당)이 참석하였다. 전진한은 이인과 함께 민정당 소속의 정치지도자연석회의 대표로 참석하였다. 정일형(민주), 장택상(자유당), 이윤영(무소속)은 정치지도자연석회의 대표로 참석하였다.[62]

갖은 어려움에도 전진한은 야당세력의 통합을 이끌어내어 '국민의당' 창당 선언을 도출해 내었다. 1963년 9월 5일 서울의 시민회관에서 창당전국대의원대회를 개최함으로써 '국민의당' 창당 선언이 도출되었다. 이날 대회에는 전국 812명의 대의원 중에서 803명이 참석하였다. 이 창당대회에서 국민의당은 "군정을 실질적으로 종결시켜 헌정의 상도(常道)에 귀일하여 안정된 정치세력의 구축으로 참된 민주정치의 정상적 발전을 이룩하겠다."고 선언하였다. 김병로 수석대표위원의 개회 선언에 이어 유진산·이상철·신태악 등 임시집행부에 의해 진행된 이 대회에서 김병로·허정·이범석·김도연·이인 5명의 대표위원을 선정하였다. 다만 오전 11시 10분경 대통령 후보 선정문제로 소란·폭언·난동이 벌어졌다. 윤보선을 후보로 정하려는 민정당 측에서는 세의 우세를 믿고 민주방식으로 투표로 결정하자고 하였고, 신정당 측에서는 사전조정을 하여 허정 혹은 김병로를 밀려고 하였다. 이러한 복심 때문에 회의가 진행되지 못하자 유진산은 9월 6일 오전 8시까지 산회를 선언하였다.[63]

국민의당의 김도연을 제외한 김병로, 허정, 이범석, 이인 등 4명의 최고위원은 1963년 9월 8일 밤 신정당, 민우당, 무소속, 민정당 중 비신민계 의원의 뒷받침 아래 당 등록 강행이라는 강경책을 추진하였다. 8일 밤 최고위원회의를 거쳐, 9일 오전에 열린 중앙집행위원회에서 당 등록을 강행하기로 결정하였다. 그리고 9일 오후 상임위원회, 10일 오전 간부진 구성, 10일 오후 등록 접수의 시간계획을 수립하였다. 그러나 민정당 측의 의원들은 이 결정이 날치기이므로 민정당은 참여할 수 없다고 항의하였다.[64]

대통령 후보 문제로 '국민의당'의 창당 실현이 어려워지자 민정당 고수파는 1963년 9월 12일 시민회관에서 전당대회를 개최하였다. 9월 12일 오전 10시 1,095명 중 556명이 참석한 가운데 열린 이 대회에서 전진한은 백남훈, 서정귀와 함께 최고위원에 선정되었다. 나용균과 신각휴도 최고위원으로 보선되었다. 김병로의 사퇴는 수리되었고, 김

도연의 탈당계는 반환되었다.[65]

1963년 9월 12일 오전 10시 시민회관에서 열린 임시전당대회에서 윤보선이 민정당의 당수 겸 대통령 후보로 지명되었다. 윤보선은 5월 14일 민정당의 창당대회에서 대통령 후보로 선정되었으나, 7월 초순 국민의당 결성을 위해 그 지명을 사퇴한 바 있었다. 그런데 국민의당이 만들어지지 못하자 조한백이 윤보선의 대통령 후보 재지명을 주장하여 채택된 것이다.[66]

1963년 9월 17일 오전 민정당 대통령 후보 윤보선의 집에서 열린 확대간부회의에서 전진한은 대통령 선거사무장에 내정되었다. 차장에는 김의택(金義澤), 정해영(鄭海永), 김기삼(金冀三)이 내정되었다.[67]

9월 18일 민정당 선거사무장직을 수락한 전진한은 "야당통합이라는 시험에는 낙제하였지만 군정종식을 바라는 국민의 올바른 주권행사를 위해 사실상 단일후보를 내고 싶다."고 말하였다. 그리고 50만 당원을 가진 민정당이 재야세력의 주력부대와 민주투쟁용사의 집결체이므로 윤보선을 대통령 후보로 추대하자고 하였다.[68]

그리고 "정치인들이 실패한 단일대통령 후보 문제를 국민에게 호소하여 국민의 힘으로 이를 성취하도록 노력하겠다."고 말하고 "선거운동이 진행되는 동안 민심의 동향과 국민여론이 파악되면 이에 입각해서 단일후보가 되도록 국민들도 협조해줘야 할 것"이라고 말하였다. 그리고 그는 "현재 윤보선이 가장 많은 국민의 지지를 받으리라고 확신하지만 선거운동 기간 여론이 다른 사람을 지지한다면 윤보선의 양보를 권고할 수 있다."고 말하였다.[69] 원론적인 입장을 말하였지만, 결국 그는 윤보선으로의 야당후보 단일화를 지지하고 있었다.

전진한은 1963년 9월 19일 오전 선거관리위원회에 1963년 10월 15일 제5대 대통령선거의 민정당 윤보선 대통령 후보 사무장임을 신고하였다. 당시 그와 함께 활동한 민정당의 제5대 대선 회계 책임자는 김현기였다.[70] 참모진은 역전의 용사인 나용균최고위원, 유홍 서울시당위원장, 국민의당 합류파인 서범석 선거대책위원장, 김의택 총무부장, 재정참모인 정해영 선대위 차장 등으로 구성되어 있었다. 그러나 선거를 치를 자금과 장비가 공화당에 비하여 턱없이 부족하였다. 공화당은 사무당원 90명, 정치당원 200명이 에비슨회관성의 160평 선거사무실에서 선거운동을 지원하는 반면에 민정당은 25명의 사무당원과 50~60명의 정치당원이 전세로 얻은 다방 3층의 판벽사무실에서 선거를 지원하고 있는 형편이었다.[71]

전진한은 윤보선의 첫 유세를 9월 21일 낮 2시 목포역전 광장으로 잡았다. 윤보선의 목포 유세를 위하여 사무장인 자신 외에 중앙상위의장 윤제술, 기획의원 이상돈, 대변인 이충화 · 이정래, 전남도당위원장 등 당간부, 수 명의 비서 및 개인 경호원, 주치의, 참모 등 15명으로 유세지원반을 편성하였다. 정부 경호원 6명은 절차 미비로 지원받지 못하였다. 9월 20일 밤 전진한은 당원 300명의 배웅을 받으면서 윤보선 등 일행과 서울을 떠났다.[72]

9월 21일 오전 목포에서 열린 첫 유세에서 윤보선은 "이 나라에 새 질서를 확립하기 위하여 기아, 부패, 실업, 불법, 분열이간 등의 5악을 제거해야 한다."고 그의 기호5번을 암시하는 다섯 손가락을 펼쳐 보이며 역설하였다. 그리고 윤보선은 선거공약으로 난국타개를 위한 거국내각의 실현, 군의 정치적 중립, 정치보복의 금지, 식량난 해결, 경제부흥의 조속한 실현을 제시하였다. 이러한 윤보선의 연설에 뒤

이어 선거사무장인 전진한은 중앙상무위원장 윤제술(尹濟述), 기획위원 이상돈 등과 함께 연사로 나서 군사정부의 실정을 규탄하고 군정종식과 윤보선 지지를 호소했다.[73]

9월 22일 오전에는 광주시 서중 교정에서 윤보선의 2차 선거유세를 준비하였다. 그는 광주경찰서정보계장이 녹음하고 있는 사실을 알고 녹음을 중단시키기도 하였다. 그리고 민정당원과 경찰의 말다툼을 말리기도 하였다.[74]

9월 25일에는 오전 10시 반부터 이리역전 광장에서 열린 윤보선의 유세를 지원하였다. 1만 명이 참가한 가운데 열린 선거유세에서 윤보선은 "자유민주주의만이 우리의 살길이라고 강조하고 박의장의 민주주의에 대한 신봉 여부를 의심한다."고 연설하였다. 그리고 전진한은 지원 연설에서 "야당단일후보 옹립에 형식적으로 실패하였으나 국민의당 창당대회 때 신정당 측이 표결을 방해하지 않았다면 윤보선이 절대다수의 지지를 받아 대통령 후보에 선정될 수 있었을 것이다. 그리고 국민의당 10인위원회에서도 윤보선을 만장일치로 대통령 후보로 천거한 일이 있으므로 사실상 윤보선이 단일후보임에 틀림없다."고 하면서 윤보선 지지를 호소하였다.[75]

9월 25일 선거전이 상호비방과 고소, 유세 내용 녹음으로 인한 충돌로 격화되는 가운데 민정당 사무장인 전진한은 이날 오후 "정계는 심상치 않은 방향으로 움직이고 있다고 말하면서 여당이고, 야당이고 민심을 역행하는 사태를 낳게 해서는 안 될 것"이라고 의미 있는 말을 하였다.[76]

9월 25일 대전 강연회에서 전진한은 연단에서 "나는 야당통합에 실패한 죄인입니다. 내가 죄인이라면 허정 씨는 공범입니다." 등의 말로 국민의당 실패 경위를 말하고 윤보선이 국민의 가장 많은 지지를 받는 야당단일후보라고 역설하였다. 그리고 자신은 노동운동의 선구자라고 밝혔다. 이에 청중으로부터 꽃다발을 받자, 이번 대통령은 윤보선이고 다음 대통령은 자신이라는 조크를 하기도 하였다.[77]

유세 지원 연설에서 "전진한은 왜 군정을 종식시켜야 하는가?"라는 주제로 말하였다. 그는 "정책의 실패도 실패지만 박정희에게 나라를 맡길 수 없는 것은 사상이 두려워서이다. 러셀과 히틀러를 찬양하는 사람을 어떻게 믿으랴. 또 박정희는 자신이 민족주의자 운운하지만 그는 감상적 민족주의자일 뿐이다. 자유진영과의 유대 없인 민족주체세력을 세울 수 없다. 박정희는 이를 사대사상이라 하고 있으니 이는 곧 반미주의로 가는 길이요. 소련과 이북 공산당의 세력이 우리나라에까지 밀려들게 하는 결과를 만들지 않겠는가. 유대를 사대라 한다면 소련과 연락해서 공산주의를 끌어들이는 것이 아니냐는 의심이 된다. 박정희에게 정권을 맡긴다면 이 나라의 운명이 어떻게 될 것인가? 실로 예측할 수 없다."고 말하였다.[78]

1963년 10월 2일 오후 2시 30분 국민의당 허정 대통령 후보가 사퇴를 발표하였다. 이에 전진한은 신태악 등과 오후 4시 30분경 윤보선과 협의를 하였다. 그리하여 허정의 사퇴에 대하여 민정당은 공식성명으로 그 용기 있는 결단을 찬양하였다.[79]

1963년 10월 3일 전진한은 『경향신문』을 인사차 방문하였다.[80] 이는 윤보선에 대한 지지를 얻기 위한 행동이었다.

10월 5일 민정당 서울강연회에서 전진한은 윤보선 대통령 후보 지지 연설을 다음과 같이 하였다. "박씨의 사상을 믿을 수 없다. 남북통일은커녕 현상유지를 위해서도 미국의 힘을 의지하지 않을 수 없는

데 미국과 손잡고 싸우겠다는 사람을 사대주의자라 비난하니 그는 누구와 손을 잡겠다는 말인가. 박씨는 또 국제적으로도 신의를 상실했기 때문에 대통령 될 자격이 없다. 평화적 정권교체의 전통을 확립키 위해서도 폭력에 의한 정권탈취를 말살해야 한다."[81]

10월 10일 오후에는 김사만(金思萬)과 함께 경북 영주읍 소재 영보극장 앞에서 윤보선 지지연설을 하였다. 이날 연설에서 김사만은 10월 9일에 박정희가 한 연설은 빨갱이가 많은 부산·대구에서 표를 얻기 위한 수작이라고 맹렬히 비난하였다.[82] 이 연설에 전진한은 얼굴이 새파랗게 질렸다. 왜냐하면 영남지역 유권자의 역풍이 우려되었기 때문이다.[83]

1963년 10월 12일 전진한은 민주공화당으로부터 음해를 받았다. 민주공화당에서는 전진한이 노농당 당수로 있을 때 북한에 남파한 간첩 김용환과 접선한 혐의를 받았다고 비난함으로써[84] 윤보선을 흠집내려고 하였다. 그럼에도 불구하고 전진한은 10월 13일 오후 3시부터 서울 돈암국민학교 교정에서 개최된 대통령후보연설회에 참석하여 찬조연설을 하였다.[85]

이러한 전진한의 헌신적인 민정당의 선거사무장 활동에도 불구하고 윤보선은 제5대 대선에서 낙선하였다. 당시 우리나라 총 인구수는 26,278,025명이었고, 유권자수는 12,985,015명, 투표자는 유권자의 85%인 11,036,175명에 달하였다. 박정희 후보는 총 유효투표의 46.65%인 4,702,642표를 얻었고, 윤보선 후보는 45.1%인 4,546,614표를 얻었다.[86] 박정희의 '가난한 농부'와 윤보선의 '지주와 귀족' 프레임이 효과를 보았고, 전진한과 윤보선이 경상도와 전라도에서 박정희의 공산주의 경력을 제기한 것이 역효과를 내었다고 한다.[87]

1963년 10월 23일 전진한은 민정당의 국회의원 공천심의위원회에서 11월 26일 제6대 국회의원 민의원 선거에서 민정당의 종로구 후보로 공천을 받았다.[88] 서울의 중심 종로구에 최고위원으로 5대 민의원의 관록을 지낸 전진한을 특별 공천하였던 것이다. 종로구에 출마하려던 허정은 포기하였고, 공화당에서는 여운홍을 공천하였다. 그리고 자민당에서는 시의원을 지낸 박수형, 민주당에서는 이론가인 신상초, 국민의당에서는 관료 출신인 국민의당 장기영 등이 출마하였다.[89] 전진한은 1, 2, 3, 5대 민의원과 민정당 최고위원을 지낸 장점이 있지만 신상초는 4·19혁명과 5·16군사정변 이후에 점점 높아지는 세대교체에 걸맞은 중견정객이란 점에서 자웅을 겨룰 만하였다.[90]

전진한은 자신의 지역구뿐만 아니라 민정당원의 당선을 위해 서범석과 함께 11월 9일부터 경기도 각지를 순회강연하였다.[91] 그는 11월 20일부터 부여, 김제, 금산 등 주체세력이 우세한 지역을 순회 유세하였다.[92]

전진한은 11월 14일 박정희의 "정국안정이 안 되는 경우 후진국은 경제안정이 안되어 결국 쿠데타를 초래한다."는 13일의 삼천포 발언에 대해서 "공화당을 장기집권 시켜 달라는 기만적인 망발이라고 맹렬하게 비난하였다. 그는 "박정희의 말은 공화당이 과반수의 의석을 얻지 못할 경우 쿠데타를 일으키겠다는 말인가? 공화당 후보에게 표를 찍어야만 국가와 민족을 위한다는 근거는 무엇인가. 박정희는 그의 직권을 남용하고 있으며 특히 공화당의 폭정을 합법화하고 장기집권하게 해 달라는 기만적인 망발이라고 비판하였다.[93]

3. 제6대 민의원 활동

1963년 11월 26일 있은 제6대 민의원 선거에서 민정당의 종로구 후보로 출마한 전진한은 당선되었다. 6,698표를 얻은 전진한은 2,803표를 획득한 공화당의 여운홍, 2,518표를 얻은 민주당의 신상초를 무난하게 따돌렸다.[94] 그러나 전진한이 소속된 민정당은 참패를 하였다. 공화당은 33.5퍼센트 득표를 했으나 지역구 131석 중 88석, 전국구 22석 총 110석을 차지하였다. 민정당은 지역구 27석 전국구 14석 총 41석을 차지하는데 불과하였다.[95]

6대 국회에서 전진한은 부의장에 출마하였다. 그런데 12월 17일 국회에서 그는 겨우 2표를 얻어 부의장은 128표를 얻은 공화당의 이효상에게 돌아갔다.[96] 12월 21일 그는 보사부의 상임위원에 선임되었다.[97]

제6대 국회의 보사부 상임위원인 전진한은 근로자의 기본권을 지키기 위한 노동법의 개정과 발의 등을 위하여 활동하였다. 1964년 1월 8일 한국노총 간부와 전국산별 노조대표 등이 '위헌노동법반대투쟁위원회'를 조직하고 근로자의 기본권을 침해하는 노동관계 3법과 정부관리기업체 직원의 보수에 관한 법률의 수정 및 폐지를 요구하는 청원서의 제출에 관여하였다. 그는 공화당의 예춘호 등 5명 및 야당의원 5명과 이 법안의 제출에 대해 협의하였다. 당시 제출된 수정 요구 법안은 노동조합법 12조 · 20조 · 30조, 노동쟁의법 2조 · 3조 · 4조1항 · 13조 · 16조 · 38조, 노동위원회법 6조12항 · 7조2항 · 20조 등이었다. 그리고 폐지법안은 「정부관리기업체 직원 보수에 관한 법률」이었다.[98] 전진한은 1월 9일 보사위원회에서 예춘호 등 공화당 의원 9명 및 1명의 민정당 의원과 심의하여 「정부관리기업체 직원의 보수

에 관한 법률」은 폐지하고, 노동삼법은 대체로 노동자 측 요구를 들어주기로 합의하였다.[99]

1964년 3월 전진한은 한일국교정상화 문제와 관련하여 대통령 및 공화당 당직자를 만나 협조를 부탁받았다. 1964년 3월 3일 밤 저녁 민정당 최고위원인 전진한은 최고위원인 정해양과 유성의 만년장 호텔에서 이춘 청와대비서실장, 엄내무 이만섭 의원, 대통령 주치의 지 박사, 박종규 경호실장과 술자리를 가졌다. 다음날인 1964년 3월 4일 아침 민정당 최고위원인 전진한은 같은 당 최고위원인 정해양, 공화당의 이만섭 의원과 유성 만년장에서 박정희 대통령을 만나 약 30분간 환담을 나누었다. 이는 민생고 해결을 위한 야당 측의 협조라고 알려지기도 하였다.[100] 그런데 이후락 비서실장의 말에 의하면, 이것은 한일회담과 관련해서 여야협조를 얻기 위한 모임이었다고 한다.[101]

그런데 한일국교정상화 문제가 대두되자, 전진한은 민정당의 최고위원으로 민정당, 민주당, 자민당, 국민의당 등 야당과 종교·문화단체 및 저명인사 200여 명과 '대일굴욕외교반대범국민투쟁위원회'를 조직하고 「시국선언」과 함께 대여투쟁을 전개하였다. 3월 9일 오후 2시 전진한은 이들과 종로예식장에 모여 윤보선 민정당 대표최고위원의 구국선언문 낭독, 박순천 민주당 총재의 경고문 낭독 행사를 갖고 '범국민투위'를 조직하였다. 시국선언문에서는 ① 박정권은 한일회담을 즉시 중지할 것 ② 대대로 한국에 해를 끼쳐온 일본의 반성을 촉구하고 ③ 삼천만의 생명선인 평화선을 수호하기 위해 온 국민의 궐기를 호소했다. 그리고 경고문에서는 일본의 대한정책도 무례하고 야심적인 세계평화에 대한 이중적 거역이라고 비난하고, 박정희 정권에 평화선을 수호하고 합리적인 청구권을 규정한 야당 측 대안을 그대로 받아들일 것 등을 주장하였다. 전진한은 당 영수급 등 30명으로 구성된 지도위 산하의 의장단에 소속되어 신각휴, 서민호, 정일형 외 1명과 함께 활동하였다.[102)

3월 10일 범국민투위의 지도위원 47명을 발표하였는데 전진한은 의장 윤보선, 부의장 신숙·신각휴·이상철·정일형·서민호, 밑의 위원 중 한 사람이었다. 다만 전진한은 상임집행위원회나 총무·재정·섭외·동원·선전위원회에 소속되어 활동하지는 않았다.[103) '범국민투위'는 15일부터 21일까지 영남반과 호남반으로 나누어 유세 활동을 벌였는데 전진한도 연사진의 일원으로 참여하였다.[104)

1964년 6월 전진한은 '비상계엄해제결의안'을 통과시키는 데 참여하였다. 6월 16일 상정된 이 안은 전진한 등 139명 중 야당의원 55명이 찬성하고, 여당의원은 의사표시를 하지 않아, 찬성 55표로 통과되었다.[105)

그런데 1964년 7월 28일 이효상 국회의장 초청 모임에서 민정당의 대표인 전진한 의원과 이영준 의원이 장경순·나용균 국회부의장, 공화당의 정구영·백남억 의원, 삼민회(민주당, 자민당, 국민당의 연합교섭단체)의 김도연·이상철·최희송 의원과 비상계엄 해제 후의 여야협조문제에 대해 이야기를 나누었다고 한다.[106) 이 여야협조문제는 8월 2일 통과된 언론윤리위원회법(삼민회의 수정안)과 관련된 것으로 보인다. 언론규제적 성격을 지닌 언론윤리위원회법 수정안의 의결 당시, 공화당 김진만 의원이 민정당 유진산과 귓속말로 협의하였고, 윤보선을 포함한 전체 민정당 의원들이 퇴장한 가운데 통과된 일이 있었기 때문이다.[107)

전진한은 1964년 8월 윤보선이 당권의 장악을 위해 언론윤리위원회법 통과 등을 문제 삼아 유진산을 제명하려 하였을 때[108] 유진산을 두둔하였다. 1964년 8월 20일 전진한은 민정당의 당내 내분에 대한 책임을 지고 최고위원직을 사퇴하였다.[109] 전진한은 9월 12일부터 10월 2일까지 유진산 의원의 제명에 반대의사를 표명하였다.[110] 그리고 10월 8일 민정당의 회의에서 전진한은 당은 윤보선 대표최고위원 중심으로 결속하고 유진산 의원 제명만은 백지화하자고 주장하였다. 그러나 유진산 제명 여부를 비밀투표로 하자는 강승구 의원이 주장이 받아들여졌고, 표결에 의해 189대 171로 유진산 의원이 제명되고 말았다.[111]

　민정당의 의원으로 활동하면서 전진한은 반공주의를 고취하였다. 전진한은 1964년 10월 23일과 29일에 각기 『동아일보』와 『경향신문』에 「남북통일에 대비하여」라는 광고를 실었다. 이 광고에서, 전진한은 미국 식자층의 중공 승인, 소련의 정치변혁, 중공의 핵실험 성공, 동남아중립화론 등이 제기되고 있는 상황에서 우리가 공산화 되지 않고, 자유민주적 통일국가를 이루기 위해서는 미국의 군사 원조, 일본과의 국교 정상화, 정치·경제적 이니셔티브를 띤 승공통일 등을 주장하였다. 그리고 이 모든 것을 위해 무엇보다도 민족주체세력 형성 과업을 완성하고자 주장하였다.[112]

　또한 그는 1964년 11월 12일 오전 8시 30분부터 시민회관에서 「통일에 대비하자」라는 주제로 강의를 하였고[113], 『동아일보』 1964년 11월 26일자와 『경향신문』 1964년 12월 3일자에 「승공통일에의 기본자세」라는 광고를 실었다. 이 광고에서 전진한은 승공통일을 하려면 민족주체세력이 형성되어야 한다고 역설하였다. 민족주체세력의 형성을 위해서는 민족주체성이, 민족주체성의 확립을 위해서는 민족주체사상이 확립되어야 하며, 민족주체사상의 확립을 위해서는 헌법전문과 같은 민족주의적 자유협동주의사상이 확립되어야 한다고 보았다. 그리고 공산주의적 강권협동이 아닌 자유협동은 덴마크를 위시한 북미의 여러 나라 국민의 자각적·자율적 협동처럼 권력에 강요당해서가 아니라 민족 각계각층이 자각적·주체적·자율적으로 협동하여 참된 민족주체세력이 형성되었을 때 비로소 승공통일과업은 수행될 수 있는 것이라고 보았다. 그는 민족주체세력을 형성하기 위해서는 첫째, 강력한 국민여론으로 정국안정을 가져오고, 둘째 경제안정을 이룰 것을 중요하게 여겼다. 그는 정치인은 계획하고 경제인은 그 테두리 안에서 최대의 창의를 발휘하면서 이익균점 정신 하에 근로자와 고락을 같이할 각오로서 물심 모든 것을 조국경제 재건에 바쳐야 하며, 근로자는 고난을 참고 조국경제 재건의 산업전사로서 긍지를 가지고 모든 정열을 쏟아 일해야 하겠다. 이러한 노자협조로 국민협동경제체제가 이루어지길 희망했다. 셋째 사회안정으로, 모든 부패·부정·사회적 불안은 이와 같은 국민협동이 이루어질 때 자연적으로 소멸되고 말 것이라고 하였다. 이리하여 이탈되어 가는 민심을 잡도록 촉구하였다.[114]

전진한은 1964년에도 보사위의 위원으로 활동하였다.[115] 그는 1964년 12월 21일 17인의 의원과 함께 「한지의료업자에관한법률안」과 「의사유사업자에관한법률안」을 국회에 제출하였다. 이 법안은 한지의사(限地 醫師), 치의, 유사의료업자인 접골사·침사·구사(灸師, 뜸치료사)·안마사의 자격, 결격사유, 면허최소, 벌칙 등을 엄격히 규정함으로써 국민보건 향상을 꾀하기 위한 것이었다.[116]

1964년 11월 26일 47명의 국회의원을 가진 민정당이 15명의 국회의원을 가진 자민당과 통합하는 데 기여하였다. 이 합동회의에 참석한 점으로 보아, 그는 통합 이후의 민정당의 정치노선에 동의하였던 것 같다. 합당선언문에서 윤보선 대표최고위원은 "반공민주통일을 위한 민족, 민주진영의 대동단결을 호소하고 새로운 각오와 자세로서 나라와 겨레를 구하고 번영케 하는 길로 매진한다. 자유평등, 민주주의를 위해 싸우는 자 우리의 동지요, 이에 어긋나는 자 그 누구나 우리의 적임을 선언한다. 범국민적이고 강력한 전열구성을 위하여 우리 양당이 뭉치는 것이므로 파벌계보나 개인을 떠나 국민전선 대열에 전원 참여하기를 기원한다."고 선언했다.[117]

전진한은 월남파병 문제와 관련하여 윤보선 등 대부분의 민정당의원의 중론과 달리 찬성론을 표명하였다. 1965년 1월 26일 국회 본회의에서 이미 국군의무부대가 파견되어 있지만 2천 명의 공병대·수송대·자체방위부대 등을 증파한다는 '월남파병동의안'이 상정되자, 그는 이의 심의·가결에 참여하였다. 민정당에서는 윤보선 대표최고위원이 퇴장하고 정성태 원내총무가 소속 의원들의 퇴장을 종용하였지만, 그는 퇴장의 명분이 무엇이냐고 소리를 질렀다. 그리고 그는 김준연·나용균·정운근·유치송·김상흠·서범석·이영준·이상대 8명의 의원과 당론과 달리 표결에 참여하였다.[118] 이는 월남파병이 자유주의 민족국가를 발전시키는 데 도움이 된다는 전진한의 소신 때문이었다.

한편 전진한은 세계 인류의 의사소통을 위한 만국공용어 사용에도 관심을 가졌다. 1965년 2월 초 세계에스페란토협회를 노벨평화상후보로 추천하는 운동이 전 세계적으로 추진되는 것에 동참하여 전진한은 장경순 국회부의장, 유진산·김종환 국회의원과 함께 세계에스

페란토협회를 노벨평화상후보로 추천하기도 하였다.[119]

1965년 2월 말 전진한은 정치정화법의 폐기활동에도 참여하였다. 2월 24일 오전 10시 민주당사에서 열린 민정당, 민주당 등 야당의 인사들로 구성된 '정치정화법폐기추진위원회'에서 그는 윤보선, 김도연, 윤제술, 김준연, 서민호, 박순천, 허정, 이상철, 이재형, 조재천, 정일형, 민영남 등과 위원으로 활동하였다.[120]

1965년 2월 22일 열린 민정당 속개전당대회에서, 전진한은 유진산의 복당을 찬성하였다. 즉 이날 윤보선계의 윤제술, 자민당계의 김도연과 함께 비윤보선계로 부총재에 선임된 전진한은 두 부총재와 "당 문제 수습을 위한 각파안배 정신을 바탕으로 윤총재 자신이 지시한 대로 되었고, 유진산 의원에 대해서도 과거의 잘잘못을 운위할 때가 아니다."라고 하며 유진산의 복당을 두둔하였다.[121]

1965년 3~6월 민정당과 민주당, 자민당, 국민의당이 통합하여 민중당으로 발전할 때 전진한은 이에 동참하였다. 민정당과 민주당은 1965년 3월 25일 전당대회를 통해 양당통합을 결의하고, 각각 15인씩의 '야당통합 전권대표 30인위원회'를 구성한 후 '선통합 후조정' 원칙에 따라 당명을 민중당으로 정하고, 5월 14일 서울 시민회관에서 통합야당인 민중당의 창당을 선언하였다.[122] 전진한은 5월 13일 그 종로구 지구당 조직책으로 결정되었다.[123] 그리고 5월 14일 선출된 대표최고위원과 최고위원에 선출되지는 않았지만[124], 15일 저녁 중앙위원회의 선거에서 전진한은 363표(공동 5위)를 얻어 10명의 지도위원 중 한 사람에 선정되었다.[125]

전진한은 1965년 한일국교정상화 문제에 대해서는 반대의 입장을 견지하였다. 1965년 3월 말 그는 공화당의 회담찬성설득유세에 맞서

'대일굴욕외교반대범국민투쟁위'를 결성하고 반대투쟁을 전개하였다. 그는 3월 20일 오후 2시 남산광장이나 서울운동장에서 강연하도록 되어 있었다. 그리고 대일굴욕외교반대범국민투쟁위원회가 3월 27일부터 4월 4일까지 영남반, 호남반, 영동반을 나누어 전국 순회강연을 하였을 때, 전진한은 영동반에 소속되어 춘천(27일), 속초(28일), 강릉(29일), 묵호(30일), 삼척(31일), 제천(4월 1일), 원주(2일), 청주(3일), 충주(4일), 제주(미정) 등지에서 강연을 하였다. 이때 전진한은 현 정부의 부패상을 지적하고, 평화선을 사수하자고 호소했다.[126]

그리고 그는 1965년 4월 28일 가조인된 한일회담의 조약을 백지화하거나 수정하지 않으면 의원직을 총사퇴하겠다는 민정당의 결의에 동참하고 1965년 5월 5일까지 행해진 의원직 총사퇴 서명에도 날인하였다.[127] 또한 1965년 5월 8일 전진한은 "겸허한 자세로 돌아가 여·야 정치인이 힘을 합쳐주기"를 촉구하면서 국회에서 단식투쟁을 실시하였다.[128] 단식 4일째인 5월 11일 형인 목촌(牧村) 전준한(錢俊漢)이 안중근의사의 한시 "장부가 비록 죽을지라도 그 마음은 쇠와 같으며 열사가 위험을 당할지라도 그 기운은 마치 구름과 같다."를 읊으며 격려하자, 150여 시간을 냉수만으로 기운을 이어가던 전진한은 "형님 아직 까딱없습니다. 아직 원기 왕성해요."라면서 초지를 꺾지 않았다.[129] 전진한 의원은 단식 10일째인 5월 17일 오전 극도의 신체 쇠약으로 중단할 때까지 단식을 계속하였다.[130]

민중당의 지도위원인 전진한은 1965년 6월 16일 한일국교정상화를 반대하려 단식투쟁을 전개하던 고려대 법대 학생을 찾아가 격려하기도 하였다.[131] 그리고 1965년 7월 6일 굴욕외교반대투위는 9, 10일 양일간 4개 반을 구성하여 전국 각지를 순회하기로 하였다. 영남유세

반에 속한 전진한은 허정 · 강선규 · 최수룡 · 김영삼 · 최영근 · 서범석 · 한통숙과 함께 9일에는 부산에서, 10일에는 대구에서 한일국교 정상화를 비판하는 연설을 하였다.[132] 성토대회에 앞서 전진한은 김 영삼 의원과 함께 "비준 강행이 가져오는 파국을 피하기 위해 충분한 냉각기를 가져야 한다."고 주장하였다. 그러기 위해서는 6대 국회를 해산하여 총선거를 통해 국민의 의사를 물은 다음 새 국회에서 한일 협정비준동의안을 처리해야 한다."고 역설했다.[133]

1965년 7월 14일 공화당이 한일협정 비준안을 단독발의하자 민중 당은 비준안 통과 시 의원직 사퇴를 결의하였다. 그러나 민중당의 대 표위원 박순천이 7월 20일 영수회담을 통해 비준안 연기 등 정국수습 에 합의하였다. 그러자 윤보선과 비주류 측은 한일협정 비준안 반대 를 표명하고 당해체 활동을 전개하였다. 박순천 등 민중당의 주류 측 이 윤보선 등 비주류의 활동을 해당행위로 규정하여 갈등이 고조되 었다가 7월 26일 중앙상무위원회에서 의원직 사퇴를 결의함으로써 갈등이 완화되었다. 그러나 7월 28일 윤보선이 탈당계를 제출함으로 써 원내투쟁파와 원외투쟁파의 갈등은 다시 고조되었다.[134]

전진한은 1965년 8월 11일 한일협정안이 통과되자 민중당의 국회 의원 63명 중 61명과 행동을 같이하여 의원직을 사퇴하였다. 그러나 1965년 9월 13일 국회 본회의의 결의로 사퇴서는 반려되었다.[135] 민 중당은 계속 투쟁을 이어 가야 할지 아니면 원내로 복귀해야 할지 선 택의 귀로에 섰다.

1965년 9월 말 민중당이 국회 등원과 관련하여 즉각복귀론과 신중 론이 팽팽히 대립할 때 전진한은 10월 초 예산을 처리하기 위해 10월 1일이라도 국회에 등원하겠다는 즉각복귀론의 입장을 취하였다.[136]

전진한은『동아일보』10월 1일자에「나는 왜 국회복귀를 주장하나」
라는 글을 실었다. 그는 조인된 한일협정이 저지되려면 박정권이 자
진 물러나야하나 박정희·존슨·사이토(佐藤) 콤비가 이루어져 있는
이상 자진 물러날 리 없고, 국민혁명을 하려 하여도 미국이 박정권을
지지하고 있으므로 실현이 불가능하다고 보았다. 그는 남북이 갈라
져 피를 흘리고 있는 이때에 남한 국민마저 갈라져 서로 피를 흘리면
안 되고, 혼란의 지속은 국민 생활을 파괴하기에 국민들은 안정과 질
서를 요구한다고 보았다. 그러니 구차하지만 야당의원이 국회에 복
귀하여 한일회담 체결 후에 올 사태에 대하여 입법조처 강구와 아울
러 부단히 이를 감시·폭로·비판하면서 원내외가 결속하여 우리의
주체성 확립으로써 일본에의 경제적 예속을 초래하지 않도록 강대한
국민운동을 전개해야 한다고 주장하였다. 그리고 등원하여 2년 뒤
평화적 정권교체를 통하여 일본과의 국교 단절과 조약 파기를 이룰
수 있다고 보았다. 우리의 원내 복귀가 국민에 대한 실신(失信)임을
자인한다 하더라도 위기에 직면한 조국의 운명을 바라보면서 소절
(小節)에만 구애될 수는 없다. 개인보다 당이, 당보다 국가가 중하니
강경론자들은 감정에 사로잡혀 당원과 의원 간, 국민과 의원 및 의회
간에 불신을 자아내는 일을 삼가고 당내의 결속을 굳게 하여 국난타
개의 방향으로 매진하자고 하였다.[137]

민중당에서는 처음 신중론을 취하다가 전진한 등의 즉각복귀론에
동참하였다. 민중당에서는 10월 5일 복귀론을 주장한 전진한과 박순
천·김준연·이상철·홍익표·권중돈·김의택 의원의 제명을 고려하
였으나 10월 7일 의원총회에서 원내복귀를 결정하였다. 이때, 전진한
은 이 회의에 참석하여 복귀 결정에 힘을 보태었다.[138] 이러한 민중

당 비윤보선계의 의원의 국회 등원은 윤보선이 이탈하여 1966년 3월 30일 신한당을 창당하는 계기가 되었다.[139]

1965년 10월 11일 전진한은 국회에 출석하였다. 10월 22일 국회 상임위원회를 구성하였는데, 전진한은 보사위원에 선임되었다.[140] 보사위원인 전진한은 박순천 민중당대표 등과 반공법위반 등 혐의로 공판에 계류중인 이준구(李俊九) 경향신문사장 등의 보석을 탄원하였다.[141] 또 전진한은 재벌의 밀수를 강하게 비판하는 활동을 하였다. 그는 1966년 10월 9일 오후 2시 전진한은 민중당 의원인 박순천, 유진산, 장준하, 서범석, 김대중, 이충환, 김영삼, 한통숙, 부완혁 등과 효창구장에서 '재벌밀수진상보고 및 규탄국민궐기대회'를 개최하였다. 그리고 그는 "삼성재벌은 각종 세금을 포탈하고 물품세를 횡령했으며 그것도 모자라 밀수를 자행했다고 하고, 이를 비호한 정부의 책임을 신랄히 추궁했다.[142]

한편 전진한은 1966년 2월 5일 동국대 대학선원에서 "선(禪)의 의미"란 주제로 토요법회를 열었다.[143] 일제강점기 사찰에 있으면서 불교와 연을 맺었던 배경에서 그는 동국대에서 선을 주제로 강연을 하였던 것이다.

4. 제6대 대선과 제7대 총선 낙선

1966년 2월 민중당에서는 1967년 5월에 있을 6대 대선 문제가 대두되었다. 민중당의 주류는 3월 초에 전당대회를 열어 대통령 후보로 허정, 대표최고위원으로 박순천, 최고위원 유진산을 선임할 계획이었다. 이에 비주류인 유진산계의 당원들이 "지난번 지구당실태를 조사한 결과 전당대회에서 실력으로 결정하면 전진한이 대통령 후보가 될 수 있으며, 또 국민들의 지지도도 전진한이 허정보다 높다."고 우겨댄다는 설도 있었다.[144] 그런데 유진산은 이즈음 전진한이 대선 출마 운동을 전개하자 "우촌(牛村)이 대통령 후보가 못되란 법은 없지"라고 하면서도 유진산계의 당내 전략에 차질이 올까봐 전진한을 지지하기보다 그의 출마를 말리고 있었다.[145]

그런데 전진한은 1966년 3월경 전진한은 6대 대선 출마 의사를 표명하였다. 3월 1일 국회 앞 D다방에 나와 전진한은 "나의 과거가 밀해주듯이 눈사람처럼 구르면 구를수록 커지는 법"이라고 자신 있게 말하였다. 그리고 민중당 내 유진산계로부터 후원을 받은 그가 민중당의 캐치프레이즈인 '대중자본주의'의 대변자이며, 공화당정권의 농촌정책이 완전히 실패한 만큼 농촌의 표를 모으는 데는 자신이 유리하다고 주장하였다. 다만 자신이 보수정당에 몸을 담아 좀처럼 빛을 보지 못했으며 원내에 들어온 이후에도 주변에서 소일하였기 때문에 자천의 효과가 어느 정도 나타날지는 미지수라고 여운을 달았다.[146]

출마 의사를 표명하였지만, 전진한은 재야세력이 통합된다면 대통령 후보를 사임할 의사가 있었다. 1966년 7월 8일 최고위·지도위 임시합동회의에 참석한 전진한은 "재야세력과의 합류 문호개방을 위한 성의 표시"로 대표최고위원을 비롯한 최고위원, 지도위원 등 지도층의 총사퇴를 결의하는 데 동참하였다.[147]

민중당과 재야정치세력의 통합이 지지부진하여, 민중당이 1966년 8월 두 달 뒤 대통령후보지명대회를 열어 당내 인사로 후보자를 선정하려고 하였을 때, 전진한은 박순천, 유진산과 함께 그 후보로 거론되었다. 민중당에서는 이 세 후보 중 한 사람을 선출하고, 재야에서 단독 입당한 장준하와 둘 중에서 한 사람을 뽑아, 신한당, 자유당, 통사당 등 기성 정당과 단일후보를 내려고 작정하였다.[148]

1966년 말 전진한은 민중당과 신한당 등의 야당 통합과 대통령 후보의 단일화에 매진하였다. 그는 1966년 12월 6일 민중당의 허정·김준연·나용균·홍익표·유옥우·이상돈·태완선 및 신한당의 장택상·김도연·정일형·정해영, 그리고 재야세력인 이범석·이인·임철호·김홍일·백남훈 등을 만나 민중당·신한당의 화해와 재단합을 위해 노력하기로 합의하였다.[149] 그리고 12월 24일 전진한은 '야당대통령후보단일화추진위'의 결성에 참여하였다.[150]

그런데 6대 대선 승리를 위한 야당 통합의 필요성에 따라 1967년 2월 7일 민중당과 신한당이 통합하여 신민당을 창당[151]한 직후, 전진한은 돌연 신민당 불참을 선언하였다. 1967년 2월 17일 전 민중당 운영위원인 전진한은 "현재의 위치로는 발언권을 행사할 수 없고, 자신의 이념이 실현될 것을 기대하기 어렵기 때문에 신민당에 불참한다."고 하였다.[152] 그리고 그는 신민당의 등록을 이미 마쳤으므로, 2월 20일 신민당에서 자신을 제명해줄 것을 요청하였다.[153] 그의 신민당 이탈은 그가 대통령 후보와 당수뿐만 아니라 운영회의의 의원으로도 선정되지 못한 것[154]도 하나의 원인이 되었을 것이다.

민중당과 신한당의 통합하여 신민당을 결성한 후, 전진한은 2월 20일경 자유당, 한독당, 통사당, 추풍회, 신민회, 정민회 등 군소정당의 인물들과의 통합을 시도하였다. 이는 신민당에 제명을 요청한 후 한독당이 전진한의 입당을 교섭하면서 본격적으로 추진되었다.[155] 전진한은 3월 13일 오전 신민당 탈당계를 종로구 당에 제출하였다. 그

리고 신민당을 탈당함으로써 그는 의원직을 상실하였다.156) 같은 날
전진한은 한독당에 입당하였다.157) 1967년 3월 16일 대성빌딩 회의실
에서 개최된 한독당 전당대회에서 전진한은 한독당의 대통령 후보에
지명되었다.158)

　　1967년 3월 24일, 전진한은 중앙선관위에 5·3대통령선거의 후보자
등록을 하였다. 이날부터 그는 공화당의 박정희, 대중당의 서민호,
민중당(전신민회)의 김준연 후보와 함께 선거운동에 돌입하였다.159)
4월 3일 오후 5시 중앙선관위의 대통령 후보자 등록을 마친 결과 신
민당의 유보선, 통한당의 오재영, 정의당의 이세진도 후보자로 등록
하였다. 대통령 후보자의 순위를 추첨한 결과 전진한은 2번으로 결
정되었다.160)

　　전진한은 1967년 4월 12일 『동아일보』에 「이 민족의 역사방향은
전환되어야 한다.」라는 글을 발표하였다. 이 글에서 전진한은 "인류
가 바야흐로 하나의 세계를 지향하는 세계사단계에 들어선 오늘날
침략적인 민족팽창주의는 조종을 울리고, 약소민족 해방의 민족자결
주의가 전 세계에 팽배하고 있다고 하였다. 그리고 양 진영 국가들은
이념보다 국가이익본위로 교류하게 되었다고 하였다. 이에 따라 그
는 각 민족이 그 주체성을 찾으면서 상호협동하는 자유협동적인 하
나의 세계로 전진을 계속하고 있다고 보았다. 그런데 남북은 공산주
의니, 자본주의니 싸우지 말고 민족연대, 복지사회 건설을 목표로 하
나의 민족주체사상을 주출(鑄出)해낼 수 있는 사상적 용광로가 되어
이 주체사상 위에 남한의 정치 경제 사회 모든 질서가 남북동포가 모
두 수긍할 수 있는 새 방향을 지향하게 되고 북한동포가 여기에 호응
하여 맹렬한 합류작용을 일으킬 때 비로소 남한에 민족적 구심점이

형성될 것이다."라고 보았다. 이 과업은 창의와 자유를 박탈당한 북한에서는 결코 있을 수 없는 것이고 다만 남한동포의 결의여하에 따라서만 남한에서 이루어질 수 있는 것이므로 남한의 주도로 주체성 있는 통일을 하자고 하였다. 그리하여 북한의 공업지대와 남한의 농업지대가 결합한 민족단일경제의 토대 위에서만 이 민족의 건전한 경제건설이 이루어진다고 하였다. 그리고 그는 이 민족의식은 한국독립당에서 찾을 수 있으니 한국독립당을 중심으로 민족주의전선을 수립하자고 하였다.[161]

1967년 4월 18일 광주의 광주공원에서 개최된 유세에서 전진한은 정치·경제·교육의 삼 균등사회 건설과 국제적 통일운동을 통한 통일의 획득을 이루겠다고 하였다.[162] 4월 21일 대전 유세에서 전진한은 요즘 신문들이 한독당을 군소정당으로 잘못 알고 너무 홀대한다고 하소연하였다. 그는 공화당·신민당을 모두 사대당이라고 주장하고, 민족의 올바른 갈 길을 제시할 사람은 나뿐인데 신문들이 몰라준다고 서러움을 토로하였다. 그러면서도 야당후보 단일화를 위한 사퇴 제의에는 "나는 그럴 수 없다"고 딱 잘라 말하였다고 한다.[163]

한독당 대통령 후보 전진한은 1967년 4월 24일 무학국민학교 교정에서 선거유세를 하였다. 이 자리에서 전진한은 "현대는 민주주의시대다"고 전제하고 "우리의 민족도 통일의 성업(聖業)을 완수하여 인류의 번영에 기여해야 한다."고 주장했다. 그리고 그는 이와 같은 역사적 대과업을 수행하기 위해 남한에 민족구심점을 형성하고, 우선 남북의 사상을 통일해야 한다고 역설했다. 또 그는 현대를 대중의 시대라고 전제하고 소수의 권력자와 소수 독점 자본가의 억압과 착취에 조국이 멍들고 있어 이를 좌시할 수 없어 입후보 했다고 출마동기를 밝혔다. 그리고 그는 한독당의 대통령 후보답게 정치, 경제, 교육의 균등이라는 삼균주의를 바탕으로 한 민족협동사회를 건설하겠다고 다짐하였다.164)

1967년 4월 26일 전진한은 대구의 수성천 변에서 유세를 가졌다. 그는 "민족주의 이념으로 남북의 사상을 통일하여 남북동포가 정치, 경제, 사회 질서 건설에 참여토록 하여 민족통일의 구심점을 형성하겠다."고 말하였다. 그리고 그가 집권하면 "범국민 통일운동기구를 만들겠다."고 하였다. 한편 그는 "야당대통령 후보단일화를 원칙적으로 지지한다."고 성명을 발표하고 '5개 군소정당 단합대회'를 개최하였다.165)

그런데 그는 4월 28일 강릉에서 유세에서 "야당 통합을 위해 대통령 후보를 사퇴할 의사는 추호도 없다."고 견해를 밝혔다. 그는 "내가 대통령 후보로 나선 것은 대통령에 당선되기 위해 출마한 것이 아니라 공화당이나 신민당이나 모두 보수정당으로 우리민족의 앞길을 밝혀줄 이념이 없기 때문에 나는 이 기회에 한독당의 현대적인 민족주의와 협동체제를 국민대중에게 알려 남북통일의 구심점을 이룩하기 위해 출마하겠다."고 말했다.166) 그는 당선보다 한독당의 정치적 이념을 선전하는 데 보다 중점을 두었다. 또한 그는 1967년 4월 29일자 『조선일보』에 한국독립당 대통령 후보 전진한의 이름으로 "민족흥망의 기로에 서서 남북동포에게 외칩니다."라는 광고를 실었다.

1967년 5월 3일 제6대 대통령선거의 결과가 발표되었다. 투표율 83.6%의 선거에서 전진한은 232,179표를 획득하였다. 이는 민주공화당의 박정희(5,688,666표), 신민당의 윤보선(4,526,541표)은 물론이고 통한당의 오재영(264,533표), 민중당의 김준연(248, 369표)보다도 뒤진 표수였다.

1967년 5월 초 그는 '6·8 국회의원선거' 시 종로구에서 출마하였다. 그리하여 그는 신민당 당수 유진오, 공화당 중앙의장 김성진과 자웅을 겨루었다.[167] 1967년 5월 22일 무렵, 이미 후보자 간 우열이 현격히 드러나는 것으로 예측되었다.[168] 설상가상 그는 6월 7일 밤 9시 30분 쯤 명륜동 2가 성균관대학교 정문 앞에서 개인연설회를 가졌다가 당원 3명과 함께 연행되기도 하였다.[169]

6월 8일 선거에서 신민당의 유진오는 55,703표, 공화당의 김성진은 20,922표를 얻은 가운데 전진한은 2,347표를 얻는 데 불과하였다.[170] 6·8총선에서 공화당이 개헌선인 2/3 이상의 국회의원이 당선되고, 군소정당이 몰락하는 국면에서, 그는 자유당의 장택상, 민중당의 김준연과 함께 낙선하였던 것이다.[171]

5. 인생의 회고와 민족주체세력 형성 촉구 활동

1967년 6·8총선에서 낙선한 후 그는 한독당의 당원으로 활동하였으나[172] 두드러진 정치 활동은 보이지 않는다. 1968년 7월 17일 제헌절에 경회루에서 개최된 만찬에서 제헌의원과 의원으로 활동을 한 공적으로 2만 원 상당 금반지와 구두상품권 한 장이 선사되었다.[173] 23주년 8·15 광복절에는 경회루에서 개최된 내외인사 1,000명이 참석한 축하연에 초대각료 출신이어서 초청받기도 하였다.[174]

1968년 11~12월 그는 어머니와 부인을 잃는 슬픔을 경험했다. 11월 29일 서울 중구 장충동 2가 186번지 35호의 자택서 어머니가 사망하여 모친상을 치렀다.[175] 불행하게도 장례를 치르고 돌아온 12월 2일 부인 최숙철 여사가 사망하여 같은 집에서 연이어 장례를 치렀다. 그는 12월 6일 경기도 고양군 가족묘지에서 발인하고 부인을 안장하였다.[176]

당시의 문상 모습을 전한 『조선일보』와 『경향신문』 두 기사는 완전히 대조적이다. 12월 2일의 문상 상황을 전한 기사에는 "재상집 소가 죽으면 문상객이 줄을 잇지만, 재상이 죽으면 아무도 돌보지 않는다."는 말처럼, 청와대에서 온 것 등 몇 개의 조화가 쓸쓸히 지켜보고 있었고, 지금도 고생하고 있는 옛 동지가 찾아왔을 뿐 국회 안에 있는 옛 동지들은 거의 얼굴을 보이지 않았다."고 되어 있다.[177] 반면에 3~4일 상황을 전한 기사에는 "무척 고독에 잠겼던 전옹은 줄을 이은 각계 인사의 문상을 받고 "그래도 옛 동지들의 인정은 살아있었다." 면서 눈물을 글썽거렸다. 3일과 4일에는 신민당의 유진오 총재, 유진산 부총재, 공화당의 윤치영 당의장서리, 대중당의 서민호 당수, 전 국회의장 곽상훈씨, 황종률 재무장관 등이 차례로 문상을 왔으며, 정일권 국무총리, 김현옥 서울시장, 길재호 공화당 사무총장, 김영삼 신민당 원내총무, 강서용 교통부장관, 정희섭 보사부장관 등은 조화를 보내와 조촐한 상가 분위기를 장식했다."[178] 처음에 조문객이 별로 없었으나 소식을 듣고 각 정당 지도자와 각료의 조문이 줄을 이었다. 특히 공화당 지도자와 정부 각료의 조문이 증가하였다.

초야에 돌아간 전진한은 1969년 3월 7일 공포된 국민의례준칙을 행하는 제1호의 수범을 보였다. 그는 3월 8일 어머니의 100일 탈상을 행하고, 3월 10일에는 부인의 100일 탈상을 행하였다. 그는 가족과 상의 국민의례준칙에 따라 간소한 상례를 치렀고, 정기적으로 추도를 겸한 가족모임을 묘소에서 갖고 가족의 유대를 꾀하기로 하였다고 한다.[179]

1969년 전진한은 『매일경제』의 3월 11일부터 4월 4일까지 「나의 편력」이란 글을 55회에 걸쳐 연재하였다. 이를 통해서 그는 자신의 출생과 성장, 해방 후의 노농운동과 사회부장관 활동, 그리고 노농당 등 그의 정당 활동에 대하여 소개하였다.

전진한은 1969년 6월 25일 서울 중구 예장동 산 5-6 남산 중턱에 서 있은 '반공청년운동기념비 제막식'에 재야인사로 참석하였다. 해방 후 반공전선에서 산화한 17,244위의 넋을 기리기 위해 반공청년 운동기념비 건립위원회 회장 이은상이 박정희 대통령, 정일권 국무 총리, 김성곤 의원 등으로부터 얻은 헌금 1,000만 원으로 기념비를 마련하여 세우는 제막식에, 그는 정일권국무총리 등과 함께하였던 것이다.[180]

1970년 1월, 1960대를 보내고 1970년대를 시작하면서 그는 정치기 강의 개선에 대한 소회를 밝혔다. 새로운 차원의 민족적 정당이 나와 야 한다는 것이었다. 그리고 그는 야당의 체질 개선이 되지 않는 한 1971년과 1975년의 총선거에서 국민의 큰 허탈감을 맛볼 것이라고 하 였다.[181]

전진한은 1970년 10월 4일 동경에서 개최된 '태평양전쟁전몰한국인 위령제'에 참석하였다.[182] 이를 통해 전진한은 태평양전쟁기 전몰한 한인의 위령을 달래주었다. 그렇지만 보통의 경우, 그는 매일 아침 집 근처의 남산에 올라 약수터에서 광천수를 마시고 요가운동을 하 면서 노년을 보냈다.[183]

1971년 전진한은 공화당의 활동을 찬조하였다. 1971년 3월 16일 박 정희 총재를 7대 대통령 후보로 지명하는 공화당의 전당대회에 그는 내빈으로 참석하였다. 3월 30일에는 대통령선거대책위원회의 고문에

선임되었고, 4월 20일에는 경동고교 교정에서 공화당 김종필 부총재의 서울 유세에 함께하였다.[184]

1971년 5월 28일 미국과 중국과의 해빙 분위기가 조성되자, 전진한은 한국의 문제는 한국 스스로 해결하자는 취지에서 『동아일보』에 「민족주체세력을 형성하자」라는 광고의 글을 실었다. 이 글에서 그는 다음과 같이 주장하였다.

> 우리는 이제 믿을 곳은 없다. 정신을 차려 우리의 손으로 우리의 운명을 개척해야 한다. 위기는 창조하는 것이다. 단결 없이 우리가 먹고살 수도 없고 우리의 생명도 국토도 지켜갈 수 없다는 공동운명감과 공동위기의식을 국민 각자가 깊이 느껴서 각자의 가슴 속에서 삼국을 통일한 신라의 화랑정신을 다시 불러일으키고 일제의 폭압 하에 한 마음 한 뜻으로 일어섰던 삼일정신을 다시 불러일으켜서 박대통령을 정점으로 한 덩어리가 되어 박대통령이 민족지도이념으로 제시한 자유와 정의, 협동과 연대라는 자유협동사상을 민족주체사상으로 웅대한 민족주체세력을 형성해야 한다.
>
> 그리하여 밖으로는 전변무상한 국제정세에 대응하고 안으로는 일대민족적 협동과업을 강력히 추진해야 할 것이다. 일. 민족주체세력은 이 민족이 단일민족으로서의 개성과 존엄과 자유와 창의를 보장할 수 있는 통일민족국가 완성을 목표로 한다. 일. 이 목표는 자유진영과의 유대를 강화하면서 대한민국을 주체로 하여 이루어져야 한다. 일. 우리의 대북괴뢰투쟁은 민족투쟁이다. 일. 이 목표는 일절 계급주의의 지양과 자유협동적 민족주체사상의 고양으로 평화적으로 성취되어야 한다. 일 민족주체세력 형성에 각 정당 사회단체와 국민 각계각층의 엘리트가 총망라되어야 한다. 민족주체세력은 통일에 대비하고 통일을 촉진하고 통일을 쟁취할 수 있는 모든 방안을 국민총화에서 최대공약수로 추출하여 국민총력을 여기에 집결한다.[185]

위의 글에서 전진한은, 미국과 중국의 화해 분위기 등 국제정세가 변화하는 시대에, 박정희 대통령이 제시한 자유와 정의, 협동과 연대라는 민족협동사상을 바탕으로 민족주체세력을 형성하자고 하였다.

전진한은 1971년 9월 14일 『동아일보』에 「통일과 민족주체사상」이란 광고의 글을 게재하였다. 이 글에서 그는 다음과 같이 주장하였다.

> 민족주체사상은 민족협동에 의한 정치적 자유와 경제적 균등을 구현하자는 신민족주의사상이어야 한다. 이 사상은 바로 대한민국헌법사상이다. 대한민국 헌법 전문에 "유구한 역사와 전통에 빛나는 우리 대한민국은 3·1운동의 숭고한 독립정신을 계승하고 4·19의거와 5·16혁명의 이념에 입각하여 새로운 민주공화국을 건설함에 있어서 정의와 인도와 동포애로서 민족의 단결을 공고히 하며" 이것은 민족협동사상의 고조로서 민족주의가 우리나라 헌법사상의 기반임을 밝힌 것이다. "모든 사회적 폐습을 타파하고 민주주의제도를 확립하여 정치 경제 사회 문화의 모든 영역에서 각인의 기회를 균등히 하고 의무를 완수하게 하며" 이것은 정치적으로 자유민주주의를 택한 것이다. "안으로는 국민생활의 균등한 향상을 기하고" 이것은 경제면에 있어서 독점을 배제하고 모든 국민이 생산분배에 협동연대하자는 것으로 경제적 균등사회 건설을 목표로 하고 있음을 밝힌 것이다. 이 사상이야말로 남의 독점과 북의 독재를 지양하는 사상으로서 남북동포가 다같이 수긍할 수 있는 사상이다. 박대통령 자신이 '민족진로'에서 민족지도이념으로 자유와 정의, 협동과 연대를 내세웠는데 이것이 바로 자유협동적 신민족주의사상이다.186)

즉, 위의 글에서 전진한은 대한민국 헌법의 사상인 민족협동에 의한 정치적 자유와 경제적 균등을 구현하는 것이 신민족주의사상이라고 하였다. 그리고 박정희 대통령이 '민족진로'에서 민족지도이념으로 자유와 정의, 협동과 연대를 내세웠는데 이것이 바로 자유협동적 신민족주의사상이라고 하였다.

1971년 10월 그는 배상호, 박영성, 김말룡이 출마한 한국노총의 선거에서 한국노총 최고위원이었던 정대천(丁大天) 등과 김말룡(金末龍)의 한국노총 위원장 당선을 위해 활동하였다. 그러나 10월 21·22일 대의원대회에 참석하여 김말룡의 당선을 호소하였음에도 직무대리인 배상호가 당선되어 헛된 수고가 되었다.[187]

1971년 12월 23일 그는 반도호텔에서 개최된 조국통일범국민연맹 발기모임에 참석하여 "민족주체세력을 구심력으로 조국통일대업을 성취할 범국민운동을 전개할 것을 발의하였다. 그리고 이 모임의 창설준비위원장으로 활동하였다.[188]

사망과 애도와 기억

1. 사망과 애도

그는 1972년 2월 숙환인 뇌경색이 악화되어 메디컬센터에 입원하였다. 그는 4월 13일 밤에 수술을 받았으나 병세가 더욱 나빠져 14일 자택으로 옮겼다.[1]

1972년 4월 죽음에 임박하여 그는 "나는 노동자로 왔다가 노동자로 간다"고 이야기 하였다. 그리고 유언으로 검소한 장례를 부탁하면서 "수의도 종이로 만들어 달라"고 했고, "절약하는 것이 자신을 위하고 나라를 위하는 길이다."라고 하였다.[2]

전진한은 4월 20일 새벽 5시 30분 자택에서 숙환인 뇌경화증으로 별세했다. 향년 71세였다. 유족으로는 부인 최광숙(崔光淑, 50), 장남 창원(昌源, 40, 동국대 무역학과 교수) 등 2남 4녀가 있었다.[3]

전진한의 빈소는 서울 중구 장충동 2가 186-35번지 자택에 마련되

었다. 20일 밤새, 박정희 대통령과 김종필 국무총리, 김대중 의원 등
이 보낸 조화 100여 개가 놓인 빈소에서 선학원 정각(正覺) 스님이
독경을 했다. 그리고 21일 오전까지 고인의 오랜 친구인 이인과 김정
렴 청와대 비서실장, 정해영 국회부의장, 이철승 의원 각계 인사 400
명이 조문을 하였다.[4]

1972년 4월 24일 오전 10시 서울시민회관에서 전진한의 사회장 영
결식이 2,500명의 조문객이 참석한 가운데 개최되었다. 경찰의 주악
속에 신민당 이중재 의원의 사회로 진행된 영결식에는 백두진 국회
의장과 김홍일 신민당 당수 등 많은 정치인과 노조 간부들이 와 그의
명복을 빌었다. 백두진 국회의장은 조사를 통해 "가난한 겨레와 노동
자를 위해 몸바쳐 일한 우촌 선생은 이 땅에 노동의 참뜻을 심었다."
고 고인의 유덕을 기렸다. 장례집행위원장인 신민당 정성태 의원도
"일제하에서부터 오늘에 이르기까지 노동자를 위해 불굴의 투쟁을
해온 고인의 뜻을 받들어 복지국가를 이룩하는 데 헌신하겠다."고 하
며 고인의 유지를 받들기를 기약했다.[5] 오전 10시부터 1분 동안 전국
3,500여 사업장에 근무하는 한국노총 소속의 50만 근로자들은 애도의
묵념을 올렸다. 이는 근 30년간 우리나라 노동운동에 헌신한 전진한
에 대한 애도의 표시였다.[6] 장지는 경기도 양주군 장흥면 일영리 가
족묘지에 마련되었다.[7]

전진한이 사망하였을 때 그에 대한 각계의 감상과 평가는 어떠하
였을까? 한국노총 위원장 배상호는 「노동운동의 선각자 전진한 선생
을 애도함」이란 조사(弔辭)에서 다음과 같이 평가하였다.

"노동자로 나았다가 노동자로 가노라."는 유언을 남긴 채 70 평생을

이 나라와 우리 노동자를 위해 싸워 오신 빛나는 투쟁에 막을 내리고 고요히 눈을 감으신 우리 노동계의 선구자이시며 거성이신 전진한선생! 뜻하지 않은 선생과의 유명(幽明)의 갈림길에 서게 된 우리 노동계의 슬픔은 말할 것도 없고 어버이를 잃은 듯 허전함을 달랠 길 없어하는 4백만 노동자의 한숨어린 애도가 지금 이 강산에 고요히 물결치고 있다. 선생께서는 일찍이 경북 문경의 일한촌에 태어나시어 고학과 장학생으로 일본 와세다(早稻田)대학 경제과를 졸업하신 후 노농운동과 항일투쟁으로 신의주감옥에서 2년간 옥고를 치르시었고, 해방 후에는 노동운동과 청년운동에 투신, 대한노동총연맹(대한노총) 위원장으로서 반공자유노동전선의 총수로 활약하심으로써 건국과 노동운동 발전에 크게 공헌하신 것은 만인이 다 아는 사실이다.

특히 자유세계노동자의 대표적인 집결체인 국제자유노련(ICFU) 창립에 참획하시어 이사로 피선, 활동하심으로써 이 나라 노동단체의 국제활동의 기반을 구축하신 것은 너무나 기억에 새로운 일이며 한편 국내적으로는 초대 사회부장관으로서 또한 제헌국회의원을 비롯하여 2·3·5·6대 국회의원으로서 노동자를 위하여 입법, 행정면에서 많은 일을 하셨고 그 후에도 정계의 중진이며 원로로서 이 나라 노동자의 권익신장을 위해 끊임없이 노력을 다해 오심으로써 정부로부터 국민훈장 무궁화장을 수서하셨다.

선생은 항상 중후 원만한 성품과 근검절약을 신조로 정의를 숭상하며 약자를 도와 자기희생을 아끼지 않는 불굴의 지도이념으로 넘쳐있었고 관직에 계실 때나 의원생활시대를 통하여 그 서민적인 기풍은 '노동장관', '막걸리장관'의 별명을 들을 정도로 그야말로 노동자의 가장 친근한 어버이였으며 흠모의 대상이었다.

이제 인자하신 그 모습, 호쾌하신 그 웃음, 영원히 사라지시고 우리를 아끼고 돌보아주시던 거성(巨星)이 땅에 떨어지고 말았으니 약하고 능력없는 우리들은 누구를 의지하여 싸워야 한단 말인가?

그동안 선생이 땀 흘려 뿌리신 씨앗, 눈물로 북돋우신 가지마다에는 이제 '민주노동'의 찬란한 꽃이 피려하건만 피는 꽃을 등지고 열매를 보시기도 전에 홀연히 떠나가시니 선생의 뒤를 이어 부족한 이 몸을 채찍질하여 선생이 뿌리신 거룩한 그 씨앗이 아름다운 열매를 맺게 하고 하고자 애쓰던 보람이 하루아침에 무너지는 듯한 느낌이다.

그러나 한편 선생은 가시었으나 남아있는 우리의 선배, 동료, 후배들이 선생의 거룩하신 뜻을 받들어 선생이 못다 하고 가신 민주노동운동의 발전과 조국의 민주적 통일과업을 끝까지 성취시킬 것을 우리 모두가 맹서하는 동시에 선생의 따뜻한 얼이 항상 우리를 돕는 힘이 되어주실 것을 마음 깊이 기대하면서 삼가 명복을 비는 바이다. 한국노총위원장.[8]

위의 추도문에 의하면 전진한은 다음과 같은 공적을 거두고, 특징을 보여준 인물로 평가되었다. 첫째 대한노총의 위원장으로 대한민국의 반공노동운동의 발전과 노동자의 권익 옹호에 기여하였고, 국제자유노련의 창립에 참여하여 한국노동단체의 국제활동의 기반을 닦았다. 둘째 1·2·3·5·6대 국회의원과 사회부 장관으로 노동자를 위한 입법 활동과 노동자의 권익 신장을 위한 행정 활동을 벌였다. 셋째 민주노동의 발전에 기여하였고, 민주적 통일 성취의 사표가 되었다. 넷째 중후하고 원만한 성품과 근검절약, 정의 실현과 약자 보호의 면모를 보였고, 서민적인 기풍으로 노동장관 혹은 막걸리 장관의 면모를 보였다.

2. 추도와 기억

전진한의 사후 그를 추모하며 기억하는 사람들이 있었다. 1973년 4월 20일 오전 11시 30분 경기도 양주군 장흥면 일영리 묘소에서 전진한선생묘비 제막 및 1주기 추도식이 개최되었다. 이 자리에는 정해영등의 정치인과 친지 30여 명이 참석하였다.[9]

1973년 10월 24일 덕성여대에서 개최된 '한빛동지회' 추모제에서는 회원으로 작고한 전진한의 넋을 기렸다. 1922~23년 동경에서 유학생 중 3·1운동의 얼을 위해 매월 모여 호언장담하며 기백을 토로하던 모임인 한빛동지회 위령제 위원 김윤기, 함상훈, 정인섭 등이 박준섭(전 덕성여대 이사장), 서원출, 함대훈, 공진항, 유동진, 박용해, 홍재범, 김봉집, 김원석 등과 함께 전진한을 추모하였다.[10]

1974년 4월 20일 전진한의 제2주기 추도식이 서울청소년회관에서 개최되었다. 이 추도식에는 이철승 국회부의장과 장남 전창원과 친지들이 참석하여 그를 추도하였다.[11]

1982년 4월 20일 전진한의 10주기 추도식이 종로구 신문로의 선 서울고교 강당에서 개최되었다. 이 자리에는 장남 전창한, 노동부장관 권중동, 장한주 한국노총위원장 등 노동계의 인사와 친지들이 참석하였다. 추도식은 거창하지 않고 조촐하게 거행되었다.[12]

1992년 4월 20일 전진한의 20주기 추모제가 양주군 일영 고인의 묘소에서 거행되었다. 이찬혁, 최용수, 배상호, 박종근, 최상용, 유기남 등 전 현 노총 위원장과 노동계 지도자 및 가족과 친지 등 200여 명의 참석자는 고인의 공적을 추모했다.[13]

경북 문경의 향리 집안 출신으로 원대한 꿈을 품고 서울에 올라온 전진한은 민족주의 우파인 김성수, 송진우, 현상윤, 이상백 등과 교류하였다. 독립만세운동에 참가하고, 3·1운동 후 김성수·송진우 등의 추천으로 기미육영회의 장학생으로 선발되어 일본 도쿄의 와세다대학에 유학하였다. 그는 와세다대학 정경학부의 경제과에 다니면서 민족주의 우파의 '민족운동을 개척할 핵심조직체'인 '한빛'에서 활동하면서 정치경제사상의 기저(基底)를 다졌다.

그의 정치경제사상의 핵심은 개인의 자율과 경쟁을 근간으로 하면서도 공동체 구성원 간의 조화와 협동을 중시하는 신자유주의의 자유협동주의였다. 인간은 합리적인 이성을 갖고 있으므로 개인에게 자유를 허용하면 이성을 발휘하여 이상사회를 만들 수 있을 것이라는 허상은 제1차 세계대전의 대량살상과 파괴로 완전히 박살났다. 종전 후 기존의 문명을 비판하며 새로운 이상사회를 건설하려는 개

조사상이 유행하였을 때, 공산주의·아나키즘·인도주의 등과 함께 등장한 것이 신자유주의적 자유협동주의였다. 그의 사상은 1920년대 민족주의 우파의 한 세력인 천도교가 개인의 자율과 경쟁을 바탕으로 구성원 간의 조화와 협동이 구현되는 사회를 건설하려 한 문화주의의 문화운동론과 동조(同調)한다.

1926년 일본 도쿄에서 협동조합운동사의 설립에 참여한 그는 귀국하여 협동조합사상을 선전하고 전국에 협동조합을 설립하는 활동을 벌였다. 협동조합을 통한 농산품의 공동판매, 소요물품의 공동구매, 저리대출 등을 통한 가난한 농민의 경제적 삶의 개선이 그의 목표였다. 그러나 이는 한편으로 일본 정부와 조선총독부의 관리 등이 간간이 흘리던 자치(自治)가 실현될 때 농민의 지지를 받아 정치를 해보려던 욕망도 내재해 있었다. 자치운동에 참여한 천도교와 기독교가 1925년경 조선농민사와 YMCA 농촌부를 통해 벌인 농민운동과 농촌운동이 전진한의 농촌협동조합을 통한 농민운동과 별반 다르지 않았기 때문이다.

해방 직후 그는 김성수와 송진우 등이 조직한 한국민주당에 참여하여 활동하였다. 건국준비위원회를 조직하였던 여운형, 박헌영, 정백 등이 1945년 9월 6일 인민공화국을 수립하자, 그는 건국준비위원회와 인민공화국을 배격하고 한민당과 대한민국임시정부를 인정하는 성명서에 서명하였다. 그리고 1945년 9월 16일 김성수, 송진우, 김병로, 장덕수, 윤보선 등 민족주의 우파와 한민당을 창당하고 노농부위원으로 농민과 노동자를 규합하여 한민당을 확장시켰다.

이승만이 귀국하여 1945년 10월 독립촉성중앙협의회를 조직하자, 전진한은 이에 참여하여 이후 이승만과 정치적 행보를 함께하였다.

1945년 12월 대한독립촉성전국청년총연맹의 위원장에 선임된 전진한은 모스크바 3상회의 직후 1946년 1월 이승만, 한민당의 김성수, 임정계의 김구 등과 '반탁독립투쟁위원회'를 조직하고 집행위원으로 활동하였다. 1946년 2월 1일 독립촉성중앙협의회가 임정계의 비상정치회의주비회를 흡수하여 비상국민회의로 발전하자 노농부 위원으로 활동하였다. 또 1946년 2월 8일 이승만의 독립촉성중앙협의회와 김구의 신탁통치반대국민총동원위원회가 통합해 대한독립촉성국민회를 조직하자 중앙상무집행위원으로 활동하였다.

전진한은 1946년 10월 '9월 총파업'과 '대구사건' 직후 대한독립촉성노동총연맹의 위원장에 선임되었다. 그는 노동조합의 파업 참여를 차단하고, 사회주의계의 조선노동조합전국평의회(전평)에 맞서 민족주의계 노동조합의 확장을 위해 활동하였다. 소비조합의 창립을 통한 조합원의 권익증대와 편의증진, 노동학원의 창설을 통한 노동자의 계몽도 그의 주요 관심사였다. 그의 노력에 힘입어 참여 조합과 조합원의 수가 증가하고, 산별노조와 종별연맹의 조직 등 대한노총의 체제가 정비되었다. 높아진 위상에 걸맞게, 그는 미군정과 과도정부에 경제문제의 해결을 건의하고, 한국에 파견된 세계노련의 극동조사단을 영접하는 활동을 하였다. 그런데 대한노총은 노동자의 권익 증진보다 공산주의와 공산주의자의 궤멸, 신탁통치 문제와 적산의 국가재산 편입 등을 통한 정치적 · 경제적 완전한 자주독립의 성취를 더 주된 목표로 삼고 있었기에, 대한노총 위원장인 그의 활동도 이러한 색채를 띠는 데에서 자유로울 수 없었다.

공산주의사회의 실현을 용납할 수 없었던 그는 1946~47년 전개된 좌우합작위원회의 좌우합작운동에 대해 비판적 입장을 취하였다. 좌우합작운동은 북한에 있는 우리 민족 2/4의 공산주의세력과 남한의 1/4의 공산주의세력이 연합함으로써 결국 공산주의사회의 구현에 이바지한다고 보았기 때문이다. 1947년 중반에는 좌우합작위원회에 참여하지 않으면 좌익으로만 정부가 수립되고, 미국이 국제적으로 고립될 수 있고, 참여해서도 반탁운동을 전개할 수 있으며, 남북분단을 막아 통일정부를 수립하겠다는 명분을 들어 좌우합작운동에 참여하였다. 그는 1947년 6월 '임시정부수립대책협의회'에 참여하였다. 그러나 1947년 8월 미국의 대한정책이 총선거에 의한 임시정부의 수립으로 바뀌자 총선거대책위원회에 참여하여 활동하였다.

1948년 5월 10일 제헌국회의원에 당선된 그는 노동자의 권익에 관한 조항을 헌법에 포함시키기 위하여 노력하였다. 제헌헌법의 초안을 개인주의와 사회주의를 조화하고 자본주의와 통제주의를 절충한 점에서 높이 평가한 그는 노동자를 세심하게 배려하는 헌법을 만들려고 고심하였다. 그는 노자협조를 통해 노동자에게서 계급대립의 사상을 해소시키는 것이 국민통합과 민족통일의 초석이 된다고 확신했다. 이런 견지에서, 그는 노동자의 단결권, 단체교섭권과 단체행동권 등 노동기본권을 헌법에 반영시켰다. 그리고 비록 관철되지는 못하였지만, 노동자이익균점권과 노동자경영참여권의 헌법 삽입을 주장하여 수정안으로 '노동자의 이익배당 균점권'이나마 통과시켰다.

또한 그는 2·3·5·6대 국회의원 시절 노동자의 권익을 보호하기 위해 노동 관련 법안을 제정하고 정비하는 데 기여하였다. 노동조합법, 노동쟁의조정법, 노동위원회법, 근로기준법의 제정은 그의 노력에 힘입은 바 크다.

대한노총 위원장으로 전평에 맞서 조합원을 증대하고, 이승만의 정치적 활동을 지원한 공로로 그는 대한민국정부 초대 내각의 사회부 장관에 임명되었다. 전진한은 월남과 귀환 동포로 인한 실업률 증가와 주택 부족, 이재민, 전염병의 유행과 아편 중독, 사회보험의 미비, 음사와 사교, 남존여비·학대와 인신매매 등의 악습 만연 등 여러 사회문제를 해결하느라 고심하였다. 1948년 10월 여순사건이 발생하자 그는 광산·제련 노동자의 동요를 막고 피해자의 위문과 구호 활동에 매진하기도 하였다.

제헌의원과 보궐선거에서 당선된 제2대 국회의원 시기, 그는 산업노농위원회에 소속되어 농지개혁법의 발효에 앞선 농지의 매매와 증여의 금지, 기존의 임차권 보장 등의 입법 활동을 하였다. 또 공무원의 정치운동 참여와 정당 가입과 단체교섭 금지조항을 수정하고자 하였다.

조선방직사건과 발췌개헌 등 이승만정권이 비민주적 행위를 하자 전진한은 이와 결별하고 1953년 5월 노농당을 발기하였다. 그는 근로대중의 권익을 보호하면서 이들의 세력을 결집하여 민족진영의 제2전선을 형성하고자 하였다.

'사사오입개헌' 후 호헌동지회가 결성되고 민국당 중심으로 신당 창설운동이 전개되자, 전진한은 1955년 2월 자유협동주의를 골자로 하는 노농당을 창당하고 그 위원장에 선임되었다. 그는 『협동조합운동의 신구상』이란 책을 발간하여 노농당의 정치이념과 노선과 정책을 선전하면서 자본주의 독점사상과 공산주의 독재사상을 비판하고 노농당의 자유협동주의를 선전하였다. 그가 민주당 및 진보당에 참여하지 않은 것은 바로 이러한 사상이 한 원인이었다.

1958년 5·2 제4대 민의원 선거에서 민심이 자유당과 민주당의 양당에 집중되는 것을 인식한 전진한은 민혁당, 전국민당, 전통일당, 전사회당, 한독당의 인사들과 '제3당추진구인위원회'를 조직하여 자유당과 민주당에 필적하는 제3당을 만들기 위한 운동을 전개하였다. 그리고 1958년 11월 자유당이 국가보안법과 지방자치법을 개정하여 부정선거에 의한 정권 연장을 기도하자 1959년 3월 '민권수호국민총연맹'을 결성하여 항거하면서 1959년 말 민혁당 및 혁신세력의 인사들과 민족주의민주사회당을 조직하였다.

전진한은 1960년 민족주의민주사회당의 대통령 후보로 3·15선거에 나가려고 하였으나 이승만정권의 정당 등록 거부로 뜻을 이루지 못하였다. 이후 3·15선거 공명선거운동을 통해 장면의 부통령 당선을 지원하였으나 이승만정권의 부정선거로 그 뜻을 이루지 못하였다.

4·19혁명 직후 민주당에 맞서려 혁신세력의 통합운동이 추진되자 그는 혁신연맹을 조직하였다. 그리고 진보당계 등 혁신세력의 다수가 사회대중당을 조직하자 그는 한국사회당을 조직하여 자유민주주의체제 하에서 노동자와 농민 등의 권익을 대변하는 운동을 전개하였다. 그런데 5·16군사정변의 발생으로 사회적 정당운동은 결실을 맺지 못하였다.

1961년 5·16군사정변 후 그 주도세력이 군정을 연장하려 하자 그는 구국선언문을 발표하고 민정 이양을 촉구하였다. 그리고 군사정변의 주도세력이 민주공화당을 창당하고 박정희를 대통령으로 당선시키려 하자 그는 공화당에 필적하는 '국민의당'을 조직하고자 하여 1963년 민주당의 윤보선, 김도연 등과 민정당을 창당하였다. 민정당의 최고위원 전진한은 1963년 10·15 대선에서 대통령 선거사무장으로 윤보선의 당선을 위해 혼신을 다했으나 패배의 쓴맛을 보았다.

그는 박정희정권기 굴욕적인 한일국교정상화를 반대하였으나, 월남파병 문제의 불가피성은 인정하였다. 그는 충분한 반성과 사죄, 배상이 없는 한일국교정상화에 시위와 단식으로 항거했다. 그러나 월남파병 문제에 대해서는 자유체제의 수호, 국가경제의 발전이란 측면에서 찬성의 입장을 취하였다.

삶과 활동으로 볼 때, 그는 공동체 구성원의 경제적 평등보다 개인의 자유를 중시한 자유주의자였다. 그는 개인의 자립과 자율에 입각한 경쟁이 사회 발달의 기초가 된다고 믿었다.

그렇기에 그는 일제강점기에 '한빛' 등 자유주의사회를 지향하는 인사들과 교류하였다. 그리고 해방 후에는 좌익 주도에 의한 공산주의사회의 수립을 막기 위해 대한독립촉성전국청년총연맹과 대한독립촉성노동총연맹을 이끌며 좌익세력의 찬탁 등의 정치 활동에 대항하였다. 심지어 1950년대 중반 진보당의 평화통일론을 중국과 소련에 예속되는 길이라고 하며 반대하였다.

그런데 그의 자유주의자는 자유의 무제한적 구사를 지양하고, 구성원 각자의 자유를 존중하고, 구성원 간의 자율적 조화와 협동을 강조하는 자유협동주의, 혹은 자율협동주의였다. 그는 자본주의 독점사상과 공산주의 독재사상을 모두 반대하였다. 그리고 그는 지주와 자본가가 금권과 권력으로 소작인과 노동자를 굴복시키는 것을 반대하였듯이, 수적 우위와 투쟁의 강도로 지주와 자본가를 무릎 꿇게 하는 것을 지향하지도 않았다. 파업과 데모로써 의사를 관철하기보다는 상호존중과 협의에 의한 자율적 협동으로써 문제를 해결하려 하였던 것이다. 이런 점에서 그의 자유주의는 개인의 자립 · 자율을 중

시하면서도 구성원 간의 조화와 협동을 강조한 신자유주의의 특성을
지녔다.

그렇기에 그는 일제강점기에 협동조합운동을 전개하였다. 그리고
제헌헌법에 노동기본권을 반영하고 노동자경영참가권과 이익균점권
을 반영하려 했다.

향리 집안 출신으로 계층 상승에 대한 욕망이 강하였지만 그는 지
주와 자본가 쪽이 아니라 농민과 노동자 편에 섰다. 그는 일제강점기
농민의 편에 서서 그들의 권익을 옹호하기 위한 협동조합운동을 전
개하였고, 해방 후에는 대한노총과 노농당을 조직하고 노동자와 농
민의 권익을 옹호하는 활동을 전개하였다. 부산의 조선방직쟁의 시
노동자의 편에 섰다가 이승만정권에서 밀려난 것도 납득이 된다.

전진한은 일제강점기 협동조합운동과 신간회 활동, 해방 후 제헌
국회의원과 2·3·5·6대 국회의원으로서의 노동 등에 관한 입법 활
동, 초대 내각의 사회부 장관 활동, 제1공화국기의 대한노총 위원장
활동, 자유협동주의의 제창, 노농당의 위원장, 제3공화국기의 민정당
의 부총재와 민중당의 지도위원 등의 정당 활동 등 다양한 영역에서
지도자로 활동하였다. 그런데 그의 사후 그를 잊지 않고 기억해준 사
람은 노동단체의 후배들이었다.

가난한 농부의 아들로 태어나 가난한 노동자를 위하여 자율협동주
의에 입각하여 일제강점기 협동조합운동을 전개하였고, 해방 후 노
동법을 제정하고, 대한노총의 위원장으로 노동자의 권익을 위해 활
동한 전진한! 그는 영원한 노동자의 벗이었다.

1901년(1세)

12월 15일 **(음력 11월 5일)**	경상북도 문경군 상리(上里)에서 문경(聞慶) 전 씨(錢氏) 석기(錢晳起, 1879~1955, 자 京俊)와 상 산(商山) 박씨 성악(朴城岳, 1880~1968) 사이에서 차남으로 출생하였다. 위로 세 살 형 준한(俊漢, 호 牧村)이 있고, 동생으로 도한(道漢, 1908~1978) 과 우홍(雨洪)이 있다. 호는 우촌(牛村)이다.

1903년(3세)

경북 상주군 함창면(咸昌面) 오사리(梧沙里)의 외
가댁으로 이사하여 214번지에 거주하였다.

1915년(15세)

경북 상주군 함창면에 있는 함창공립보통학교
에 2학년생으로 입교(入校)하였다.

1917년(17세)

함창공립보통학교의 교육 내용에 만족하지 못
하고 서울로 올라와 계동 1번지의 하숙집에서
사환으로 생활하였다. 여기에서 김성수, 송진우,
현상윤 등 민족 지도자를 만나고, 고재욱, 이상
백, 고영욱과 교유하였다.

1918년(18세)

김성수의 소개로 경성직뉴회사에 들어가 근무
하였다. 그러다가 몇 개월 후 한용운의 거처에
가서 그를 시봉(侍奉)하였다. 중앙고등보통학교
에 2학년 보결생으로 들어가 2개월 동안 수학하
였다. 중동학교의 급사로 취직하였다.

1919년(19세)

3월 3·1운동에 참여하여 『조선독립신문』을 배포하는 활동을 하였다. 후일 의열단으로 활동한 이수영의 쌀가게에서 사환으로 일하였다.

여름 중동학교에서 두 달간 윤태헌 선생으로부터 영어강습을 받았다.

가을 황성기독교청년회 청년학관의 3학년으로 편입하여 영어를 배웠다.

1920년(20세)

초봄 종로에서 황성기독교청년회가 "현대문명의 중심은 도덕이냐 과학이냐"는 주제로 토론 시 도덕편에서 강연을 하여 청중의 주목을 받았다.

4월 기미육영회 장학생으로 선발되어 일본으로 도일하였다.

1921년(21세)

도쿄 간다(紳田)에 있는 순천중학교(順天中學校)의 4학년으로 편입하였다.

1922년(22세)

4월　와세다(早稻田)대학 부속(附屬) 제1 고등학원 문과에 입교하였다.

1923년(23세)

9월　도쿄에서 관동대지진을 경험하고 민족적 각성을 하였다.

1924년(24세)

　도쿄에서 "민족운동을 개척할 핵심조직체"로서 '한빛'을 조직하였다. 전진한은 와세다대학의 함상훈 김원석, 메이지대학의 김준섭, 도요(東洋)대학의 이시목, 릿쿄(立敎)대학의 김용채 등과 정치·경제 방면을 연구하였다.

1925년(25세)

4월　와세다대학 정경학부에 입학하였다.

1926년(26세)

5월 24일	와세다대학 스코트홀에서 함상훈, 김용채, 손봉조, 권오익, 이선근, 이시목, 김원석, 임태호 등과 협동조합운동사를 발기하였다.
6월 5일	『계의 연구』를 발간하였다.
6월 13일	와세다대학의 스코트홀에서 협동조합운동사를 설립하였다.
여름	방학 때 형인 전준한(錢俊漢)과 경북 상주 등지를 돌며 협동조합의 설립을 위한 조사를 진행하였다.

1927년(27세)

3월	서울에 와서 신간회 본부를 찾아 신간회 동경지회의 설립을 요청하고, 민족주의계 인물의 회장 선임을 위해 노력하였다.
5월 7일	와세다대학 스코트홀에서 신간회 동경지회를 창립하고, 서무부의 책임자에 선정되었다.
여름	협동조합운동사 선전대의 일원으로 경남과 호남, 그리고 경기도, 황해도, 평안도 등지에서 순회강연을 하였다.
11월	『협동조합운동의 실제』라는 팸플릿을 발간하였다.

1928년(28세)

2월	신간회 동경지회의 대의원에 선임되었다.
3월	와세다대학 정경학부 경제과를 졸업하였다.
4월	귀국하여 광화문통 121번지에 거주하였다. 그리고 협동조합운동사의 본부를 자신의 집인 광화문통 121번지에 정하였다. 협동조합운동사의 운동 방향을 선전에서 조직으로 변경하여 실제적인 활동을 전개하였다.
4월	'내외전선정리자동맹'의 명의로 삐라가 살포되자 신간회 동경지회의 현 간부진을 지지하는 발언을 하였다.
5월	김도명과 함께 협동조합의 설립을 독려하고, 지도하기 위하여 충청도와 경상도 일대를 순회하였다.
7월	서울파의 조선공산당 사건에 연루되어 체포되었다.

1929년(29세)

4월 15일	신의주지방법원의 예심재판에서 "공판에 붙일 범죄의 혐의가 없는 것으로 사료되어" 면소(免訴) 처분을 받았다. 이 해에 8살 연하인 전주 최씨와 결혼하였다.

1930년(30세)

1월 1일~16일	『중외일보』에 14회에 걸쳐, 덴마크, 독일, 아일랜드, 프랑스, 벨기에, 이탈리아, 네덜란드, 헝가리, 오스트리아, 세르비아, 스웨덴, 노르웨이, 폴란드, 스위스, 룩셈부르크, 호주의 협동조합의 상황을 소개하였다.
1월 17일	광주학생운동의 동조 시위를 예방하려는 일본 관헌의 책략에 따라 협동조합운동사의 간부인 김성숙, 함상훈과 함께 예비검속을 당하였다.
3월	장녀 금주(金周)가 출생하였다.

1930~31년(30~31세)

함남 갑산에서 사립학교의 선생으로 활동하다 쫓겨나 금강산에서 은둔생활을 하였다.

1931년대 초(미상)

용산의 군사령부에 불려왔으나 협력하지 않아 풀려났다. 이후 금강산 신계사에서 생활하였다.

1932년(32세)

5월   장남 창원(昌源)이 출생하였다.

1935년(35세)

10월   차녀 인주(仁周)가 출생하였다.

1937년(37세)

11월   삼녀 영희(永禧)가 출생하였다.

1940년대 초(미상)

금강산과 오대산에서 은거하며 생활하였다.

1944년(44세)

10월   4녀 방자(芳子)가 출생하였다.

1945년(45세)

8월 18일	형 전준한과 함께 오대산에서 상경하였다.
9월 8일	한국민주당 발기에 참여하여 대한민국 임시정부를 지지하고, 건국준비위원회와 인민공화국을 부인하는 성명서에 서명하였다.
9월 16일	한국민주당의 창당에 참여하였다.
9월 21일	한국민주당의 노농부 위원으로 한국민주당의 정책을 제안하였다.
12월 21일	대한독립촉성전국청년총연맹(大韓獨立促成全國靑年總聯盟)의 위원장에 선임되었다.

1946년(46세)

1월 10일	대한독립촉성전국청년총연맹의 대표로 조선여자국민당, 독립촉성중앙부인단, 반탁치전국학생총연맹, 한국애국부인회, 유학생동맹의 대표와 하지를 방문하여 반탁을 주장하였다.
2월 2일	비상국민회의의 노농부 위원에 선임되었다.
3월 10일	사회주의계 노동단체인 조선노동조합전국평의회에 대항하기 위하여 홍윤옥, 김관호 등과 대한독립촉성노동총연맹을 조직하였다.

3월 23일	대한독립촉성전국청년총연맹의 대표로 미소공동위원회에 성명을 발표하여 통일정부의 수립을 요청하였다.
4월 30일	대한독립촉성전국청년총연맹의 위원장으로 재선임되었다.
5월 1일	한국민주당 청년훈련분과 위원장에 선임되었다.
6월 13일	대한독립촉성국민회 중앙상무집행위원에 선임되었다.
6월 29일	민족통일총본부의 노농부 위원에 선임되었다.
8월 12일	민족통일총본부의 노동부장에 선임되었다.
10월 18일	대한독립촉성노동총연맹의 위원장에 선임되어 대한독립촉성전국청년총연맹의 위원장직을 사임함.
10월 21일	대한독립촉성노동총연맹 내에 소비조합을 설치하고 이사장으로 조합원들의 권익을 증대하고 편의를 증진하였다.

1947년(47세)

3월 18일	대한독립촉성노동총연맹의 위원장에 재선임되었다.
3월 31일	세계노련 극동조사단의 영접대표로 활동하였다.
5월 1일	대한독립촉성노동총연맹의 위원장으로 메이데이 기념식에서 임시정부 수립, 매국적 신탁통치의 배격, 삼팔선의 철폐 등을 주장하였다.

| 8월 29일 | UN총회에서 남북한 총선거에 의한 임시정부의 수립이 결정된 후 총선거대책위원회의 연락부장으로 활동하였다. |
| 8월 30일 | 대한독립촉성노동총연맹 산하 농민총국을 분리하여 대한독립촉성농민총연맹을 조직하였다. |

1948년(48세)

1월 11일	대한독립촉성노동총연맹 제2회 전국대의원대회에서 다시 위원장으로 선임되었다.
5월 10일	5월 10일 국회의원 선거 시 경북 상주을구에서 무소속으로 출마하여 32,527표 얻어 초대 국회의원으로 당선되었다.
5월 24일	대한독립촉성국민회의 중앙상무위원에 선임되었다.
6월 2일	국회법 및 국회규칙 기초위원으로 선정되었다.
6월 16일	국회 산업노농위원회 분과위원으로 임명되었다.
8월 3일	이승만으로부터 사회부장관에 임명되었다.
8월 26일	대한독립촉성노동총연맹의 이름을 대한노동총연맹으로 변경하였다.
8월 28일	대한노동총연맹 제3회 임시전국대의원대회에서 위원장에 다시 선출되었다. 그러나 그의 유임에 불만을 갖는 사람들이 많아 난투극이 발생하였다.
9월 26일	대한노농당을 창당하였다.

10월 24일	채규항, 장례학(張禮學)과 대한노총 및 대한농총을 기반으로 한국노농당을 창당하고 동 당의 최고위원에 선임되었다.
11월 11일	전국후생대책위원회의 고문에 선임되었다.
12월 19일	청년조선총동맹, 대동청년단, 국민회청년당, 서북청년회, 대한독립청년단 등이 합동하여 조직된 대한청년단의 최고지도위원에 임명되었다.
12월 20일	유진산 체포사건 관련하여 사회부장관을 사직하였다.

1949년(49세)

3월 25일	대한노동총연맹 제4차 대의원대회에서 21표차로 낙선되었다. 유기태가 위원장으로 선출되었다.
4월 21일	재소집된 대한노동총연맹 전국대의원대회에서 위원장으로 선출되었다. 3월의 대의원대회를 무효라고 하였으나 이것으로 인해 분란이 발생하였다.
7월 19일	대한노동총연맹의 10명의 최고위원 중 한 사람으로 선정되었다. 당시 최고위원은 유기태, 주종필, 전진한, 조광섭, 김구, 박중정, 김중열, 신동권, 안병성, 김태룡이었다.
11월 29일	런던에서 개최된 제1차 국제자유노동조합연맹회의에 참석하였다.

1950년(50세)

1월 8일	제1차 국제자유노동조합연맹 회의에 참석하여 미국과 일본을 시찰하고 귀국하였다.
1월 27일	국회 노동법령기초위원회 기초위원에 선임되었다.
3월 10일	대한노총 제5회 전국대의원대회를 개최하고 위원장에 선임되었다.
5월 30일	제2대 국회의원 선거에서 부산갑구에서 출마하였으나 낙선하였다.
8월 3일	전시근로의용단을 결성하고 그 단장에 선임되었다.
9월 1일	전시선전대책위원회 위원에 선정되었다.
9월 13일	국토통일촉진국민대회 준비위원회 위원으로 활동하였다.

1951년(51세)

5월 8일	애국호 비행기 비용 8,155,580원을 대통령에게 헌금하였다.
5월 28일	국제자유노동조합연맹의 아시아지역연맹 대회에 참석하여 부의장에 선임되었다.
7월 4일	이탈리아 밀라노에서 개최된 국제자유노동조합연맹 제2차 대회에 참석하였다. 이 회의에서 침략에게 전략물자를 제공하지 말자는 연설을 하였다.

12월 14일	조선방직회사 강일매 사장을 만나 조선방직 쟁의를 해결하려 하였다. 그러나 언쟁으로 인해 사건이 확대되었다.
12월 25일	(원내)자유당의 노동부장에 선임되었다.

1952년(52세)

2월 5일	부산무구의 보궐선거에 입후보하여 22명의 출마자를 제치고 당선되었다.
4월 19일	내각제 개헌문제에 대하여 무소속으로 반대하였다.
5월 1일	대한노동총연맹의 메이데이 행사 위원장으로 임명되었다. 그러나 동아극장에서 개최하려던 군중대회는 중지하고 직장별로 기념행사를 갖게 하였다.
8월 5일	정·부통령선거에 부통령으로 출마하였으나 302,471표를 얻어 낙선하였다.
11월 9일	대한노동총연맹 통일대회의 최고위원 선거에서 낙선하였다.
11월 29일	무소속구락부에 참여하여 민의원 사무처에 등록하였다. 대표의원에 선임되었다.

1953(53세)

5월 25일	노농당을 발기하였다.
12월 5일	노농당발기주비처 대표로 노농당 발기의 근본 취지를 밝혔다.

1954년(54세)

5월 20일	제3대 민의원 총선거에서 부산시 을구에 출마하여 당선되었다.
6월 14일	무소속동지회를 발족하였다.
11월 30일	호헌동지회를 결성하였다.

1955년(55세)

2월 15일	천도교체육관에서 노농당을 창당하였다. 노농당 위원장에 선임되었다.
3월 13일	『동아일보에 「자유협동주의와 민족재건」이라는 광고를 실었다.
7월 31일	호헌동지회를 탈퇴하였다.

1956년(56세)

6월　　　　통일사회당 결성에 참여하였다가 합류하지 않
　　　　　　았다.

7월 27일　이승만정권이 지방자치단체장과 지방자치의원의
　　　　　　불법선거를 자행하자 국민주권옹호투쟁위원회를
　　　　　　조직하고 이를 막고자 하였다.

1957년(57세)

7월　　　　조경한 등이 이끄는 혁신세력대동통일추진위원
　　　　　　회에 불참하였다.

10월　　　민족진영혁신세력 총집결추진위원회를 조직하
　　　　　　였다.

1958년(58세)

5월 2일　제4대 민의원 선거 시 영등포갑구에서 출마하여
　　　　　　3등으로 낙선하였다.

11월　　　노농당 위원장 전진한은 민혁당, 전국민당, 전통
　　　　　　일당, 전사회당, 한독당의 인사들과 '제3당추진
　　　　　　구인위원회'를 조직하였다.

| 12월 24일 | 노농당의 위원장으로 민주혁신당과 국가보안법에 반대하는 성명을 발표하였다. |

1959년(59세)

1월	자유당 정권의 개악된 보안법 통과에 '국민대회준비위원회'에 참여하여 무효화 투쟁을 전개하였다.
2월	'민권수호국민총연맹'을 발족하고 선언강령 및 규약기초위원으로 활동하였다.
12월	장택상, 서상일 등과 비보수 노선의 신당으로 민족주의민주사회당을 창당하였다.
12월 20일	노농당의 당명을 민족주의민주사회당으로 변경하였다. 최고위원과 1960년 대선의 대통령 후보에 선정되었다.

1960년(60세)

| 1월 25일 | 민족주의민주사회당의 대통령 후보로 지명되었다. 그러나 정부에서 당의 등록을 불허하여 출마가 좌절되었다. |

3월	'3·15 민주수호순사자 합동위령제'를 개최하였다.
4월 19일	김병로 등 정치지도자 11인과 비상계엄 해제와 구속학생 석방, 국민총의 존중 등의 건의안을 내무장관과 국방장관에게 전달하였다.
5월 20일	사회대중당의 발기에 자극받아 민주사회주의 이념을 가진 인물을 결집하여 한국사회당을 발기하였다.
6월 14일	한국사회당 창당에 참여하였다.
6월 23일	사회대중당, 혁신총련과 회의를 갖고 7월 29일 총선에서 혁신세력 단일후보를 내기로 결의하였다.
7월 29일	제5대 민의원 선거 시 종로갑구의 민의원 후보로 출마하였으나 낙선하였다.
10월 10일	제5대 민의원 종로갑구의 보궐선거에서 당선되었다.
11월 1일	민정구락부에 참여하여 고문에 선임되었다.
12월	김말룡의 한국노동조합연맹에 맞서 한국노동조합협의회를 조직하였다.

1961년(61세)

5월 10일	김기철, 신민당의 서민호 등과 접촉하며 범국민적인 통일운동을 전개하였다.

1962년(62세)

5월 30일   정치활동정화법의 규제를 벗고자 청구한 적격 심판에서 적격 판정을 받았다.

11월   공고된 개헌안에 대해 협동조합 육성에 대해서는 긍정적으로 평가하였으나 국회의 불신임권이 없는 등 대통령의 권한이 강화된 것을 비판하였다.

1963년(63세)

3월 21일   조속한 민정 이양을 촉구하는 구국선언문에 서명하였다.

4월 15일   박정희군사정권의 민정 이양 지연에 대하여 김병로, 김도연, 김법린, 김준연, 박순천, 백두진, 윤보선, 이범석, 이인과 함께 성명서를 발표하였다.

5월 14일   민정당을 창당하였다.

6월 20일   민정당 최고위원으로서 정당 간 연합을 통해 단일대통령 후보를 선정하기 위한 활동을 시작하였다.

9월 17일   민정당 대통령선거 사무장에 선임되었다.

10월 15일   민정당의 사무장으로 치른 제5대 대선에서 윤보선이 낙선하였다.

| 11월 26일 | 제6대 민의원 선거에서 종로구에서 출마하여 당
선되었다. |

1964년(64세)

| 3월 9일 | 한일국교정상화안의 체결에 대해 종로예식장에
모여 시국선언과 함께 '대일굴욕외교반대범국민
투쟁위원회'를 구성하고 대여투쟁을 시작하였다. |
| 11월 26일 | 민정당과 자민당을 합당하여 민정당을 결성하
는 데 참여하였다. |

1965년(65세)

| 2월 22일 | 김도연, 윤제술과 같이 민정당의 부대표로 선출
되었다. |
| 2월 24일 | 정치정화법폐기추진위원회 위원에 선임되었다. |
| 5월 8일 | 한일국교정상화의 조인에 반대하는 단식을 시
작하여 5월 17일에 신체쇠약으로 중단하였다. |
| 6월 14일 | 민중당을 창당하였다. |
| 6월 15일 | 민중당의 지도위원에 선정되었다. |

1966년(66세)

10월 9일   '재벌밀수진상보고 및 규탄국민궐기대회를 개최
하였다.

1967년(67세)

2월 7일   민중당과 신한당이 통합하여 신민당을 창당한
직후 신민당 불참을 선언하였다.

3월 13일   신민당 탈당계를 내고 한독당에 입당하였다.

5월 3일   6대 대통령선거에 한독당의 후보로 출마하여 낙
선하였다.

6월 8일   6·8 제7대 총선에서 종로구에 출마하였으나 낙
선하였다.

1968년(68세)

11월~12월   어머니와 부인이 사망하였다.

1969년(69세)

3월 7일	주민의례 준칙을 제1호로 수범하였다.
3월 11일~4월 4일	『매일경제』에 「나의 편력」을 55회에 걸쳐 연재하였다.

1971년(71세)

5월 28일	『동아일보』에 「민족주체세력을 형성하자」라는 글을 발표하였다.
9월 14일	『동아일보』에 「통일과 민족주체사상」이란 글을 발표하였다.
12월 23일	반도호텔에서 개최된 조국통일범국민연맹 발기모임에 참석하여 창설준비위원장에 선임되었다.

1972년(72세)

4월 20일	새벽 5시 30분 자택에서 뇌경화증으로 별세했다.
4월 24일	오전 10시 서울시민회관에서 사회장 영결식이 치러졌다.
	경기도 양주군 장흥면 일영리 가족묘지에 안장되었다.

1973년

4월 20일	경기도 양주군 장흥면 일영리 묘소에서 전진한 선생 묘비 제막 및 1주기 추도식이 개최되었다.
10월 24일	덕성여대에서 김윤기, 함상훈, 정인섭 등의 주도로 전진한 등 '한빛동지회'의 고인을 추모하였다.

1974년

4월 20일	서울청소년회관에서 장남 전창원과 이철승 국회 부의장 및 친지가 참석한 가운데 2주기 추도식이 개최되었다.

1982년

4월 20일	전진한의 10주기 추도식이 종로구 신문로 전 서울고교 강당에서 개최되었다. 장남 전창원과 노동부장관 권중동, 장한주 한국노총위원장 등 노동계 인사와 친지가 조촐한 추도식을 거행하였다.

4월 20일	전진한의 20주기 추모제가 양주군 일영 그의 묘소에서 거행되었다. 전(前)/현(現) 노총위원장과 노동계 지도자와 가족 및 친지 등 200여 명이 참석하여 고인의 공적을 추모하였다.

머리말

1) 삼이사, 『구국투쟁의 그의 일대기』, 삼이사, 1967; 전창원 편, 『이렇게 싸웠다』, 무역연구원, 1996; 대한불교진흥원 편, 「우촌 전진한: 노동자로 왔다가 노동자로 돌아간 禪 수행자」, 『불교와 문화』 40, 2001.6.

2) 임송자, 「牛村 錢鎭漢의 협동조합 및 우익노조 활동」, 『한국민족운동사연구』 36, 2003; 김현숙, 「일제하 민간협동조합운동에 관한 연구」, 서울대 사회학과 석사학위논문, 1987; 「일제하 민간 협동조합 운동에 관한 연구」, 『사회와 역사』 9, 1987; 조형열, 「協同組合運動社의 조직 과정과 주도층의 현실 인식: 1926~1928」, 『한국사학보』 34, 2009; 윤효원, 「자유협동주의의 기수, 전진한」, 『월간 한국노총』 516, 2015.

3) 이흥재, 「이익균점권의 보장과 우촌 전진한의 사상 및 역할: 우촌의 사회법사상 궤적의 탐색을 위한 '초심곡'」, 『법학』 46권 1호, 2005; 이흥재, 「노동조합법 제정사의 법사회학적 조명: 그 제정배경과 전진한의 역할 및 법인식의 探照」, 『법학』 46권 2호, 2005; 이흥재, 「노동법제정의 특징과 전진한의 역할」, 『법학』 50권 4호, 2009; 이흥재, 「전진한의 생애와 사회법사상」, 『노동법 제정과 전진한의 역할: 국회 속기록의 현장 증언』, 서울대학교출판문화원, 2010.

4) 임송자, 「牛村 錢鎭漢의 협동조합 및 우익노조 활동」, 『한국민족운동사연구』 36, 2003; 남시욱, 「전진한과 노농당」, 『한국진보세력 연구』, 청미디어, 2009.

제1장

1) 『聞慶(冠山)錢氏大同譜』 상권, 1991, 263~265쪽.

2) 『聞慶(冠山)錢氏大同譜』 상권, 1991, 46~47쪽.

3) 조선시대에 문경현이었으나 1896년 관제개혁으로 문경군으로 되었다.

4) 『광여도』(고 4790-58), 문경현, 서울대학교 규장각한국학연구원.

5) 『聞慶(冠山)錢氏大同譜』 상권, 1991, 47쪽, 263쪽.

6) 전진한, 「나의 편력: 전진한(1)」, 『매일경제』 1969년 3월 11일.

7) 「慶尙道抽栍暗行御史 洪大重 進書啟別單」, 『日省錄』 1876년 9월 30일(음).

8) 『聞慶(冠山)錢氏大同譜』 상권, 1991, 47쪽. 전석기는 1879년생이고, 전진한의 형 전준한이 1898년 3월에 출생하였으므로 이 무렵에 결혼하였을 것으로 짐작된다.

9) 「나의 편력 36: 전진한 (1) 소년시절」, 『매일경제신문』, 1969년 3월 11일; 전창원 편, 『이렇게 싸웠다』, 무역연구원, 1996, 271쪽.

10) 「나의 편력 36: 전진한 (1) 소년시절」, 『매일경제신문』, 1969년 3월 11일; 전창원 편, 『이렇게 싸웠다』, 무역연구원, 1996, 271쪽.

11) 「나의 편력 36: 전진한 (1) 소년시절」, 『매일경제신문』, 1969년 3월 11일.

12) 전창원 편, 『이렇게 싸웠다』, 무역연구원, 1996, 273~275쪽.

13) 전창원 편, 『이렇게 싸웠다』, 무역연구원, 1996, 272쪽.

14) 전창원 편, 『이렇게 싸웠다』, 무역연구원, 1996, 275쪽.

제2장

1) 전창원 편, 『이렇게 싸웠다』, 무역연구원, 1996, 272쪽.

2) 「함창공보교의 창립 20년 축하」, 『중앙일보』 1932년 4월 6일. 1912년 4월 2일 함창공립보통학교 창립 20주년 기념식이 개최된 것으로 보아 함창공립보통학교는 1912년에 설립된 것으로 판단된다.

3) 김영우·피정만 공저, 『최신 한국교육사 연구』, 교육과학사, 1995, 335쪽.

4) 전창원 편, 『이렇게 싸웠다』, 무역연구원, 1996, 272쪽.

5) 전창원 편, 『이렇게 싸웠다』, 무역연구원, 1996, 272쪽.

6) 전창원 편, 『이렇게 싸웠다』, 무역연구원, 1996, 272~273쪽.

7) 전창원 편, 『이렇게 싸웠다』, 무역연구원, 1996, 272~273쪽. 당시 찾았던 강판서 댁이 누구인지는 자세하지 않다. 고종시대 판서를 지낸 영남 출신의 인물로는

1873년 예조판서에 임명된 안동의 姜晉奎가 확인된다. 그는 1881년 영남만인
소를 지은 인물이었다.

8) 전창원 편, 『이렇게 싸웠다』, 무역연구원, 1996, 272~273쪽.

9) 전창원 편, 『이렇게 싸웠다』, 무역연구원, 1996, 273쪽.

10) 1919년 3·1운동 당시 송진우, 현상윤 등은 계동 1번지에 기숙하고 있었다.

11) 전창원 편, 『이렇게 싸웠다』, 무역연구원, 1996, 273~274쪽.

12) 한국민족문화대백과사전 등을 참고하여 작성.

13) 전창원 편, 『이렇게 싸웠다』, 무역연구원, 1996, 273~274쪽.

14) 전창원 편, 『이렇게 싸웠다』, 무역연구원, 1996, 273~274쪽.

15) 1911년 6월 안태영, 김성기, 김용태, 조종서, 이정규, 김용달, 박승원 등의 발기
로 설립된 회사로 1915년 김성수가 경영권을 인수하여 운영하였다(한국민족
문화대백과사전).

16) 전창원 편, 『이렇게 싸웠다』, 무역연구원, 1996, 273~274쪽.

17) 중앙학교는 1908년 6월 기호흥학회가 소격동의 육군 위생원 건물을 빌려 운영
한 기호학교에서 비롯되었다. 1908년 12월 종로구 화동에 교사를 마련하여 이
사하였다. 기호학교는 1910년 11월 기호흥학회, 호남학회, 교남학회, 관동학
회 등이 통합하여 중앙학회가 만들어지면서 교명이 중앙학교로 변경되었다.
중앙학교는 재정난으로 학교의 운영이 어려워지자 1915년 4월 김성수가 인수
하여 교장으로 운영하였고, 1917년 계동에 교사를 신축하여 이전하였다. 한국
민족문화대백과사전 참조.

18) 전창원 편, 『이렇게 싸웠다』, 무역연구원, 1996, 279~280쪽. 당시 한용운의 집
이 계동 40번지에 있었음은 3·1운동 후 한용운의 신문조서를 통해 알 수 있
다(국사편찬위원회, 「한용운 신문조서」, 『한민족독립운동사자료집』).

19) 중동학교는 1906년 4월 오규신, 유광렬, 김원배 등이 관립 漢城漢語學校를 빌
어 운영하던 야학교에서 비롯되었다. 1907년 1월 중동야학교로 발전하였고,
1909년 5월 사립학교령에 따라 중동학교의 설립 인가를 받았다. 1914년 12월
白儂 崔奎東이 인수한 후 수송동 85번지에 교사를 이전하고 교장으로 취임하
여 학생을 교육하였다. 1916년 4월 晝學을 병설하였고, 1919년 1월 사립중동
학교, 1922년 3월 중동학교로 발전하였다. 한국민족문화대백과사전 참조.

20) 전창원 편, 『이렇게 싸웠다』, 무역연구원, 1996, 279~280쪽.

21) 「중동학교교장 최규동」, 『동광』 38, 1932.10.

22) 「교육계의 중진 최규동씨, 십여성상으로 교육사업을 위해 시종하는 현대모범
인물」, 『동광』 14, 1927.6.

23) 전창원 편, 『이렇게 싸웠다』, 무역연구원, 1996, 279~280쪽.

24) 윤병석, 「「조선독립신문」의 습유」, 『중앙사론』 1, 1972, 82~83쪽.

25) 전창원 편, 『이렇게 싸웠다』, 무역연구원, 1996, 279~280쪽. 이수영은 1887년 5월 10일 출생하였다. 본적은 경성부 인사동 7번지이다. 안동소학교와 경성관립사범학교를 졸업하였다. 1909년 백산 안희제 등과 대동청년당을 조직하고 활동하였다. 공립보통학교 교사로 활동하였고, 10년 정도 모스크바에서 상업에 종사하였다. 1919년 3 · 1운동 후 인사동 7번지에 여관을 차리고 의열단의 연락 · 통신소의 역할을 하였다. 1922년 의열단의 군자금 모집을 위하여 김한, 안홍환, 정설교, 윤익중 등과 함께 활동하였다. 1923년 경북에서 군자금을 모집하려던 경북의용단 사건으로 체포되어 1924년 징역 2년 6월의 형을 받고 옥고를 치렀다. 국가보훈처, 『독립유공자공훈록』 1권, 1986, 194~195쪽; 『倭政時代人物史料』.

26) 전창원 편, 『이렇게 싸웠다』, 무역연구원, 1996, 279~280쪽.

27) 「외국어학교시절부터 영어교관으로 일관: 중동학교 윤태헌씨」, 『동아일보』, 1935년 1월 1일.

28) 전창원 편, 『이렇게 싸웠다』, 무역연구원, 1996, 283쪽.

29) 「청년학관졸업식」, 『매일신보』, 1918년 3월 24일.

제3장

1) 전창원 편, 『이렇게 싸웠다』, 무역연구원, 1996, 283~284쪽.

2) 「기미육영회에 관한 건」(1920.5.8.), 金正明 편, 『朝鮮獨立運動』 제1권 분책, 原書房, 1967, 395~396쪽. 기미육영회의 주도인물은 다음과 같다. 간사 在 부산 白山商會 전무 安熙濟, 재 부산 백산상회 이사 尹鎭泰, 재 부산 백산상회 지배인 겸 이사 尹炳浩, 재 부산 무역상공업 상회 주인 崔泰旭, 재 부산 草準 경남은행 부지배인 金秉鶴. 評議員 재 부산 경남은행 지배인 文尙宇, 재 부산 부자 宋台觀, 재 부산 백산상회 이사 趙東玉, 재 부산 백산상회 이사 李愚奭, 재 부산 부산진일기 포장 金錫準, 재 부산 부산부협의회원 尹相殷, 재 밀양 孫永詢, 재 부산 主一商會 주인 崔漢武, 재 부산 무역상 부산상업회의소 부회장 金時龜, 재 경남 합천 부산체재무역상 金孝錫.
〈기미육영회 취지서〉
　　사회의 興隆을 도모하고, 문화의 발전을 촉진하는 데 그 방도는 하나이지 않지만 策의 근본이 되고 效의 必定이 되는 것은 청년을 교양하여 需世의 그 릇과 經邦의 재목을 多作함이 우선이다.
　　지금 우리 사회는 일마다 창조의 추세이다. 그러나 그 맡길 인물에 하나같이 高手이고 蔥蔥한 좋은 인재가 도리어 부족함을 한탄하게 된다. 鷄林八道를 통해서 기성의 인재를 찾아냄이 마치 쓸쓸한 별과 같아 흡사 수 명의 장인과 공인으로 천만 칸의 큰 집을 건영하려는 모양이다. 이것이 어찌 가능한 일이고, 그것이 어떻게 하여 마침내 성취하는 효과를 거둘 수 있겠는가? 인재양성의 필요는 어떤 시대에 급하지 아니하고, 어떤 사회에 절실하지 않겠는가? 그렇지만 이 시기에 당하여 우리 사회와 같이 통절하게 급박한 것은 그 부류가 희박하다. 실제 사회를 위하여 사업을 창기하고, 문화를 위하여 시설을 經始함에 맡길 사람이 없어서 널리 한탄하는 사람은 반드시 물러나서 그물을 짜는 근본책을 실행하지 않아서는 안 된다.

지역은 적고, 모름지기 人衆은 2천만이다. 박옥과 잠룡이 전혀 없겠는가? 역사는 반만년이다. 교육받은 백성과 양성된 재목이 어찌 겨를이 없다고 하겠는가? 그렇지만 유물주의 사회와 빈부가 진나라와 월나라처럼 차이가 큰 세태로, 이들을 정선하여 그릇을 만드는 데 길이 없고, 구름을 타게 하는 데 기회가 없어서 진흙과 구덩이에 있는 것과 같다. 그 빛을 가리고, 그 자취를 감추는 사람을 구함에 그 수를 알지 못한다. 그렇다면 구하여서 탁마한다면 瑚璉을 만들고 나듬어 興作하면 玄間을 궁구하게 할 수 있는 것이다. 어찌 인재의 결핍을 근심하겠는가? 아아 물질가치의 생산만이 유독 전미한 사업이 아니고, 우리의 자식과 후예를 교양하는 것도 인류공영의 대의이다. 창고를 채우고 재화를 취함도 사회의 餘澤임을 알고, 업신여김을 막고 깨어진 것을 보존함도 이와 같은 동류의 아우른 힘에 의존함을 깨달으면, 자타를 나누는 여력을 서로 합하여 저 빛을 가리고 형채를 숨기는 준재를 골라서 그릇을 만들고 뜻을 달성하게 하는 방도를 준다면 한편으로 우리 사회의 흥융을 도모하고, 문화의 발전을 촉진하는 데 요무일 뿐만 아니라 진실로 시대사상의 貧富相背를 완화하는 일대미거이다.

이에 우리들이 느끼는 바가 있어서 育英會를 설립하여 이 숭고한 사업을 수행하려고 한다. 동감하는 선비는 와서 이 거사를 칭찬하도록 하자.

〈기미육영회 규칙〉
1. 본회는 기미육영회라 칭한다.
2. 본회는 사회를 위하여 인재를 양성함을 목적으로 한다.
3. 본회는 본부를 부산에 둔다.
4. 본회의 목적을 달성하기 위해 장래 유망한 수재를 선발하여 내외국에 유학시킨다.
5. 본회의 비용은 회원의 부담으로 한다.
6. 본회원은 매년 일백엔 이상의 부담을 갖는다.
7. 본회에는 간사 5인을 두어 회무를 관리케 하고, 그중의 한 사람을 대표 간사로 정한다.
8. 본회는 회원 중에 평의원 10인을 선정하여 본회의 사업을 평의한다.
9. 간사는 선발내규에 의하여 유학생 후보자를 선정하여 평의회의 승인을 얻음을 요한다.
10. 역원의 임기는 간사는 3개년 평의원은 2개년으로 한다.
11. 간사와 평의원은 총회에서 선정한다.
12. 간사는 본회사무상 편의를 위하여 유급사무원을 둘 수 있다.
13. 본 규칙의 개정은 총회의 결의에 의한다.

3) 「기미육영회에 관한 건」(1920.5.8.), 金正明 편, 『朝鮮獨立運動』제1권 분책, 原書房, 1967, 395~396쪽.

4) 전창원 편, 『이렇게 싸웠다』, 무역연구원, 1996, 284쪽.

5) 「기미육영회에 관한 건」(1920.5.8.), 『조선독립운동』 1권 분책, 原書房, 1967, 395~396쪽.

6) 「전진한」, 위키피디아 한국백과사전. 입학연도와 수학기간은 와세다대학과 부속고등학원의 학제를 보고 추산하였다.

7) 「順天160年史: 校名の変更」, https://www.junten.ed.jp/kousi/.

8) 「順天160年史: 大正デモクラシーと学生運動」, https://www.junten.ed.jp/kousi/.

9) 「전진한」, 위키피디아 한국백과사전. 입학연도는 1920년대 중반 와세다대학과 부속고등학원의 학제를 보고 추산하였다.

10) 「学校法人早稲田大学」, 위키피디아 일본백과사전.

11) 「전진한」, 위키피디아 한국백과사전. 입학연도는 1920년대 중반 와세다대학의 학제와 졸업연도를 보고 추산하였다.

12) 29~30쪽의 〈표 1〉 참조.

13) 「전씨조대졸업」, 『동아일보』 1928년 3월 15일.

14) 조형열, 「協同組合運動社의 조직 과정과 주도층의 현실 인식: 1926~1928」, 『한국사학보』 34, 2009, 151~153쪽.

15) 「安部磯雄」, 위키피디아, http://ja.wikipedia.org/

16) 조형열, 「協同組合運動社의 조직 과정과 주도층의 현실 인식: 1926~1928」, 『한국사학보』 34, 2009, 151~152쪽.

17) 조형열, 「協同組合運動社의 조직 과정과 주도층의 현실 인식: 1926~1928」, 『한국사학보』 34, 2009, 151~152쪽. https://catalog.hathitrust.org/林癸未夫.

18) 早稲田大學 敎員, 猪俣津南雄, 위키피디아, http://ja.wikipedia.org/. 조형열, 「協同組合運動社의 조직 과정과 주도층의 현실 인식: 1926~1928」, 『한국사학보』 34, 2009, 152쪽.

19) 安部磯雄, 위키피디아, http://ja.wikipedia.org/.

20) 조형열, 「協同組合運動社의 조직 과정과 주도층의 현실 인식: 1926~1928」, 『한국사학보』 34, 2009, 153쪽.

21) 김권정, 「1920~1930년대 유재기의 농촌운동과 기독교사회사상」, 『한국민족운동사연구』 60, 174~176쪽.

22) 賀川記念館, 賀川豊彦について. http://core100.net/index.html.

23) 赤坂一郎, 『無産黨お動かす人人』, 岡部書店, 1936, 52~53쪽.

24) 김권정, 「1920~1930년대 유재기의 농촌운동과 기독교사회사상」, 『한국민족운동사연구』 60, 174~176쪽.

25) 함상훈, 「조선협동조합운동의 과거와 현재」, 『동광』 제23호, 1931년 7월, 20쪽.

26) 大島眞理夫, 「猪谷善一の經濟史觀(1923~1928)に關する覺え書」, 『經濟學雜誌』 95권 3·4호, 1994.11, 17쪽.

제4장

1) 김인덕, 「관동대지진 조선인학살과 일본 내 운동세력의 동향: 1920년대 재일 조선인 운동세력과 일본 사회운동세력을 중심으로」, 『동북아역사논총』 49, 2015, 420쪽.

2) 다나카 마사다카(田中正敬), 「간토(관동)대지진과 지바(千葉)에서의 조선인 학살의 추이」, 『한국독립운동사연구』 47, 2014, 85~107쪽. 정확한 인원을 확인 할 수 없지만, 대한민국 임시정부에서 파견한 인사가 보고한 기록에 의하면 6,661명이나 되었다.

3) 김인딕, 「관동대지진 조선인학살과 일본 내 운동세력의 농향: 1920년대 새일 조선인 운동세력과 일본 사회운동세력을 중심으로」, 『동북아역사논총』 49, 2015, 423~430쪽.

4) 전창원 편, 『이렇게 싸웠다』, 무역연구원, 1996, 284쪽.

5) 조형열, 「協同組合運動社의 조직 과정과 주도층의 현실 인식: 1926~1928」, 『한국사학보』 34, 2009, 144쪽.

6) 조형열, 「協同組合運動社의 조직 과정과 주도층의 현실 인식: 1926~1928」, 『한국사학보』 34, 2009, 144쪽.

7) 정인섭, 『못다한 인생』, 휘문출판사, 1979, 55쪽.

8) 함상훈, 「조선협동조합운동의 과거와 현재」, 『동광』 제23호, 1931.7, 20쪽.

9) 전진한, 『협동조합운동의 실제』, 동성사인쇄소, 1927; 전창원 편, 「제1부 협동 조합운동」, 『이렇게 싸웠다』, 무역연구원, 1996, 30쪽.

10) 협동조합운동사의 발기에 참여한 이선근은 이식자본주의의 발전에 따라 농 촌의 자작농과 소작농이 몰락하고 있다고 보았다. 조형열, 「協同組合運動社 의 조직 과정과 주도층의 현실 인식: 1926~1928」, 『한국사학보』 34, 2009, 159쪽.

11) 함상훈, 「조선협동조합운동의 과거와 현재」, 『동광』 제23호, 1931.7, 20쪽.

12) 박상희, 「동경조선인제단체역방기(49)」, 『조선사상통신』 1928년 1월 17일; 『조 선문제자료총서』 12, 317쪽.

13) 박찬승, 「1920년대 초반~1930년대 초 자치운동과 자치운동론」, 『한국근대 정 치사상사연구: 민족주의 우파의 실력양성론』, 역사비평사, 1992, 316~318쪽.

14) 박찬승, 「1920년대 초반~1930년대 초 자치운동과 자치운동론」, 『한국근대 정치사상사연구: 민족주의 우파의 실력양성론』, 역사비평사, 1992, 336~338쪽.

15) 전진한은 자신의 자서전에서 일월회의 신간회 활동을 자치운동이라고 비난하였는데, 이 사실은 전진한이 자치와 관련해서 민족운동의 주도권을 장악하기 위해 사회주의자들과 암중모색하고 있었음을 보여준다고 하겠다.

16) 「산업조합령」, 『동아일보』, 1925년 11월 7일.

17) 박상희, 「동경조선인제단체역방기(49)」, 『조선사상통신』 1928년 1월 17일; 『조선문제자료총서』 12, 317쪽.

18) 조형열, 「協同組合運動社의 조직 과정과 주도층의 현실 인식: 1926~1928」, 『한국사학보』 34, 2009, 146~148쪽.

19) 이순욱, 「백산 안희제의 매체 투쟁과 『자력』」, 『역사와 경계』 99, 2016, 113쪽.

20) 「신문지 잡지 輸移入 및 그 종류 수량」(1926), 『경성지방법원 검사국 문서』, 국편 한국사데이터베이스.

21) 「협동조합운동의 실제」(1928.7.17), 『불허가 출판물 병 삭제기사 개요 역문』, 국편 한국사데이터베이스. 기왕에 협동조합운동사는 창립에 관해서는 여러 가지 설이 있었다. 우리 측 신문인 『동아일보』(1926.7.6.)와 『조선일보』(1926.7.2)에는 1926년 5월 24일 발기와 동시에 창립된 것으로 되어 있다. 그런데 협동조합운동사에서 「협동조합운동의 실제」 창립일이 6월 13일이라고 되어 있고, 『고등경찰요사』에도 1926년 6월이라고 되어 있으므로, 협동조합운동사의 설립일을 6월 13일을 판단하였다.

22) 경북경찰부, 『高等警察要史』, 1934, 67~68쪽.

23) 위와 같음.

24) 조형열, 「協同組合運動社의 조직 과정과 주도층의 현실 인식: 1926~1928」, 『한국사학보』 34, 2009, 146~148쪽, 참조.

25) 「新聞紙 雜誌 輸移入 및 그 種類數量」(1926), 『新聞紙要覽』, 국편 한국사데이터베이스.

26) 권오익, 「창간사」, 소파권오익박사 환력기념논문집 간행회, 『素波閑墨』, 1965, 152~154쪽; 이순욱, 「백산 안희제의 매체 투쟁과 『자력』」, 『역사와 경계』 99, 2016, 111쪽에서 재인용.

27) 「이수입 신문 잡지 보통출판물 및 그 취체 상황: 신문 잡지의 이수입상황」(1927), 『신문지 출판물 요항』, 국편 한국사데이터베이스.

28) 『高等警察要史』, 68쪽.

29) 「실제시설에 착수한 협동조합의 운동」, 『중외일보』 1928년 4월 6일.

30) 「실제시설에 착수한 협동조합의 운동」, 『중외일보』 1928년 4월 6일; 전진한, 「협동조합운동의 실제」, 동성사인쇄소, 1927, 전창원 편, 『이렇게 싸웠다』, 무역연구원, 1996, 31~32쪽.

31) 「협동조합 창립 상주군 함창서」, 『동아일보』 1927년 2월 18일.

32) 錢鎭漢, 『協同組合運動의 新構想』, 협동조합운동사, 1952, 6쪽.

33) 「상주 모동에 협동조 창립」, 『조선일보』 1927년 4월 9일.

34) 「상주군에 협동조 창립」, 『조선일보』 1927년 4월 16일.

35) 「상주 청리면 협동조합 창립」, 『조선일보』 1927년 5월 14일.

36) 경상북도경찰부, 『高等警察要史』, 68쪽.

37) 「협동조합 정총」, 『중외일보』 1927년 6월 7일.

38) 함상훈, 「협동조합운동의 과거와 현재」, 『동광』 23, 1931.7, 20쪽; 김현숙, 「일제하 민간협동조합운동에 관한 연구」, 서울대학교 대학원 사학과 석사학위논문, 1987, 47~50쪽.

39) 「재동경협동조 마산서 간담회」, 『동아일보』 1927년 7월 13일.

40) 「재동경협동조 마산서 간담회」, 『동아일보』 1927년 7월 13일.

41) 「협동조강연, 23일 목포」, 『동아일보』 1927년 7월 26일.

42) 「협동조합운동사, 각지 순회강연, 제2회로 경의선」, 『중외일보』 1927년 8월 14일.

43) 「협동조 순강대 풍천에서 대성황」, 『중외일보』 1927년 8월 28일.

44) 「불허가 출판물 병 삭제기사 개요 역문」(1928.7.17.), 『경성지방법원 검사국문서』, 국편 한국사데이터베이스; 『고등경찰요사』, 68쪽. 그 주요 내용은 다음과 같다.

〈협동조합운동사 강령〉
우리는 대중의 경제적 단결을 공고히 하고 자립적 훈련을 기한다.
우리는 이상의 목적을 관철하기 위하여 대중본위의 자립적 조합을 조직하고 그것을 지도함.
〈협동조합의 의의〉
협동조합운동은 자본주의제도의 결함에서 산출된 각종 사회운동의 일 형태이다. 경제적 약자가 상호부조의 협력에 의하여 저들의 경제적 향상을 기도하고, 자본주의의 결함을 배제하려고 하는 사회이상을 가지고 발행한 바의 경제적 조직단체이다. 협동운동은 그 내용에 있어서 유기적 형태를 포장하는 것으로서 즉 소비·생산·판매·이용 등의 조합이 그것이다.
〈협동조합운동의 세계적 대세〉
세계적 협동조합운동의 선구인 영국 로치데일 소비조합이 출생한 이래 아직 80여 년이 지나지 않았는데 그 운동은 이미 세계에 도달한 바에 있어서는 전파된 듯이 확산되었다. 우리들은 특히 주의해야할 애란의 조합운동이다. 애란에서는 약 1,000의 농업조합이 있어서 1년간 운용되는 자금은 500만 파운드에 달한다. 종래 애란인은 농촌의 파멸로 인하여 일시 남북 미주에 유리분산된 모양이었다. 그런데 다행이 조합운동이 발전된 이래 해외유리를 방지하고 애란으로써 애란인의 애란으로 되게 하여 의뢰적 분산생활에서 자립적 집단적 생활로 유도시켜 경제파멸에서 분산화·노예화 하는 애란인으로 하여금 연대적 조직화 시켜 사회를 형성케 한 것이다. 따라서 사회적으로 경제적으로 막대한 공헌이 있어서 그 생산품은 덴마크 기타의 제국의 제품과 시장을 다투는 모양으로 된지 오래이다. 그 동안 영국지주의 약탈 하에 신음하던 애란의 농민은 그 굴레를 벗어나기 시작하여 번영한 기초를 구축하는 모양이 되었던 것이다. 제1차 세계대전이 종결한 후 특히 괄목할 만한 것은 분란과 파란, 체코슬로바키아 등 신흥제국이 모두 협동조합에 의하여 경제기초를 형성하는 모양으로 노력하고 있는 현상이다. 민족적 요구에 의하여 독립된 이 국가는 다년간 노예국이었기 때문에 경제적으로 독립하는 것은 실로 곤란하였다. 빈약한 물질과 궁박한 재정은 협동조합 외에는 그것을 회복할 방도가 없는 것이다.

〈조선에 있어서의 협동조합운동〉

조선사회의 경제적 토대인 농촌의 피폐는 그것이 극도에 달하여 전 인구의 8할을 점하고 있는 대다수 농촌생활은 나날로 심각한 파멸에 빠지고 있다. 선조로부터 전래된 토지는 대자본에 겸병되어 천신만고의 생산은 상인고리자금자의 희생이 되어 유리방황하는 현상이다. 이러한 현실에서 대처할 방법은 진실로 어떠한 것인가? 조선은 고대로부터의 사회제도나 각종의 계는 현대조합에 유사한 경제조직이었다. 따라서 조선사회에 협동조합의 실현성이 가장 풍부하고 동시에 제 객관적 정세에서 보아도 이 협동조합운동은 대중으로 하여금 경제적으로 단결시키고, 자주적으로 훈련하여 분산적 생활에서 집단적 생활로 유도함에 적당한 방법이다. 이러한 절신한 사회적 요구에 응하여 1926년 6월 13일 일본 동경에서 동감자 100여 명이 협동조합운동사를 조직하게 되었던 것이다.

45) 전진한, 『협동조합운동의 실제』, 동성사인쇄소, 1927; 전창원 편, 『이렇게 싸웠다』, 무역연구원, 1996.

46) 『고등경찰요사』, 68쪽.

제5장

1) 水野直樹, 「신간회 동경지회의 활동에 대하여」, 스칼로피노·이정식 외 6인, 『신간회 연구』, 동녘, 1983, 123~125쪽.

2) 朴尚僖, 「동경조선인제단체역방기(4)」, 『通信』 1927년 12월 23일; 水野直樹, 「신간회 동경지회의 활동에 대하여」, 스칼로피노·이정식 외 6인, 『신간회 연구』, 동녘, 1983, 121쪽에서 재인용.

3) 「재동경각단협의회 성립」, 『동아일보』 1927년 3월 2일. 이 협의회에는 참여한 단체 중 천도교청년당·기독교청년회·신흥과학연구회·협동조합운동사·동부노동조합학우회가 서부부에, 교육연구회·형설회·북부노동조합운동사·흑우회·을축구락부·서부노동조합이 조사부에, 청년동맹·고려공업회·남부노동조합·조선여자청년동맹·무산학우회가 사교부에 편성되어 있었다.

4) 김창순·김준엽 공저, 『한국공산주의운동사』 3권, 청계연구소, 1986, 52쪽.

5) 경북경찰부, 『高等警察要史』, 1934, 155~156쪽.

6) 「신간지회 설치 동경에 설치」, 『동아일보』 1927년 5월 15일.

7) 水野直樹, 「신간회 동경지회의 활동에 대하여」, 스칼로피노·이정식 외 6인, 『신간회 연구』, 동녘, 1983, 123~126쪽. 학우회 소속은 趙憲永, 宋昌濂, 金俊星, 林泰虎, 張志衡, 朴炯埰, 柳元佑, 林鍾雄, 협동조합운동사 소속은 전진한, 임태호, 咸尙勳, 정헌태, 유원우, 金源碩, 재일노총소속은 송창렴, 강소천, 박형채, 鄭益鉉, 임종웅, 신흥과학연구회 소속은 송창렴, 강소천, 장지형, 박형채, 홍양명, 安炳洙, 劉榮俊, 조공 관련 인물이 송창렴, 강소천, 박형채, 정익현, 임종웅이었다.

8) 「협동조합 정총」, 『중외일보』 1927년 6월 7일.

9) 水野直樹, 「신간회 동경지회의 활동에 대하여」, 『신간회 연구』, 동녘, 1983, 128~135쪽.

10) 水野直樹, 「신간회 동경지회의 활동에 대하여」, 『신간회 연구』, 동녘, 1983, 134쪽. 『通信』 1927년 11월 28일자 동경지회 간부의 명단에 전진한이 없다. 3회 이상 회의에 불참하면 해당 직책에서 면직되었다고 한다.

11) 「신간회동경지회 제2회정기대회」, 『중외일보』 1927년 12월 25일.

12) 『고등경찰요사』, 156쪽.

13) 水野直樹, 「신간회 동경지회의 활동에 대하여」, 『신간회 연구』, 동녘, 1983, 140~141쪽.

14) 전명혁, 「민족통일전선론과 서울파: ML파의 논쟁」, 『1920년대 한국사회주의 운동연구: 서울파 사회주의그룹의 노선과 활동』, 선인, 2006, 387쪽.

15) 전창원 편, 『이렇게 싸웠다』, 무역연구원, 1996, 285~287쪽.

16) 전창원 편, 『이렇게 싸웠다』, 무역연구원, 1996, 285쪽.

17) 한상구는 신간회운동이 1925년 일본에서 보통선거법이 통과되고, 국내에 자치가 구현될 경우 타협적 민족주의세력의 주도권 장악을 대비하여 전개된 측면도 있다고 보고 있다. 한상구, 「1926~28년 민족주의 세력의 운동론과 신간회」, 『한국사연구』 86, 1994.

18) 『고등경찰요사』, 156쪽.

19) 위와 같음.

20) 「그런 동맹이 업다」, 『조선일보』 1928년 4월 23일.

제6장

1) 「신의주지방법원 예심 결정서 전문」, 『중외일보』 1929년 6월 5일.
2) 『고등경찰요사』, 168쪽.
3) 「협동조합=적극적 운동」, 『동아일보』 1928년 4월 4일; 「실제시설에 착수한 협동조합의 운동」, 『중외일보』 1928년 4월 6일. 방침은 두 신문의 기사를 참고하여 정리함.
4) 「실제시설에 착수한 협동조합의 운동」, 『중외일보』 1928년 4월 6일.
5) 『중외일보』 1928년 4월 25일.
6) 이순욱, 「백산 안희제의 매체 투쟁과 『自力』」, 『역사와 경계』 99, 2016, 114쪽.
7) 「협동조합 조직차 각지방을 순회」, 『동아일보』 1928년 5월 17일.
8) 『고등경찰요사』, 69~70쪽.
9) 「서울청년계 중심으로 제4차조선공산당」, 『동아일보』 1929년 6월 4일.
10) 한동민, 「1920년대 후반 서울계 사회주의자들의 운동론: '신조선공산당'과 「조선운동」 그룹을 중심으로」, 중앙대학교 대학원 사학과 석사학위논문, 1996, 28~32쪽, 45쪽.
11) 김창순·김준엽, 『한국공산주의운동사』 3, 청계연구소, 1986, 321쪽.
12) 「제4차조선공산당 예심결정서전문」, 『동아일보』 1929년 6월 4일.
13) 「검속된 사회: 단체인물들」, 『중외일보』 1930년 1월 18일.

제7장

1) 『聞慶(冠山)錢氏大同譜』 상권, 1991, 265~266쪽.
2) 위와 같음.
3) 전창원 편, 『이렇게 싸웠다』, 무역연구원, 1996, 287쪽.
4) 위와 같음.
5) 「우촌 전진한」, 『불교와 문화』 40, 2001.6, 131쪽.
6) 전창원 편, 『이렇게 싸웠다』, 무역연구원, 1996, 287쪽.
7) 「조선임전보국단 개요」(1941.10).
8) 조선임전보국단의 강령은 다음과 같다. 1. 우리들은 황국신민으로 황도정신을 선양하고 사상의 통일을 기한다. 2. 우리들은 전시체제를 맞아 국민생활의 쇄신을 기한다. 3. 우리들은 근로보국의 정신에 기초하여 國民皆勞의 결실을 기한다. 4. 우리들은 국가우선의 정신에 기초하여 국채 소화, 저축의 이행,

물자의 공출, 생산의 확충에 매진할 것을 기한다. 5. 우리들은 국방사상의 보급을 도모함과 더불어 一朝有事 때 義勇防衛의 결실을 기한다. 선서문, 우리들은 임전체제하에서 일체의 사심을 버리고 과거에 구애받지 않고 개개의 입장에 구애 없이 2천 4백만 반도민 모두 일치 결속하여 성전완수로써 황국의 흥융을 기하며 성은에 만분의 일이라도 보답하고자 할 것을 맹세한다. 1941년 12월 13일 조선신궁대전에서. 『반민족문제연구』 여름호, 1993, 34쪽.

9) 전창원 편, 『이렇게 싸웠다』, 무역연구원, 1996, 287~288쪽.

제8장

1) 전창원 편, 『이렇게 싸웠다』, 무역연구원, 1996, 288쪽.

2) 「전단」(1945년 9월 4일), 『자료대한민국사』 1, 국사편찬위원회, 1945.

3) 서중석, 『한국근대민족운동연구: 해방후 민족국가 건설운동과 통일전선』, 역사비평사, 1992, 264쪽.

4) 「한국민주당 발기회 개최」, 『매일신보』 1945년 9월 9일(국사편찬위원회, 『자료대한민국사』 1, 1945). 발기자 명단에 전진한, 김성수, 조병옥의 이름이 보이지 않는다. 그런데 「(전단) 한민당, 임정 외에 정권 참칭하는 단체 및 행동 배격 결의 성명서」 1945년 9월 8일(국사편찬위원회, 『자료대한민국사』 1, 1945)에 서명한 한국민주당 발기인 명단에 전진한이 확인된다.

5) 한국역사연구회 현대사연구반, 『한국현대사』 1, 풀빛, 1991, 72쪽.

6) 「(전단) 한민당, 임정 외에 정권 참칭하는 단체 및 행동 배격 결의 성명서」 1945년 9월 8일(국사편찬위원회, 『자료대한민국사』 1, 1945).

7) 「(전단) 한민당, 임정 외에 정권 참칭하는 단체 및 행동 배격 결의 성명서」 1945년 9월 8일; 「각당 통일기성회 부서 결정」, 『매일신보』 1945년 9월 19일(국사편찬위원회, 『자료대한민국사』 1, 1945). 1945년 9월 8일 韓國民主黨發起人 전진한 등(발기인 명단 생략).

8) 전진한, 『건국이념』, 경천애인사, 1948; 전창원 편, 『이렇게 싸웠다』, 무역연구원, 1996, 113~131쪽.

9) 「한국민주당 결당식」, 『매일신보』 1945년 9월 17일(국사편찬위원회, 『자료대한민국사』 1, 1945).

10) 「한민당 총무위원 9명 선정」, 『매일신보』 1945년 9월 23일(국사편찬위원회, 『자료대한민국사』 1, 1945).

11) 「한민당 중앙집행위원회, 각 부서 결정」, 『매일신보』 1945년 9월 24일(국사편찬위원회, 『자료대한민국사』 1, 1945).

12) 송남헌, 『해방삼년사 I』, 까치, 1985, 124쪽; 전창원 편, 『이렇게 싸웠다』, 무역연구원, 1996, 289쪽.

13) 전창원 편, 『이렇게 싸웠다』, 무역연구원, 1996, 289쪽.

14) 남광규, 「해방 직후(1945.9~11) 정당협력운동의 실패와 이승만, 박헌영의 임정견제」, 『한국국제정치논총』 46-1, 2006.4, 145~146쪽.

15) 남광규, 「해방 직후(1945.9~11) 정당협력운동의 실패와 이승만, 박헌영의 임정견제」, 『한국국제정치논총』 46-1, 2006.4, 146쪽.

16) 「각당 통일기성회 부서 결정」, 『매일신보』 1945년 9월 19일(국사편찬위원회, 『자료대한민국사』 1, 1945). 各黨統一期成會의 부서는 다음과 같다. ◇ 總務部: 吳夏英 李甲成 吳暖泳 南相喆 李鍾麟 ◇ 調査部: 徐元出 金永均 鄭珍容 李時穆 朴文喜 吳祥根 權仲敦 咸尙勳 金宖鎭 姜世馨 卞鴻奎 金泰源 ◇ 交涉部: 錢鎭漢 李慶熙 姜仁澤 金局泰 崔泰旭 趙柱泳 金喆壽 金法麟 孫奉祚 林大阡 ◇ 宣傳部: 金完圭 權五翼 梁柱東 嚴圭擧 裵成龍.

17) 송남헌, 『해방삼년사 I』, 까치, 1985, 225~231쪽; 정병준, 「주한미군정의 '임시한국행정부' 수립 구상과 독립촉성중앙협의회」, 『역사와 현실』 19, 1996, 140쪽.

18) 남광규, 「해방 직후(1945.9~11) 정당협력운동의 실패와 이승만, 박헌영의 임정견제」, 『한국국제정치논총』 46-1, 2006.4, 149~151쪽.

19) 「민족주의통일당, 10일에 결정 발표」, 『자유신문』 1945년 12월 6일.

20) 송남헌, 『해방 삼년사 II』, 까치, 1985, 360쪽. 반탁독립투쟁위원회의 임원은 다음과 같다. 고문 이승만, 위원장 김구(한독당 위원장), 부위원장 조성환(독립촉성국민회), 조소앙(한독당 부위원장), 김성수(한민당 위원장), 지도위원 조완구 명제세 김준연 이시영 등 6인, 중앙집행위원 엄항섭 이의식 박찬희 최두선 윤보선 김양수 신일용 서상천 박윤진 마익귀 손기업 이헌구 전진한.

21) 「비상국민회의 기관 십삼부의 위원을 선정발표」, 『동아일보』 1946년 2월 4일; 「비상국민회의 2일째 위원 선정」, 『조선일보』 1946년 2월 3일.

22) 이상훈, 「해방후 대한독립촉성국민회의 국가건설운동」, 『학림』 30, 2009, 24쪽.

23) 이상훈, 「해방후 대한독립촉성국민회의 국가건설운동」, 『학림』 30, 2009, 24~28쪽.

24) 「독촉국민회, 제1회 중앙상무집행위원회 개최하고 부서 책임자선정」, 『조선일보』 1946년 6월 15일(국사편찬위원회, 『자료대한민국사』 2, 1946). 總裁 李承晩 副總裁 金九 金奎植/ 委員長 李始榮 副委員長 吳華英 申翼熙/ 總務部部長 金尙德 財政部部長 未定, 宣傳部部長 李鍾榮 次長 崔成煥 組織部部長 李弘俊 次長 曺仲瑞 文敎部部長 鄭海駿 次長 金南柱 農民部部長 全公雨 次長 蔡奎恒 勞動部部長 朴文熹 次長 金汶枰 調査部部長 陣憲植 次長 朴文厚生部部長 崔性章 次長 李重根 産業部部長 劉載奇 次長 金承煥/ 中央常務執行委員: 金尙德 李鍾榮 李文熹 全公雨 劉載奇 李弘俊 全用淳 曺仲瑞 李成周

崔性章 蔡奎恒 陣憲植 黃基成 沈昌燮 錢鎭漢 禹甲麟 張大熙 金振八 金南柱 金翊煥 李萬鍾 金承煥 崔成煥 李重根 元昌植 方致規 孫洪璘 李瑄根 李觀運 朴文 申鉉商 姜昌熙 金文枰 鄭海駿 李翰求

25) 송남헌, 『해방삼년사Ⅰ』, 까치, 1985, 439쪽.

26) 전창원 편, 『이렇게 싸웠다』, 무역연구원, 1996, 289쪽.

27) 송남헌, 『해방삼년사Ⅰ』, 까치, 1985, 439~440쪽. 이 무렵의 한민당의 임원 명단에서 그의 이름이 확인되지 않는다.

28) 윤세원, 「민족통일총본부」, 『한국민족문화대백과사전』, 1995.

29) 「이승만, 민족통일총본부 설치 발표 민족통일선언과 본부임원 결정」, 『서울신문』 1946년 6월 30일. ◇ 民族統一本部 部署/ 總裁: 李承晩/ 副總裁: 金九/ 協議員: 李始榮 曹成煥 吳夏英 金性洙 李範奭 尹潽善 金東元 許政 方應謨 李卯黙 全淳愛 盧馬利亞/ 政經部: 金炳魯 金尙德 李允榮/ 勞農部: 高昌一 張子一 錢鎭漢/ 宣傳部: 洪性夏 張錫英 金善亮/ 靑年部: 金喆壽 金孝錫 金山 朴容萬/ 婦女部: 朴賢淑 朴承浩 任永信 黃信德(但 지방에 계신 유력한 인사는 교섭이 끝나는대로 추후 선정 발표함)/ ◇ 李博士 所信 披瀝/ 民族統一宣言과 民族統一總本部 설치를 발표한 후 李博士는 이에 대하여 다음과 같은 요지의 말을 하였다./ 작년에 귀국한 후 民族統一을 목표로 各 政黨과 社會團體로 72단체 대표가 주의 주장을 초월하고 광복사업에 합력코자 獨立促成中央協議會를 결성하고 내외국에 頒布한 후 各道 各郡에서 그 조직이 진전되던 바 其後 내가 병중에 있을 동안에 다소 정객들이 京鄕에 출몰하여 모략적 수단으로 몇몇 단체를 만들어 분열상태를 초래한 고로 이것을 조정시키려면 자연 분규를 야기할까봐 간섭치 아니하고 침묵을 지키고 있던 중 이번 南道 各處 심방시에 이러한 내정을 상세히 알게 되었으며 따라서 보통 요구하는 것이 즉 이 문제를 해결하라는 것이었다. 나는 그 시기가 온 것을 각오하고 그 방법을 연구하던 중 獨立促成國民代表大會에서 나를 總裁의 명의로 지도하는 책임을 부담하여 달라는 고로 民族統一總本部를 설치하자 하여 일치한 결의가 되어 이를 조직 공포함이니 이것을 國民會뿐 아니라 左右翼團體를 막론하고 자원하여 다 참가할 것이다. ◇ 民主議院側 見解/ 李承晩의 民族統一總本部 발표에 관하여 同 本部와 民主議院과의 관계를 咸尙勳에게 질의하였던 바 咸氏는 "民主議院은 最高政務議員이고 民族統一總本部는 國民運動의 總本部이다"고 말하였다.

30) 「민족통일총본부, 중앙부서 발표」, 『서울신문』 1946년 8월 13일; 「민족통일총본부, 중앙부서 발표」, 『조선일보』 1946년 8월 13일(국사편찬위원회, 『자료대한민국사』 3, 1946). 사무국장 金尙德 선전부장 洪性夏 재정부장 金良洙 정경부장 李允榮 노동부장 錢鎭漢 부녀부장 朴賢淑 청년부장 金孝錫.

31) 김행선, 「해방직후 통일단체들과 무규율적 통일전선」, 『해방정국 청년운동사』, 선인, 2004, 29~64쪽.

32) 김행선, 「조선청년총동맹의 결성과정」, 『해방정국 청년운동사』, 선인, 2004, 108~121쪽.

33) 김행선, 「조선청년총동맹의 정치노선과 민족통일전선론」, 『해방정국 청년운동사』, 선인, 2004, 136~146쪽.

34) 전창원 편, 『이렇게 싸웠다』, 무역연구원, 1996, 290쪽.

35) 전창원 편, 『이렇게 싸웠다』, 무역연구원, 1996, 290쪽; 옥계유진산기념사업회, 『옥계 유진산』(상), 사초, 1984, 245쪽; 임송자, 「우촌 전진한의 협동조합 및 우익노조 활동」, 『한국민족운동사연구』 36, 2003, 66쪽.

36) 전창원 편, 『이렇게 싸웠다』, 무역연구원, 1996, 290쪽.

37) 전창원 편, 『이렇게 싸웠다』, 무역연구원, 1996, 290~291쪽.

38) 「독립촉성청년총연맹, 어제 결성식 성대히 거행」, 『신조선보』 1945년 12월 22일. 선우기성, 『한국청년운동사』, 금문사, 1973, 653~655.

39) 선우기성, 『한국청년운동사』, 금문사, 1973, 653~655쪽.

40) 임송자, 「미군정기 대한독립촉성노동총연맹의 조직에 대한 고찰」, 『사림』 9, 1993, 69쪽. 임송자도 대한독립촉성전국청년총연맹을 이승만: 한민당계의 단체로 보고 있다.

41) 임송자, 「우촌 전진한의 협동조합 및 우익노조 활동」, 『한국민족운동사연구』 36, 2003, 66쪽.

42) 김행선, 「국내정세의 변화와 우익청년단체들의 통일전선」, 『해방정국 청년운동사』, 선인, 2004, 91~98쪽.

43) 전창원 편, 『이렇게 싸웠다』, 무역연구원, 1996, 291쪽.

44) 「대한독립촉성전국청년총연맹 등 42개단체 대표자회의, 반탁 결의」, 『서울신문』 1945년 12월 30일(국사편찬위원회, 『자료대한민국사』 1, 1945).

45) 송남헌, 『해방삼년사 I』, 까치, 1985, 244~250쪽.

46) 「유흥만파업계속, 반탁중앙위원회 지령」, 『동아일보』 1946년 1월 3일.

47) 「6개 청년단체, 하지 방문 반탁결의 재천명」, 『동아일보』 1946년 1월 13일(국사편찬위원회, 『자료대한민국사』 1, 1946).

48) 「(전단) 독촉전국청년총연맹, 서울신문, 자유신문, 중앙신문, 인민보 성토문 발표」, 1946년 3월 3일(국사편찬위원회, 『자료대한민국사』 2, 1946).

49) 「대한독립촉성청년총연맹, 공위에 38선 철폐 등 요구하는 성명서 발표」, 『서울신문』 1946년 3월 23일(국사편찬위원회, 『자료대한민국사』 2, 1946).

50) 「대한독립촉성청년총연맹 전국대표자대회 개최」, 『동아일보』 1946년 4월 30일. 부위원장에 韓昊洪·柳禹錫외 종교단체를 포함한 91명의 중앙집행위원을 선거하고, 미소공동위원회 제5호 성명에 대한 대책 이외 7조목을 토의하고, 선언문 낭독과 만세 삼창으로 산회하였다.

51) 「대한독립촉성전국청년총연맹 전국대표자대회 2일째」, 『동아일보』 1946년 5월 1일; 「대한독립촉성전국청년총연맹 전국대표자대회 2일째」, 『조선일보』 1946년 5월 1일(국사편찬위원회, 『자료대한민국사』 2, 1946).

52) 「한민당, 분과위원회를 설치하고 책임위원 선출」, 『서울신문』 1946년 5월 4일 (국사편찬위원회, 『자료대한민국사』 2, 1946); 「한국민주당에 이십삼분과회설치」, 『동아일보』 1946년 5월 7일. 이 웅변대회의 주제는 8·15를 회고함, 민족분열의 원인, 학도의 정견(政見), 국제정의와 약소민족, 자주독립과 민족통일, 중학생의 맹휴를 비평함. 지도자의 정전(政戰)을 관찰함, 삼팔선 장벽은 무엇을 의미하는가, 경제착란의 원인, 기타였다. 명예심사위원은 이승만, 김구, 조소앙, 김성수, 안재홍, 원세훈이었고, 심사위원은 <u>전진한</u>, 안호상, 이선근, 진승록, 박명환, 김산, 황신덕, 황기성이었다.

53) 「전진한씨 모 청년훈련위원과 무관」, 『한성일보』 1946년 5월 30일.

54) 전창원 편, 『이렇게 싸웠다』, 무역연구원, 1996, 292쪽.

55) 전창원 편, 『이렇게 싸웠다』, 무역연구원, 1996, 293~295쪽.

56) 「독촉전국청년총연맹과 대한노총, 邵毓麟환영준비회 결성」, 『동아일보』 1946년 5월 22일(국사편찬위원회, 『자료대한민국사』 2, 1946).

57) 「지도훈련강습 독청주최로」, 『가정신문』 1946년 5월 22일. 강사는 국민윤리: 안호상 최동규, 국문: 이극로 정열모, 정치: 조소앙 장덕수 안재홍 고영환, 경제: 손봉수 이순탁 전진한, 시사: 함상훈 외 2명, 운동방침: 연맹간부 등이었다.

58) 「나오라청소년학도들아」, 『동아일보』 1946년 8월 7일. 학생심사위원은 李哲承, 金麟洙, 尹漢術, 蔡文植, 朴容萬, 安慶得, 외 각 부장이었다. 「남녀현상웅변대회, 전국학생총연맹주최로」, 『수산경제신문』 1946년 8월 6일.

59) 「김성씨 일주년기」, 『동아일보』 1947년 1월 10일. 참석자는 이범석, 함동훈, 문무술, 황학봉, 최일영, 조종구, 조종오, 채규연, 오정방, 유진산, 전진한, 이용신, 김산, 홍종인, 박순천, 황기성 등이었다.

60) 「순국청년구휼회 발기」, 『중앙신문』 1947년 7월 29일; 「순국청년유가족구휼회 청년운동 지도자 망라 조직」, 『한성일보』 1947년 7월 29일; 「순국청년유가족구호회 발기」, 『대한일보』 1947년 7월 30일; 「순국청년유가족구휼회 임원 결정」, 『대한일보』 1947년 8월 8일.

61) 「청년문화강좌, 31일부터 1주간」, 『민중일보』 1947년 10월 11일.

62) 류상영, 「8·15 이후 좌·우익 청년단체의 조직과 활동」, 『해방전후사의 인식 4』(한길사, 70쪽. 대한독립촉성전국청년총연맹은 1946년 12월 28일 유진산·이선근·오정방 등이 조선청년동맹을 조직여 분립함으로써 분화되었다. 1947년 9월 21일 대한독립촉성전국청년총연맹과 조선총년동맹 외 16개 단체가 합쳐 대동청년단으로 발전하였다. 그리고 대동청년단은 1948년 12월 19일 신성모를 단장으로 하고 이승만을 후원하고 공산주의에 반대하는 대한청년단으로 발전하였다.

63) 「대한청년단 결성」,『조선중앙일보』1948년 12월 21일.

64) 「한청장호원읍단부 결성」,『동아일보』1949년 1월 29일. 장호원 독청이 대한 청년단 장호원읍단부로 개편되었다.

65) 「대한청년단후원회 발족」,『동아일보』1949년 4월 2일(국사편찬위원회,『자료 대한민국사』11, 1949). 1951년 3월 30일 오후 2시 대한청년단은 동 회의실에 서 동 단의 건전한 발전을 도모하고자 이승만 대통령의 대리 朱基鎔 등이 참 석한 가운데 대한청년단후원회를 발족하였다. 당시의 선임된 임원은 총재: 대 통령 이승만, 부총재: 서울시장 尹潽善, 이사장: 국회의원 주기용, 전무이사: 玄鳳雲, 상무이사: 金進夏씨, 이사: 조선은행총재 崔淳周, 동 무역협회장 李活 외 금융실업계 대표 116명, 감사: 유진산, 전진한 외 2명이었다.

66) 전창원 편,『이렇게 싸웠다』, 무역연구원, 1996, 292쪽.

67) 임송자, 「미군정기 대한독립촉성노동총연맹의 조직에 대한 고찰」,『성대사 림』9, 1993, 70쪽.

68) 「노동운동의 현계단」,『민중일보』1947년 4월 27일.

69) 한국노동조합총연맹,『한국노총 50년사』, 한국노총정보센터, 2003, 288쪽.

70) 전창원 편,『이렇게 싸웠다』, 무역연구원, 1996, 292쪽.

71) 임송자, 「미군정기 대한독립촉성노동총연맹의 조직에 대한 고찰」,『성대사 림』9, 1993, 70쪽.

72) 국사편찬위원회,『자료대한민국사』2, 1969, 362쪽. 〈선언문〉일제의 기반과 질곡 속에서 민주광복의 정기를 聖祖로부터 물려받은 堅骨熱血로 우리 노동 자들은 해방된 단일민족으로서 공존동생권을 갈망하며 回天의 偉業을 달성 코자 총궐기하여 자주독립을 지향하면서 환희작약하였다. 이에 우리는 모든 번잡한 이론을 타파하고 민주정치하에 만민이 갈망하는 均等社會를 건설코 자 전국적으로 이를 발휘토록 大韓獨立促成勞動總聯盟을 결성하여 일로 매 진할 것을 정중히 선언한다. 〈강령〉一. 우리는 민주주의와 신민족주의의 원칙으로 건국을 기함. 一. 우리는 완전독립을 기하고자 자유노동과 총력발 휘로서 건국에 헌신함. 一. 우리는 심신을 연마하여 진실한 노동자로서 국 제수준의 질적 향상을 도모함. 一. 우리는 血汗不惜으로 勞資間 친선을 기 함. 一. 우리는 전국 노동전선의 통일을 기함.

73) 임송자, 「미군정기 대한독립촉성노동총연맹의 조직에 대한 고찰」,『성대사 림』9, 1993, 75~82쪽.

74) 한국노동조합총연맹,『한국노총50년사』, 한국노총정보센터, 2003, 290쪽.

75) 임송자, 「미군정기 대한독립촉성노동총연맹의 조직에 대한 고찰」,『성대사 림』9, 1993, 68쪽.

76) 임송자, 「1946~1952년 대한노총의 내부갈등과 그 성격」,『한국근현대사연구』 28, 2004, 115쪽.

77) 「인사」, 『경향신문』 1946년 10월 18일.

78) 임송자, 「미군정기 대한독립촉성노동총연맹의 조직에 대한 고찰」, 『성대사림』 9, 1993, 74~79쪽.

79) 임송자, 「1946~1952년 대한노총의 내부갈등과 그 성격」, 『한국근현대사연구』 28, 2004, 117~118쪽.

80) 한국노동조합총연맹, 『한국노총50년사』, 한국노총정보센터, 2003, 290~291쪽.

81) 「인사」, 『동아일보』 1946년 10월 19일.

82) 「대한노총위원개선」, 『경향신문』 1946년 10월 25일.

83) 한국노동조합총연맹, 『한국노총50년사』, 한국노총정보센터, 2003, 291쪽.

84) 「대한노총, 홍윤옥외 11명 탈퇴에 대해 성명 발표」, 『동아일보』 1946년 11월 7일.

85) 「노동부, 노동단체인수와 발전과정 발표」, 『동아일보』 1946년 11월 30일.

86) 「민생경제확립코저 대한노총서 소비조 창립」, 『대한독립신문』 1946년 10월 27일.

87) 「대한노총에서 노동학원 창설」, 『조선일보』 1947년 6월 17일. 1947년 6월 창립 당시 초대원장은 김영주(金永柱)였고, 교사(校舍)는 우선 인천에 있는 동 연맹 지부의 대강당을 사용하였다. 전문부, 고등부, 성인부의 3부로 편제된 노동학원은 조합원들에게 대체로 1년 동안 사회과학을 교수함으로써 조합원들의 사회과학 지식과 상식을 진작시켰다.

88) 「풍국제분 종업원, 관리인 배척 결의문 제출」, 『조선일보』 1946년 12월 25일.

89) 「조피직공 600명 대한노총에 가맹」, 『조선일보』 1946년 10월 8일.

90) 「대한노총 경전노조 마포분회 결성」, 『조선일보』 1947년 4월 3일.

91) 「대한노총 운수연맹 결성」, 『조선일보』 1947년 1월 18일.

92) 「건설학생연맹 대한노총원 위문」, 『조선일보』 1947년 3월 27일.

93) 「대한노총 운수부연맹 결성식」, 『조선일보』 1947년 1월 19일.

94) 「반탁과 독립운동을 전개」, 『동아일보』 1947년 1월 18일.

95) 「반탁독립투쟁회를 결성」, 『동아일보』 1947년 1월 26일; 「반탁독립투쟁위원회 정식 결성」, 『조선일보』 1947년 1월 26일(국사편찬위원회, 『자료대한민국사』 4, 1947).
　　委員長 金九/ 副委員長 趙素昂 金性洙/ 指導委員 趙琓九 明濟世 李允榮 金俊淵 李鍾燦 朴容羲 許政 黃愛德(1명 미정)/ 中央執行委員 嚴恒燮 李義植 柳海根 金弘均 趙鍾九 朴瓚熙 趙憲泳 崔斗善 李宗鉉 朴鎭孝 李東旭 尹潽善 金良洙 姜仁澤 鮮于燻 金敎熙 辛日鎔 徐相天 朴允進 朴文 孫基葉 吳宗植 李軒求 錢鎭漢 安秉星 南相喆 馬駿賞 朴源植 李哲承 金善 其他 未定 部署 總務 秘書 財務 動員 宣傳 情報 警護 婦女 靑年 學生 連絡 市民 商人 宗敎 勞動 農民 少年 文敎.

96) 「실천위원등 부서책임자를 선정」, 『동아일보』 1947년 1월 28일. 秘書部 崔斗善 總務部 朴允進 宣傳部 梁又正 連絡部 朴鍾孝 勞動部 錢鎮漢 靑年部 徐相天 動員部 柳珍山 警護部 吳正邦 財務部 方應謨 情報部 李雲 婦女部 金善準 少年部 嚴恒燮 宗敎部 李圭彩 農民部 李東旭 學生部 李哲承 文敎・市民・商工部 未定.

97) 「전체통제 요망 대한노총이 성명」, 『조선일보』 1947년 1월 28일.

98) 「대한노총제1회 전국대의원대회」, 『경향신문』 1947년 3월 18일; 「대한노총의 결의와 위원」, 『경향신문』 1947년 3월 26일. 부위원장은 채규식, 중앙위원은 김종률 등 66명. 그는 둘째 날인 3월 18일 위원장에 선임되었다.

99) 한국노동조합총연맹, 『한국노총50년사』, 한국노총정보센터, 2003, 291쪽.

100) 「대한노총 산하 각 노동단체, 파업에 동조하지 않고 정상취업」, 『조선일보』 1947년 3월 23일, 3월 25일(국사편찬위원회, 『자료대한민국사』 4, 1947).

101) 「애국단체체육후원회 결성」, 『조선일보』 1947년 3월 22일(국사편찬위원회, 『자료대한민국사』 4, 1947). 이 후원회의 최고위원은 大韓民靑 柳珍山, 大韓獨靑 徐相天, 大韓勞總 錢鎮漢, 光靑 吳光鮮, 西北靑 鮮于基聖, 學聯 李哲承 등이었다.

102) 한국노동조합총연맹, 『국제노동단체 및 주요국 노총 현황』, 2014, 33쪽.

103) 「세계노련에 전평가입미정, 대한노총 노련과 회담」, 『동아일보』 1947년 4월 4일; 「세계노련극동조사단, 전평은 세계노련에 가입하지 않았다고 언명」(국사편찬위원회, 『자료대한민국사』 4, 1947).

104) 「이박사환영준비위원회」, 『동아일보』 1947년 4월 9일.

105) 「노동운동의 현계단」, 『민중일보』 1947년 4월 27일.

106) 바로 이러한 노선을 취하였기에 그는 정치 활동을 전개하던 청년단체의 발기인으로 오해를 받기도 하였다. 대한노총의 위원장인 전진한은 1947년 4월 30일 "어제 각 신문에 본인이 모 청년단체 발기인으로 보도된 것은 전연 오보이다. 대한노총은 각 청년단체에 대하야 전연 동일한 입장에서 협조관계를 가지고 있다. 따라서 대한노총을 대표하고 있는 본인이 일 청년단체 발기에 직접 참가할 수는 없다."라고 성명을 발표하기도 하였다(「청년단체에 참가 안했다」, 『동아일보』 1947년 5월 1일).

107) 「평화, 자유를 갈망하는 새건설에의 함성」, 『경향신문』 1947년 5월 3일; 「이 강산에 울리는 근로대중의 소리, 철석같은 단결로 자주독립 맹서」, 『동아일보』 1947년 5월 3일. 남산에서 개최된 전평의 집회와 달리, 대한노총은 서울운동장에서 12시 30분부터 기념식을 개최하였다. 부위원장 김종률의 개회 선언, 국기에 대한 배례, 순국선열과 희생동지에 대한 경건한 묵상, 京電노동조합악대 주악의 애국가 봉창 후, 위원장 전진한이 열을 토하는 개회사를 하였다. 이어 부위원장 채규항의 격려사, 이승만의 '조국독립에 삼천만이 일치협력하여 진군하자는 연설', 이승만의 외유성공에 대한 안병성(安秉星)의 감사문 낭독, 조소앙

신익희 엄항섭 황기성의 축사, 미국 A. F. L. 회장 그린에게 보내는 메시지 낭독, 연합국에 보내는 메시지 낭독, 대회 결의문과 메이데이 시 낭독 등이 있었다.

108) 「이북인대회 6일 준비회 결성」, 『민중일보』 1947년 5월 11일. 위원장은 이윤영, 부위원장은 신의식, 함상훈이었다. 전진한은 53명의 위원 중 한 사람으로 선임되었다.

109) 「모략 파괴행위 적극 조사할 터」, 『민중일보』 1947년 6월 21일.

110) 「순국청년유가족 구휼운동을 전개」, 『동아일보』 1947년 7월 29일; 「순국청년유가족구휼회 결성」, 『경향신문』 1947년 7월 30일.

111) 전창원 편, 『이렇게 싸웠다』, 무역연구원, 1996, 295~296쪽.

112) 전창원 편, 『이렇게 싸웠다』, 무역연구원, 1996, 295~296쪽.

113) 「반탁진영 대표자대회, 미소공위대책위원회를 구성」, 『조선일보』 1947년 6월 6일; 『동아일보』 1947년 6월 6일(국사편찬위원회, 『자료대한민국사』 4, 1947).

114) 정해구, 「분단과 이승만: 1945~1948」, 『역사비평』 32, 1996, 276쪽.

115) 「공위 예비회의에 파견할 중요단체대표 결정」, 『동아일보』 1947년 6월 24일. 그와 함께 참여한 단체의 대표는 다음과 같다. 한민당 장덕수, 조선민주당 조만식, 청우당 이응진(李應辰), 근로대중당 강순, 남노당 박헌영, 근로인민당 여운형, 조선공화당 김약수, 인민공화당 김원봉, 전평 허성택, 전농 김기용(金麒鎔), 민주여성동맹 유영준, 민중동맹 원세훈, 신진당 김붕준, 청년조선총연맹 유진사, 천주교 장면, 조선청년총동맹 김필옥(金馹玉), 천도교 김광호, 신한국민당 안재홍, 전국여성단체총연합 황애덕, 민족사회당 유완, 문화단체총연합회 고의동, 과학동맹 윤행중, 문학자동맹 김남천, 미술동맹 김진섭, 문화총연맹 임화, 법조회 정구영(鄭求瑛) 등이었다.

116) 「임정수립대책협의회, 공위양측대표에게 서한 발송」, 『조선일보』 1947년 8월 9일(국사편찬위원회, 『자료대한민국사』 5, 1947).
〈미소수석대표 각하 謹啓〉
　　각하와 및 각하의 동료께서 韓國의 독립을 위하여 美蘇共同委員會에서 노력하시는 귀중한 업무에 대하여 우리는 臨時政府樹立對策協議會를 가름하여 감사하오며 아울러 그 위대하고 곤란한 업무가 각하와 우리에게 공동한 과제인 만큼 그 원만한 수행을 위하여 충정의 협력을 아끼지 아니하는 바입니다. 確聞하는 바에 의하면 미소 양측대표 간에 합의를 보지 못하는 문제의 하나는 본 협의회의 구성단체로서 反託鬪爭委員會에 가맹하여 있는 사실이라 하오며 신문보도에 의하면 소련대표는 反託鬪爭委員會에서 일찌기 적극적으로 활동하던 모모단체는 共委의 협의대상으로부터 제외하기를 주장한다 합니다. 反託鬪爭委員會가 모스크바결정 중 비록 그 내용은 규정되지 않았으나 그 실시가 제시된 신탁통치를 장차 반대할 목적으로 조직된 것은 사실입니다. 그러나 의사발표의 자유와 민주적 기본 권리는 각하께서 친히 아시다시피 공위가 지난 5월 21일 서울에서 재개되기 전에 미국무장관 마샬장군과 소련외상 몰로토프씨 간에 교환된 공문서로서 國人에게 보장된 것입니다. 그뿐 아니라 反託鬪爭委員會는 美蘇共同委員會의 업무에 대하여 적극 반대한 일도 없으며 또한 극적 반대를 교사 선동한 일도 없습니다. 이 사실은 反託鬪爭委員會에서 취한 下記 행동에 의하여 충분히 증명하는 바입니다. 즉 反託鬪爭委員會에서는 6월 초순에 산하단체의 공위협의 참가여부 문제를 토의하기 위하여 대표자대회를 개최하였는데 그 문제에 대한 단체 간의 합의를 보지 못할 것이 분명하여지매 공위 협의 여부는 산하 각 단체의 자유결정에 일임하기로 하는 동시에 참가단체와 불참가단체간에 소극반대가 있어서는 아니 될 것을 결정하였습니다. 그리고 공위협의에 참가한 단체는 소위 6월 23일 시위행렬에 하등 관여한 사실이 없습니다. <u>반탁투쟁위원회의 회원이 동시에 공위협의에 참가한 단체는 공위의 제1단계의 업무인 임시정부수립에 있어서 또한 임정 수립 후 그 제2단계의 업무에 원조안의 토의에 있어서 단체 각자의 정직한 의견을 발표함으로써 그리고 어떠한 방안이든지 만일 그 방안이 한국의 주권을 침해하거나 또는 한국의 내정을 간섭하는 경우에는 정직한 반대의 의견을 표시함으로써 美蘇共同委員會와 협력하여야 한다는 의견을 견지(緊持)하고 있습니다.</u> 이러한 권리의 보류 이외에 우(右) 제 단체는 共委의 업무에 대하여 적극적 반대를 선동한 일도 없고 장래에 선동할 일도 없을 것입니다. 그렇게 하는 것은 共委와의 협의에 참가하는 각 단체 자신의 정책과 위반되는 까닭입니다. 臨政樹立對策協議會 代表 李允榮 朝鮮民主黨 代表 李允榮 韓國民主黨 代表 張德秀 大衆黨 代表 沈의性 天道敎輔國黨 代表 孫在基 己未獨立宣言記念會 代表 柳鴻 靑年朝鮮總同盟 代表 柳珍山 韓國軍事普及協會 代表 徐廷禧 全國女性團體總聯盟 代表 黃愛德 獨立促成愛國婦人會 代表 朴承浩 光復會 代表 崔允東 大韓獨立勞動總聯盟 代表 錢鎭漢 韓國光復靑年會 代表 薛澤龍 韓國靑年會 代表 崔興朝 朝鮮靑年黨中央本部 代表 李瑄根.

117) 송남헌, 『해방삼년사 II』, 까치, 1985, 497~500쪽.

118) 정해구, 「분단과 이승만: 1945~1948」, 『역사비평』 32, 1996, 277쪽.

119) 「총선거로 정부수립」, 『동아일보』 1947년 8월 29일. 위원장은 신익희, 부위원장 명제세, 총무부장 최규설, 연락부장 전진한, 재무부장 임승열(林承說), 기획부장 이종현, 선전부장 박재영(朴載英), 심사위원장 이규갑(李奎甲).

120) 「웨드마이어 조소앙과 전진한 접견하고 산업시찰」, 『조선일보』 1947년 9월 3일(국사편찬위원회, 『자료대한민국사』 5, 1947).

121) 「이승만, 한민당 등 각 정당 대표자들과 제2차 간담회 가짐」, 『조선일보』 1947년 9월 10일(국사편찬위원회, 『자료대한민국사』 5, 1947). 韓民黨(金性洙, 張德秀) 獨促國民會(明濟世, 白南薰) 民統(姜仁澤) 民代(崔圭一, 朴載英) 女子國民黨(金善, 黃賢淑, 鄭賢淑) 獨促婦人會(朴順天, 朴承浩) 獨促靑總(李成柱, 白碩基) 大韓勞總(錢鎭漢) 獨靑(徐相天) 大韓農總(李奎恒) 朝鮮民主黨(李允榮) 靑總(柳珍山) 西靑(鮮于基成)

122) 「이승만 단정대비 3차 간담회 개최」, 『조선일보』 1947년 9월 13일(국사편찬위원
회, 『자료대한민국사』 5, 1947). 대한노총 위원장인 전진한은 민족통일본부, 대
한독립촉성국민회, 한민당, 한독당, 조선인민당 등의 대표인 이청천, 신익희, 박
순천, 장덕수, 김성주(金聖柱), 유진산, 서상천(徐相天), 김준연, 황현숙(黃賢淑),
신창균(申昌均), 이종현, 최규설(崔圭卨) 등과 함께 위원으로 활동하였다.

123) 「대한농민총연맹 결성」, 『동아일보』 1947년 9월 6일(국사편찬위원회, 『자료
대한민국사』 5, 1947).

124) 「근로대중의 총체적 집중, 의장단제를 실시」, 『동아일보』 1947년 9월 11일;
「노총, 농민총연맹 부서급역원 개선」, 『민중일보』 1947년 9월 11일.

125) 「원래의 외빈 접대에 만전, 파견단환영준비위원회 비준」, 『경향신문』 1947년
12월 13일. 위원은 이승만, 김구, 이시영, 오세창, 정일형, 구자옥, 김형민, 심
천 등 113명이었다.

126) 「유엔대표환영준비회 동원부위원회 27일 군정청서 개최」, 『동아일보』 1947
년 12월 26일.

127) 「엄중경계하자 대한노총 전씨담」, 『민중일보』 1948년 2월 11일.

128) 「전국애국단체연합회 주최 총선거촉진 국민대회 8일 개최 예정」, 『경향신
문』 1948년 2월 8일; 『동아일보』 1948년 2월 8일; 『서울신문』 1948년 2월 8일
(국사편찬위원회, 『자료대한민국사』 6, 1948).

129) 「유엔조위와 협의할 민족대표단 결성」, 『동아일보』 1948년 3월 7일.

130) 「청년문화강좌 13일부터 1주간」, 『민중일보』 1947년 10월 11일. 강사는 전진
한 외에도 김산, 신일용, 윤치영, 유진상, 장덕수, 신태악 등이 있었다.

131) 「주간 「노동자농민」 25일 드디어 발간」, 『민중일보』 1947년 10월 19일.

132) 「대한노총삼척연맹 위원장 맞어 강연회」, 『경향신문』 1947년 11월 25일.

133) 「대한노총 2회 전국대의원대회 개최」, 『서울신문』 1948년 1월 11일(국사편찬
위원회, 『자료대한민국사』 6, 1948); 「한노대의원대회 성황리에 폐막」, 『동아
일보』 1948년 1월 14일.

134) 「대한독립노동총연맹 부서개편」, 『조선일보』 1948년 1월 23일(국사편찬위원
회 『자료대한민국사』 6, 1948).

135) 임송자, 「우촌 전진한의 협동조합 및 우익노조 활동」, 『한국민족운동사연구』
36, 2003, 73쪽.

136) 「경전 전차과의 파업 확대」, 『동아일보』 1948년 1월 21~22일; 『경향신문』
1948년 1월 21~22일; 『서울신문』 1948년 1월 21~22일; 『조선일보』 194년 1월
21~22일(국사편찬위원회, 『자료대한민국사』 6, 1948).

137) 「노총위원장 전진한씨담」, 「노총위원장 전진한씨담」, 『민중일보』 1948년 1월 20일.

138) 「쌍방합의는 언제」, 『경향신문』 1948년 1월 31일.

139) 「중앙노무조정위원회에 회부된 경전 파업문제 미해결」,『경향신문』1948년 1월 31일(국사편찬위원회,『자료대한민국사』6, 1948).

140) 「경전노조복업 투쟁은 여전히 계속」,『동아일보』1948년 3월 21일.

141) 「경전분쟁사건 평화리해결노력」,『동아일보』1948년 4월 7일.

142) 이처럼 경전문제에 대한 관심이 증폭되자 경전문제진상조사위원회가 이 문제를 종합적으로 조사하여 발표하였다. 그 내용은 다음과 같다. 京電에서는 본사 중역에 대한 노조의 배척운동으로 말미암아 발생한 파업과 분규의 진상을 조사하고 그 해결을 지으려는 경전문제진상조사위원회의 조사 결과를 발표하였는데 20건에 달하는 문제를 검토하고 다음과 같은 결론을 내렸다 한다. 1) 노조 측에서는 회사 측에 많은 비행이 있는 것 같이 주장하였으나 이것은 아무 근거가 없고 또 그 주장한 바 대부분이 사소한 문제이다. 2) 회사는 두 개의 노조에 대하여 세력균형 원칙을 적용하여 왔기 때문에 노자관계가 악화하였으나 회사는 이 사태를 개선하려 하지 않았다. 3) 회사 측은 인사이동에서 단체계약의 신임을 위해 권리를 무시하였다. 4) 회사의 현 간부중 몇 사람을 해직시키라는 노조의 주장은 노조의 정당한 기능을 벗어나는 것이다. 5) 노조간부의 정책은 상당한 수의 조합원들의 불만을 사고 있는 증거가 다소 있다. 이 결론을 지은 도위원회에서는 중역 개편을 권고하고 6월에 실효하는 단체계약을 경신하기 전에 현재의 대한노총은 종업원들의 대폭적 노조로서 계속할 것이 아니냐를 투표로 결정할 필요가 있다는 권고를 하여 왔다. 「경전파업, 경전문제진상규명위원회의 조사 결과」,『조선일보』1948년 5월 21일(국사편찬위원회,『자료대한민국사』7, 1948).

143) 「노총운수연맹 위원장에 제명」,『경향신문』1948년 5월 8일.

제9장

1) 「입후보자명부 경상북도 속」,『동아일보』1948년 4월 27일.

2) 「국회의원 당선자 명단」,『조선일보』1948년 5월 14일;「지방국의당선자」,『경향신문』1948년 5월 15일;「초대국회의원 면면」,『경향신문』1948년 6월 1일.

3) 심우민,「제헌의회 시기 입법의 사회사」,『홍익법학』15-4, 2014, 259~260쪽.

4) 「제3차 국회본회의, 3분과위원 선정 및 헌법과 국회법 등 토의」,『동아일보』1948년 6월 3~4일;『조선일보』1948년 6월 3~4일(국사편찬위원회,『자료대한민국사』7, 1948).

5) 「전진한의원, 헌법에 노동자·농민 복리조문 삽입 요청」,『서울신문』1948년 6월 15일;「전진한의원, 헌법에 노동자·농민 복리조문 삽입 요청」,『조선일보』1948년 6월 15일(국사편찬위원회,『자료대한민국사』7, 1948).

6)『헌법제정회의록』280쪽. 이흥재,『노동법 제정과 전진한의 역할』, 서울대학교출판문화원, 2010, 51~52쪽.

7)「국회회의록: 국회제20차회의절차: 헌법안(제1독회)」(1948.6.29.).

8)「국회회의록: 국회제22차회의절차: 헌법안(제2독회)」(1948.7.1.).

9)「헌법초안(3독회 심의안)」,『현민 유진오 제헌헌법 관계자료집』, 고려대학교 박물관, 2009, 230~231쪽. 17조 모든 국민은 근로의 권리와 의무를 가진다. 근로조건의 기준은 법률로써 정한다. 여자와 소년의 근로는 특별히 보호를 받는다. 18조 근로자의 단결, 단체교섭과 단체행동의 자유는 법률의 범위 내에서 보장된다. 19조 노령, 질병 기타 근로능력의 상실로 인하여 생활유지의 능력이 없는 자는 법률의 정한 바에 의하여 정부가 이를 보호한다. 이 책에서는 이 헌법초안의 내용을 제3독회 심의안이라고 보았으나 제2독회 시 통과된 노동자 이익균점권에 대한 내용이 없는 것으로 보아 제1독회 때부터 사용된 헌법초안이라고 여겨진다. 여기에 〈문시환의원 주장〉,「국회회의록: 국회제24차회의절차: 헌법안(제2독회)」(1948.7.3.) 등의 내용을 참고하여 작성하였다.

10)〈문시환의원 발언〉,「국회회의록: 국회제24차회의절차: 헌법안(제2독회)」(1948.7.3.).

11)〈전진한의원 발언〉,「국회회의록: 국회제24차회의절차: 헌법안(제2독회)」(1948.7.3.).

12) 이흥재,『노동법 제정과 전진한의 역할』, 서울대학교출판문화원, 2010, 57~60쪽.

13) 이흥재,『노동법 제정과 전진한의 역할』, 서울대학교출판문화원, 2010, 61~64쪽.

14) 전창원 편,『이렇게 싸웠다』, 무역연구원, 1996, 296~297쪽.

15) 이흥재,『노동법 제정과 전진한의 역할』, 서울대학교출판문화원, 2010, 52~55쪽.

16)〈전진한의원 발언〉,「국회회의록: 국회제25차회의절차: 헌법안(제2독회)」(1948.7.5.).

17)「각료 임명 및 장관 약력」,『동아일보』1948년 8월 4일(국사편찬위원회,『자료 대한민국사』7, 1948).

18)「조각야화(5)」,『경향신문』1958년 6월 17일.

19)「만사에 책임을 지고 행동, 사회부장관 전진한씨담」,『평화일보』1948년 8월 5일.

20)「초대각부장관 가정방문」,『동아일보』1948년 8월 7일. 당시 전진한은 부인 외에 장녀 金周(19), 장남 昌源(17), 차녀 仁周, 삼녀 永喜, 사녀 芳子, 차남 明源 등 6남매의 자녀를 두었다.

21)「수재민구제에 총궐기」,『경향신문』1948년 8월 12일.

22)「전진한 사회부장관, 제1회 83차 국회본회의에서 시정방침을 보고」,『시정월보』창간호, 1949.1, 29~42쪽(국사편찬위원회,『자료 대한민국사』6, 1948).

23) 「전진한 사회부장관, 제1회 83차 국회 본회의에서 시정방침을 보고」, 『시정월보』 창간호, 1949.1, 29~42쪽(국사편찬위원회, 『자료대한민국사』 8, 1948).

24) 「전애국단체연합 중앙정부수립추진위, 풍수해구제대책위원회 결성」, 『조선일보』 1948년 7월 31일; 『동아일보』 1948년 7월 31일(국사편찬위원회, 『자료대한민국사』 7, 1948).

25) 「조선체육회, 폭력사태 끝에 회장을 신익희로 변경」, 『서울신문』 1948년 9월 7일(국사편찬위원회, 『자료대한민국사』 8, 1948).

26) 「순국청년구휼회 이사장에 전진한씨」, 『경향신문』 1948년 9월 12일. 사무장은 선우기성이었다.

27) 「전진한 사회부장관, 대한노농당 결성 문제 등을 기자와 문답」, 『평화일보』 1948년 9월 24일(국사편찬위원회, 『자료대한민국사』 8, 1948).

28) 「전진한 사회부장관, 모리배 적산몰수와 노동문제 실업자 및 노동자의 생활보장문제 등에 대해 기자 문답」, 『세계일보』 1948년 10월 17일(국사편찬위원회, 『자료대한민국사』 8, 1948).

29) 「전진한 사회부장관, 노동자 이윤분배제와 대한총연맹 알력 등에 대해 기자와 문답」, 『세계일보』 1948년 10월 19일(국사편찬위원회, 『자료대한민국사』 8, 1948).

30) 전창원 편, 『이렇게 싸웠다』, 무역연구원, 1996, 297쪽.

31) 「전진한 사회부장관, 광산 · 제련 근로자 임금인상 소급적용 계획」, 『동아일보』 1948년 10월 27일(국사편찬위원회, 『자료대한민국사』 8, 1948). 이에 정(鄭)감찰위원장은 이승만 대통령에게 보고를 보내어 관리생활을 보장하라고 진언하였다.

32) 「사회부위문단 재작일 현지로」, 『자유신문』 1948년 11월 2일.

33) 「전진한 사회부장관, 여순사건과 수해복구 등에 대해 담화를 발표」, 『동광신문』 1948년 11월 1일(국사편찬위원회, 『자료대한민국사』 9, 1948).

34) 「후생대위회 창립」, 『동아일보』 1948년 11월 13일.

35) 「무상구호물자 미 케어영단서 가져온다」, 『동아일보』 1948년 11월 25일.

36) 「사억만원계상하여 실업자구체 업태부 사회부 훈령은 모르는 일」, 『동아일보』 1948년 12월 9일.

37) 「적산가옥거주자협회 재출발」, 『경향신문』 1948년 12월 18일. 당시의 책임자는 고문 윤치영, 김도연, 전진한, 임병혁(林炳赫), 명제세, 이청천, 최윤동(崔允東), 홍성하(洪性夏), 명예회장 김동원(金東元), 회장 이복원(李復源)이었다.

38) 「전장관사임문제 그후 결과가 주목」, 『동아일보』 1948년 12월 23일.

39) 「인권옹호문제로 대격론, 내무장관갱질의 가결」, 『경향신문』 1948년 12월 22일.

40) 「전진한 사회부장관, 사표 제출」, 『독립신문』 1948년 12월 22일(국사편찬위원회, 『자료대한민국사』 9, 1948).

41) 전창원 편, 『이렇게 싸웠다』, 무역연구원, 1996, 288쪽. 전진한은 이 사건에 대해 회고록에서 반공 활동과 관련하여 밝히기 어려운 면이 있다고 하면서 설명하지 않았다.

42) 하유식, 「이승만 정권 초기 정치기반 연구」, 『지역과 역사』 3, 1997, 208~212쪽.

43) 선우기성, 『한국청년운동사』, 금문사, 1973, 762~763쪽. 대한청년단의 총재는 이승만, 단장 신성모(내무관관), 부단장 李成株 文鳳濟 姜仁鳳, 최고지도위원 전진한(사회부장관) 姜樂遠 徐相天 柳珍山 張澤相(외무부장관) 李靑天 盧泰俊, 사무국장 尹益憲, 기획국장 李榮, 선전국장 金光澤, 훈련국장 柳志元, 감찰국장 金潤根, 조직국장 朴容直, 교도국장 沈命燮, 건설국장 金斗漢, 중앙훈련소장 金健, 서북변사처장 車鍾潤, 서북청년대장 金聖柱였다.

44) 「관료정부 불가 전장관 퇴임의 변」, 『동아일보』 1948년 12월 26일.

45) 「9개분위원을 선출」, 『경향신문』 1948년 6월 17일. 산업노농위원회 소속 의원은 曺奉岩 金德烈 閔庚植 崔錫和 金雄鎭 李裕善 朴愚京 柳鴻烈 申邦鉉 柳鎭洪 李勳求 李鍾根 李錫柱 李瑉源 盧鎰煥 趙在勉 洪熺種 金鍾善 李炳珪 黃斗淵 金仲基 金尙浩 金相舜 徐相日 趙憲泳 李範敎 李炳權 陸洪均 錢鎭漢 文時煥 韓錫範 李周衡 曺奎甲 金載學 姜達秀 李鍾淳 金振九 金度演 尹錫龜(濟州 1인추가) 등 40명.

46) 「상위 각파별로 개편」, 『동아일보』 1949년 10월 13일; 『경향신문』 1949년 10월 13일.

47) 「김병회 외 90의원, 농지개혁에 관한 임시조치법안을 제출」, 『서울신문』 1949년 2월 23일(국사편찬위원회, 『자료대한민국사』 10, 1949).

48) 「제4회 11차 국회본회의, 병역법안 무수정 통과」, 『경향신문』 1949년 7월 16일(국사편찬위원회, 『자료대한민국사』 13, 1949).

49) 「제4회 11차 국회본회의, 국가공무원법의 문제점을 논의」, 『제4회 국회속기록』 11, 185~189쪽(국사편찬위원회, 『자료대한민국사』 13).

50) 「단체교섭권 부결」, 『동아일보』 1949년 7월 26일; 「국회 정당가입을 금지」, 『경향신문』 1949년 7월 26일.

51) 「축첩공무원추방 대통령에 99의원 건의」, 『경향신문』 1949년 10월 28일.

52) 마정윤, 「해방 후 1950년대까지의 여성관련 법제화와 축첩제 폐지운동」, 『이화젠더법학』 8, 2016, 170~171쪽.

53) 「국회의원 임기연장에 대한 각 정치세력의 반응」, 『경향신문』 1949년 11월 9일(국사편찬위원회, 『자료대한민국사』 15, 1949).

54) 「국회 귀속재산법 일독회를 종료」, 『경향신문』 1949년 11월 9일; 「국회 악질점유자배제 귀산법제일독회 완료」, 『동아일보』 1949년 11월 9일.

55) 「전진한의원, 귀속재산처리법안 수정안을 제안」, 『자유신문』 1949년 11월 12일 (국사편찬위원회, 『자료대한민국사』 15, 1949).

56) 「종업원에도 우선권」, 『동아일보』 1949년 11월 17일; 「귀재법안수통과」, 『경향신문』 1949년 11월 23일. 50조의 내용은 다음과 같다. 귀속재산은 합법적이며 사상 온건하고 운영능력이 있는 선량한 연고자, 종업원 조합 및 농지개혁법에 의하여 농지를 매수당한 자와 주택에 있어서는 특히 국가에 유공한 무주택자 그 유가족 및 주택 없는 빈곤한 근론자, 근로자 주택 이외의 주택을 구득하기 곤란한 자에게 우선적으로 불하한다. 공인된 교화, 후생, 기타공익에 관한 사단 또는 재단으로써 영리를 목적으로 하지 않는 법인이 필요하는 귀속재산에 대하여도 매각할 수 있다.

57) 「제5회 46차 국회본회의, 귀속재산처리법안 관리규정 등에 대해 논의」, 『자유신문』 1949년 11월 22일(국사편찬위원회, 『자료대한민국사』 15, 1949).

58) 「국회 문교사회위원회, 노동법령기초위원회를 구성」, 『서울신문』 1950년 1월 31일(국사편찬위원회, 『자료대한민국사』 16, 1950). 이때 구성된 위원은 다음과 같다. △국회의원: 權泰羲, 宋鎭百, 金敎賢 △기업가: 權寧元, 李重宰, 金容元 △노동운동자: 錢鎭漢, 劉起兌, 趙德允 △학자: 劉在晟(기계), 崔熙盈(위생), 尹鍾燮(노동학)

59) 「제헌국회의원들의 의정 발언횟수」, 『한성일보』 1950년 5월 13일(국사편찬위원회, 『자료대한민국사』 17, 1950).

60) 이혜영, 「제헌의회기 이승만의 정당설립 시도와 대한국민당」, 『한국사연구』 173, 2016, 301~306쪽.

61) 「대한노농당의 발기준비위원과 선언 강령」, 『군산신문』 1948년 9월 7일(국사편찬위원회, 『자료대한민국사』 8, 1948).

62) 「대한노농당 결당 10일 발기인대회」, 『경향신문』 1946년 9월 7일; 「노농당에 양파」, 『조선일보』 1948년 10월 12일.

63) 「전진한 사회부장관, 대한노농당 결성 문제 등을 기자와 문답」, 『평화일보』 1948년 9월 24일(국사편찬위원회, 『자료대한민국사』 8, 1948).

64) 「한국노농당 24일 결당」, 『경향신문』 1948년 10월 26일; 「한국노농당 결당대회 거행」, 『동아일보』 1948년 10월 26일. 중앙위원은 김병제 외 18명이고, 상무위원은 김종률 외 34명, 감찰위원은 설우제(薛愚齊)외 19명이다.

65) 국사편찬위원회, 한국사데이터베이스, 「한국근현대인물자료」. 『민국인사록』, 1950, 168쪽; 『대한민국건국십년지』, 1956, 1108쪽.

66) 장례학은 유림, 김승학과 함께 1949년 12월 6일 효창공원에서 거행된 백범 김구 묘비 제막식에 참여하였다. 「백범 김구 묘비 제막식이 효창공원에서 거행」, 『국도신문』 1949년 12월 6일(국사편찬위원회, 『자료대한민국사』 15, 1949).

67) 「노동자, 농민만으로 결성, 한국노농당 발족」, 『평화일보』 1948년 10월 23일.

68) 서중석, 「자유당의 창당과 정치이념」, 『한국사론』 42, 1999, 851쪽.

69) 『국도신문』 1949년 9월 19일.

70) 「16명의 무소속의원들, 의원의 양심 자유 보장을 강조하는 성명을 발표, 『서울신문』 1950년 3월 29일(국사편찬위원회, 『자료대한민국사』 16, 1950). 여기에 참여한 의원은 郭尙勳 金光俊 金敎賢 金壽善 金翼基 金益魯 朴鍾南 成樂緖 李康雨 錢鎭漢 鄭濬 鄭鎭瑾 曺奎甲 趙在勉 趙憲泳 洪翼杓이다.

71) 「16명의 무소속의원들, 의원의 양심 자유 보장을 강조하는 성명을 발표」, 『서울신문』 1950년 3월 29일(국사편찬위원회, 『자료대한민국사』 16, 1950). 여기에 참여한 의원은 郭尙勳 金光俊 金敎賢 金壽善 金翼基 金益魯 朴鍾南 成樂緖 李康雨 錢鎭漢 鄭濬 鄭鎭瑾 曺奎甲 趙在勉 趙憲泳 洪翼杓이다.

제10장

1) 「대한노총부서 전면적 개편」, 『동아일보』 1948년 8월 6일.

2) 「대한독립노동총연맹 제3회 임시전국대의원대회에서 위원장 전진한의 유임 문제로 난투극 발생」, 『한성일보』 1948년 8월 31일(국사편찬위원회, 『자료대한민국사』 8, 1948); 한국노동조합총연맹, 『한국노총 50년사』, 한국노총정보센터, 2003, 291~292쪽.

3) 「대한독립노동총연맹 제3회 임시전국대의원대회에서 위원장 전진한의 유임 문제로 난투극 발생」, 『한성일보』 1948년 8월 31일(국사편찬위원회, 『자료대한민국사』 8, 1948); 한국노동조합총연맹, 『한국노총 50년사』, 한국노총정보센터, 2003, 291~292쪽.

4) 「대한독립노동총연맹 제3회 임시전국대의원대회에서 위원장 전진한의 유임 문제로 난투극 발생」, 『한성일보』 1948년 8월 31일(국사편찬위원회, 『자료대한민국사』 8, 1948); 한국노동조합총연맹, 『한국노총 50년사』, 한국노총정보센터, 2003, 291~292쪽.

5) 「대한독립노동총연맹 제3회 임시전국대의원대회에서 위원장 전진한의 유임 문제로 난투극 발생」, 『한성일보』 1948년 8월 31일(국사편찬위원회, 『자료대한민국사』 8, 1948).

6) 「대한독립노동총연맹 전부위원장 김구, 혁신위원회를 조직」, 『한성일보』 1948년 9월 3일(국사편찬위원회, 『자료대한민국사』 8, 167쪽).

7) 「김구 전대한독립노동총연맹 부위원장을 중심으로 전진한 위원장 유임반대운동 전개」, 『조선일보』 1948년 8월 31일(국사편찬위원회, 『자료대한민국사』 7, 1948).

8) 임송자, 「1946~1952년 대한노총의 내부갈등과 그 성격」, 『한국근현대사연구』 28, 2004, 116쪽.

9) 임송자, 「1946~1952년 대한노총의 내부갈등과 그 성격」, 『한국근현대사연구』 28, 2004, 122쪽.

10) 임송자, 「1946~1952년 대한노총의 내부갈등과 그 성격」, 『한국근현대사연구』 28, 2004, 116쪽.

11) 「경전노조, 대한독립노동총연맹 전진한 위원장의 유임을지지」, 『조선일보』 1948년 9월 4일(국사편찬위원회, 『자료대한민국사』 8, 1948).

12) 「대한독립노동총연맹, 전진한위원장 유임에 문제없다는 성명을 발표」, 『대한일보』 1948년 9월 10일(국사편찬위원회, 『자료대한민국사』 8, 1948).

13) 「법정에 나선 사회부장관」, 『경향신문』 1948년 11월 11일.

14) 「건강·실업보험등실시 「산업병원」도 개설」, 『동아일보』 1949년 1월 18일.

15) 임송자, 「1946~1952년 대한노총의 내부갈등과 그 성격」, 『한국근현대사연구』 28, 2004, 123쪽.

16) 「유기태씨 당선 전씨는 21표차로 낙선」, 『동아일보』 1949년 3월 27일.

17) 「대한노총분규」, 『동아일보』 1949년 3월 30일.

18) 「대한노동총연맹, 위원장 선거결과를 놓고 분규」, 『연합신문』 1949년 3월 29일(국사편찬위원회, 『자료대한민국사』 10, 1949).

19) 「노동운동의 위기, 비오고 땅굳어지기를」, 『경향신문』 1949년 4월 15일.

20) 「광고, 맹원동지여러분께, 전진한」, 『동아일보』 1949년 4월 19일.

21) 「노총대의원 대회재소집」, 『경향신문』 1949년 4월 22일.

22) 「대한노동총연맹 중앙본부, 전진한 측 대회를 부정하는 성명서를 발표」, 『연합신문』 1949년 4월 23일(국사편찬위원회, 『자료대한민국사』 11, 1949).

23) 「애국적 노동운동의 흉악한 분열자 전진한씨의 모략」, 『동아일보』 1949년 5월 15일.

24) 「공보처, 조선전업회사 노동쟁의와 관련해 보도된 대통령 담화가 사실무근이라고 담화 발표」, 『동아일보』 1949년 5월 19일(국사편찬위원회, 『자료대한민국사』 12, 1949).

25) 「노총분규문제 정부대변인담」, 『경향신문』 1949년 5월 22일.

26) 「노총의 방위대회 어제 삼만명모집대성황」, 『동아일보』 1949년 6월 28일.

27) 「노총양파 수 합동」, 『동아일보』 1949년 7월 23일.

28) 「제현업원 조합부당 노총전진한씨, 교통부에 항의」, 『동아일보』 1949년 8월 29일.

29) 「조선전업회사, 회사의 노조간부 해고 조치로 분규가 심화」, 『국도신문』 1950년 2월 5일(국사편찬위원회, 『자료대한민국사』 16, 1950). 부위원장은 유기태, 김구 외 7명, 총무 겸 재정은 柳化龍 외 3명이었다.

30) 「대한노동총연맹, 미 대한경제원조 촉진 노동자 총궐기대회를 개최」, 『국도신문』 1950년 1월 28일(국사편찬위원회, 『자료대한민국사』 16, 1950).

31) 「사회부장관 주재로 대한노동총연맹 간부회의를 개최」, 『서울신문』 1950년 2월 24일(국사편찬위원회, 『자료대한민국사』 16, 1950).

32) 「위원장에 전진한씨, 노총부위원장 개편」, 『동아일보』 1950년 3월 13일; 「대한노동총연맹, 제5회 전국대회를 개최하고 임원을 개선」, 『공업신문』 1950년 3월 11~14일. 국사편찬위원회, 『자료대한민국사』 16, 1950.

33) 「위원장에 전씨 반공결의 채택」, 『경향신문』 1950년 3월 12일.

34) 임송자, 「1946~1952년 대한노총의 내부갈등과 그 성격」, 『한국근현대사연구』 28, 2004, 128쪽.

35) 「전시근로의용단 결성, 전진한이 단장으로 취임」, 『대구매일』 1950년 8월 3일(국사편찬위원회, 『자료대한민국사』 18, 1950). 宣言文은 다음과 같다. 국가의 위기는 왔다. 금수강산은 소련의 전차에 유린되고 동포의 피는 괴뢰군의 총검에 흘렸다. 국가 재산은 공산도배의 맹폭에 파괴되고 부모처자와 형제 자매는 학살당하고 있다. 우리는 대한근로층이다. 聖祖의 피를 받고 이 땅의 혜택을 입은 주인공이다. 조국 수호는 우리의 임무요 산업의 건설은 우리의 사명이다. 우리는 조국과 같이 살고 조국을 위하여 싸우는 층이다. 조국이 없이 생명과 재산을 어이 보존하며, 자손만대의 긴급을 어디서 구하랴 동지여.

36) 「전시선전대책위원회 결성」, 『민주신보』 1950년 9월 3일. 국사편찬위원회, 『자료대한민국사』 18, 1950. 위원장은 金度演이었고, 부위원장은 金東成이었다.

37) 「국토통일촉진국민대회 준비위원회를 소집」, 『부산일보』 1950년 9월 13일(국사편찬위원회, 『자료대한민국사』 18, 1950).

38) 「애국기헌납 노총기금납입」, 『동아일보』 1951년 5월 12일.

39) 「반동노련회의 참가기 전진한씨와 본사기자 대담」, 『동아일보』 1950년 1월 10일.

40) 「노동운동에 최대의 기록」, 『경향신문』 1949년 11월 23일.

41) 「공산침략에 공동투쟁 한국은 평화전선」, 『경향신문』 1949년 12월 8일.

42) 「총재에 피네트씨 전진한씨도 이사회원으로 피선」, 『경향신문』 1949년 12월 11일.

43) 「대일외교를 강화, 남미이민일년후 실현, 임장관조특사 귀국을 환영」, 『동아일보』 1949년 12월 18일; 「전진한씨 등 금일에 귀국」, 『경향신문』 1950년 1월 7일.

44) 「공산침략에 공동투쟁 한국은 평화전선」, 『경향신문』 1949년 12월 8일; 「전유양대표 삼십일화부발 귀국」, 『동아일보』 1949년 12월 30일.

45) 「전진한, 국제자유노동연맹 결성대회 참가 소감을 피력」, 『남선경제신문』 1950년 1월 10일(국사편찬위원회, 『자료대한민국사』 16, 1950).

46) 「반동노련회의 참가기 전진한씨와 본사기자 대담」, 『동아일보』 1950년 1월 10일.

47) 「전진한, 국제자유노동연맹 결성대회 참가 소감을 피력」, 『남선경제신문』 1950년 1월 10일(국사편찬위원회, 『자료대한민국사』 16, 1950).

48) 「삼육건을 경의 미영간에는 견해대립」, 『동아일보』 1950년 1월 30일.

49) 「전주양씨향구」, 『동아일보』 1951년 5월 21일.

50) 「전진한대표 자유노련대회 부의장에 피선」, 『동아일보』 1951년 6월 1일.

51) 「세계자유노련대회, 4일부터 伊國서 개막」, 『동아일보』 1951년 7월 5일.

52) 전창원 편, 『이렇게 싸웠다』, 무역연구원, 1996, 304쪽.

53) 「국제자유노동조합연맹 한국 대표 전진한, 한국 정전 결사 반대 연설」, 『민주신보』 1951년 8월 3일 석간(국사편찬위원회, 『자료대한민국사』 22, 1951). 한국에 다대한 동정을 표한 결의를 채택한 국제자유노련(ICFTU)에 심심한 감사의 뜻을 본인은 한국민을 대신하여 표하는 바입니다. 국제자유노련에 의하여 이미 취하여진 찬양할만한 행동과 장래에 예기되는 동 연맹의 활동을 통하여 한국의 노동자는 물론이요 전 세계의 자유노동자뿐만 아니라 세계 전 인류의 거대한 희망과 신뢰를 국제자유노련에 가질 것을 굳게 믿는 바입니다."
〈결의문〉
1. 국제자유노련(ICFTU)은 남한에 대한 침공을 냉혈적인 침략이라고 비난한다. 성공적인 저항을 위하여 신속하게 자유세계를 동원하는 데 있어 유엔의 행동을 지지한다. 나아가서 유화없이 침략을 종결시키고 통일한국을 수립할 조처를 달성하기 위한 유엔의 노력을 지지한다. 2. 좌익독재에 반항하는 동시에 동일한 활력으로 우익독재에 반항하기 위하여 그들이 어떠한 가면을 쓰고 나타나더라도 전체주의에 대하여 가일층 활력과 정력으로써 싸울 것을 모든 가맹단체에게 요청한다. 3. 국제자유노련(ICFTU)은 모든 사람을 특히 세계의 미개발지역의 생활상태의 향상을 확보하자는 결정을 재확인하여 또 이것이 야말로 공산주의와 투쟁하는 가장 효과적인 무기의 하나라는 것을 재확인한다. 4. 국제자유노련(ICFTU)은 진실로 땅과 평화와 자유를 희구하는 어느 곳의 인민들과도 손을 뻗치며 이 목적을 달성하기 위하여 최대의 원조를 그들에게 맹세한다.

54) 배석만, 「'조방사건'의 정치적 고찰」, 『항도부산』 25, 2009, 182~185쪽.

55) 서중석, 「자유당 창당과 일민주의의 운명」, 『이승만의 정치 이데올로기』, 역사비평사, 2005, 146쪽.

56) 「조방쟁의에 여함」, 『경향신문』 1952년 1월 24일; 국회특별위원회, 『특별위원회 활동개요: 제헌국회, 제2대국회, 제3대국회』, 1992, 180쪽.

57) 「조선방직 쟁의 점점 격화」, 『민주신보』 1952년 1월 11일(국사편찬위원회, 『자료대한민국사』 24, 1952).

58) 「전진한씨등 자유노련 당무이사회에 참석」, 『동아일보』 1951년 12월 28일.

59) 「전진한 세계노동회의 비자 발급 불허」(「이승만이 임병직에게 보낸 서신
(1952.6.27.)」), 『이승만관계서한자료집 4(1952)』.

60) 「자유노련아세아주사임이사회 참석하려던 전진한씨의 여행실기진상」, 『동아
일보』 1951년 1월 12일.

61) 「조선방직 쟁의 점점 격화」, 『민주신보』 1952년 1월 11일(국사편찬위원회,
『자료대한민국사』 24, 1952).

62) 서중석, 「자유당 창당과 일민주의의 운명」, 『이승만의 정치 이데올로기』, 역
사비평사, 2005, 147쪽.

63) 「다시 흐려지는 조방쟁의」, 『경향신문』 1952년 3월 13일.

64) 「배석만, '조방사건'의 정치적 고찰」, 『항도부산』 25, 2009, 186쪽.

65) 「조방의 파업 종결」, 『경향신문』 1952년 3월 14일.

66) 안종우, 「조방쟁의(상)」, 『노동공론』 2-8, 1972, 165쪽; 「배석만, '조방사건'의
정치적 고찰」, 『항도부산』 25, 2009, 206쪽.

67) 배석만, 「조방사건'의 정치적 고찰」, 『항도부산』 25, 2009, 205쪽.

제11장

1) 서중석, 『대한민국 선거이야기』, 역사비평사, 2008, 55쪽.

2) 「전국 입후보자 총람」, 『동아일보』 1950년 4월 17일.

3) 「5·30선거 빛나는 당선자」, 『경향신문』 1950년 6월 2일.

4) 이임하, 「1950년대 제 2대 국회의원 선거에 관한 연구」, 성균관대학교 대학원
석사학위논문, 1994, 65~67쪽.

5) 「최국회의언 별세」, 『조선일보』 1950년 11월 17일.

6) 「8개 국회의원 보궐 선거구 입후보 상황」, 『민주신보』 1952년 1월 13일(국사
편찬위원회, 『자료대한민국사』 24, 1952).

7) 「국회의원 보궐선거 판도 예상」, 『자유신문』 1952년 1월 16일(국사편찬위원
회, 『자료대한민국사』 24, 1952).

8) 「문외문」, 『경향신문』 1952년 2월 8일.

9) 「부산성구보선결과 수판명」, 『경향신문』 1952년 2월 7일.

10) 「전진한이는 세다, 무엇을 대변할까, '호호야' 친구」, 『동아일보』 1952년 2월 22일.

11) 「나는 근로자의 대변자요 전씨당선소감」, 『경향신문』 1952년 2월 28일.

12) 「신의원들의 토로」, 『경향신문』 1952년 2월 18일.

13) 「배・황 양씨도 구속 선거법위반 불언온동 혐의」, 『동아일보』 1952년 3월 19일.

14) 「전진한씨 불구속 송청」, 『동아일보』 1952년 3월 26일.

15) 박승재, 「민국당의 반이승만투쟁연구」, 『한양대 사회과학논총』 6, 1987, 9쪽.

16) 이혜영, 「제2대 국회 전반 의회내 여당형성 활동과 '원내자유당'」, 『사학연구』 132, 2018, 455쪽.

17) 이강로, 「초기 자유당(1951.8~1953.11)과 기간사회단체의 관계 고찰: 이승만과 사회단체를 중심으로」, 『대한정치학회보』 16집 3호, 2009, 255쪽.

18) 「두 개의 자유당 임원선거 발표」, 『동아일보』 1951년 12월 27일.

19) 손봉숙, 「한국 자유당의 정당정치 연구」, 『한국정치학회보』 19, 1995, 169쪽.

20) 이혜영, 「제2대 국회 전반 의회내 여당형성 활동과 '원내자유당'」, 『사학연구』 132, 2018, 503~504쪽.

21) 「국무원책임제 개헌안 해설」, 『동아일보』 1952년 4월 21일.

22) 「정계, 내각책임제 개헌안 및 국무총리 인준문제로 복잡한 국면 전개」, 『민주신보』 1952년 5월 3일(국파편찬위원회, 『자료대한민국사』 25, 1952).

23) 「삼우장파 신교섭단체 구성」, 『동아일보』 1952년 5월 20일.

24) 제2부 제10장 「정부수립 직후의 노동운동」, 참조.

25) 「전진한에 대한 비난」(「이승만이 Ben(임병직)에게 보낸 서신(1952.4.17.)」), 『이승만관계서한자료집 4(1952)』.

26) 「전진한의 세계노동자회의 참석 비난」(「이승만이 임명직에게 보낸 서신」(1952.5.26.)」), 『이승만관계서한자료집 4(1952)』.

27) 「국제노련이사회서」, 『경향신문』 1952년 6월 21일.

28) 「정당정파를 이탈, 전진한의원 성명을 발표」, 『경향신문』 1952년 6월 24일; 「정파를 이탈 전진한씨 성명」, 『동아일보』 1952년 6월 24일; 「정당정파를 이탈, 전진한의원 성명을 발표」, 『경향신문』 1952년 6월 24일.

29) 「전씨는 못갈 사람」, 『동아일보』 1952년 6월 27일. "세간의 훼예를 불문에 부치고 다각적인 노력을 계속하여 왔으나 결국 조방문제는 해결커녕 도리어 악화의 일로를 걷고 있고 백림이사회 참석문제도 절망하지 않을 수 없는 처지에 빠지고 말았다. 금후는 노동운동의 초당파성에 대한 본인 본래의 신념을 견지하면서 모든 정당정파를 이탈하여 노동운동자로서의 양심이 명하는 대로 엄정한 태도로서 독자적 행동을 취할 것을 성명한다.

30) 「전진한씨도 부통령 입후보」, 『동아일보』 1952년 7월 24일.

31) 전창원 편, 『이렇게 싸웠다』, 무역연구원, 1996, 288쪽.

32) 「패장의 새 군략, 전진한씨」, 『경향신문』 1952년 6월 30일; 「정부통령입후보등록완료」, 『경향신문』 1962년 7월 28일.

33) 「부통령 입후보 등록 마감」,『동아일보』1952년 7월 28일(국사편찬위원회,『자료대한민국사』26, 1952).

34) 「이박사견진에 이조육박」,『경향신문』1952년 8월 3일.

35) 「선거전선을 가다(중)」,『민주신보』1952년 8월 2일(국사편찬위원회,『자료대한민국사』26, 1952).

36) 「패장의 새 군략 (1)전진한씨」,『경향신문』1952년 8월 30일.

37) 「국회, 정부통령 선거 개표 결과 발표」,『부산일보』1952년 8월 14일(국사편찬위원회,『자료대한민국사』26, 1952).

38) 「패장의 새 군략 (1)전진한씨」,『경향신문』1952년 8월 30일.

39) 「노총분열의 진상」,『동아일보』1952년 10월 22일;「득세? 퇴각? 분기점에 선 대한노총」,『경향신문』1952년 10월 22일.

40) 「노총분열의 진상」,『동아일보』1952년 10월 22일;「득세? 퇴각? 분기점에 선 대한노총」,『경향신문』1952년 10월 22일.

41) 「대한노총, 전국통일대회 개최하고 집행부 선출」,『부산일보』1952년 11월 11일(국사편찬위원회,『자료대한민국사』27, 1952). 감찰책임위원에는 호칭 표결로 만장일치로 金斗漢이 선출되었다.

42) 임송자,「1946~1952년 대한노총의 내부갈등과 그 성격」,『한국근현대사연구』28, 2004,139쪽.

43) 「노총대의원회에 전진한씨 성명을 발표」,『경향신문』1952년 11월 12일;「대표 대부분 유령」,『동아일보』1952년 11월 11일.

제12장

1) 「나의 편력(12)」,『매일경제』1969년 3월 25일.

2) 「무소속구락부 발족」,『경향신문』1952년 11월 30일.

3) 「무소속구락부 등록, 정일형의원 등 20명」,『경향신문』1952년 9월 11일.

4) 「무구 등록보류」,『경향신문』1952년 9월 13일.

5) 「무소속구락부 발족」,『경향신문』1952년 11월 30일.

6) 윤준식,「한국 진보정당에 관한 연구」, 경기대 정치전문대학원 석사학위논문, 2013, 84~85쪽.

7) 이혜영,「제헌의회기 한민: 민국당의 집권 전략과 헌법 갈등」,『사학연구』124, 2016, 207~211쪽.

8) 「육월중순경에 노농당 발족호」,『경향신문』1953년 5월 27일.

9) 「단상단하」, 『동아일보』 1953년 6월 14일.

10) 「노농당결성에 전의원 성명발표」, 『경향신문』 1953년 12월 7일.

11) 「단상단하」, 『동아일보』 1953년 12월 7일.

12) 정재현, 「1954년 개헌문제와 자유당의 갈등」, 성균관대학교대학원 석사학위 논문, 2013, 11~12쪽.

13) 정재현, 「1954년 개헌문제와 자유당의 갈등」, 성균관대학교대학원 석사학위 논문, 2013, 11~12쪽.

14) 이완범, 「1950년대 이승만 대통령과 미국의 관계에 관한 연구」, 『정신문화연구』 30권 2호, 2007, 214쪽.

15) 조영규, 「개헌비사/사사오입 개헌」, 『동아법학』 72, 2016. 1, 221쪽.

16) 서중석, 『이승만과 제1공화국』, 역사비평사, 2007, 124쪽.

17) 「거물급 대결」, 『경향신문』 1954년 3월 3일.

18) 「공명한 일표·민주정치의 표석」, 『경향신문』 1954년 5월 9일.

19) 박태균, 「1954년 제3대 총선과 정치지형의 변화: 자유당과 민주국민당을 중심으로」, 『역사와 현실』 27, 1995, 196쪽.

20) 「단상단하」, 『동아일보』 1954년 4월 23일.

21) 「전진한씨부인구속」, 『동아일보』 1954년 5월 13일.

22) 「성명서」, 『동아일보』 1954년 5월 17일.

23) 「성명서」, 『동아일보』 1954년 5월 17일.

24) 「당선자속속판명」, 『동아일보』 1954년 5월 21일 호외.

25) 「5·20선거당선자 속속판명」, 『경향신문』 1954년 5월 22일; 「삼선의 영광 얻은 7의원」, 『동아일보』 1954년 5월 23일.

26) 「5·20선거 당락속속판명」, 『동아일보』 1954년 5월 22일.

27) 박태균, 「1954년 제3대 총선과 정치지형의 변화: 자유당과 민주국민당을 중심으로」, 『역사와 현실』 27, 1995, 207~212쪽.

28) 「무소속동지회 명부 정식 제출」, 『경향신문』 1954년 6월 16일.

29) 서중석, 『이승만과 제1공화국: 해방에서 4월혁명까지』, 역사비평사, 2007, 126~128쪽; 조영규, 「개헌비사: 사사오일 개헌」, 『동아법학』 72, 2016, 234~235쪽.

30) 서중석, 『이승만과 제1공화국: 해방에서 4월혁명까지』, 역사비평사, 2007, 128~129쪽.

31) 조영규, 「개헌비사: 사사오일 개헌」, 『동아법학』 72, 2016, 244~255쪽; 서중석, 『이승만과 제1공화국: 해방에서 4월혁명까지』, 역사비평사, 2007, 129~130쪽.

32) 김지형, 「1955년 민주당 창당기 자유민주주의론의 배제 정치」, 『한국근현대사연구』 74, 2015, 223쪽.

33) 『경향신문』1954년 12월 5일. 호헌동지회의 대표간사는 윤병호, 정책위원회는 변진신, 전진한, 윤제술, 총무간사는 송방용, 백남식, 이석기, 서동진, 의사간사는 김수선, 이병홍, 김의준, 양일동, 선전간사는 신도성, 육완국, 윤형남, 이철승, 재정간사는 문종두, 권중돈, 김정호, 운영위원회는 이인, 정일형, 유진산, 임흥순, 소선규이었다.

34) 김지형, 「1955년 민주당 창당기 자유민주주의론의 배제 정치」, 『한국근현대사연구』74, 2015, 226~230쪽.

35) 「신춘정당순례, 노농당」, 『경향신문』1955년 2월 13일.

36) 「위원장에 전진한씨, 15일 노농당발당식성료」, 『경향신문』1955년 2월 16일.

37) 「노동부 七부장 임명」, 『경향신문』1955년 2월 16일.

38) 『동아일보』1946년 11월 1일; 『한성일보』1949년 9월 2일; 『경향신문』1950년 11월 2일(국사편찬위원회, 『자료대한민국사』3권, 14권, 19권, 1946년 10월 31일, 1949년 9월 1일, 1950년 11월 2일).

39) 「탈당성명서」, 『남조선민보』1949년 12월 11일; 「공명한 일표 · 민주정치의 초석」, 『경향신문』1954년 5월 9일.

40) 「자유협동주의와 민족재건」, 『동아일보』1955년 3월 13일.

41) 「협동조합운동의 신구상(상)」, 『동아일보』1952년 9월 26일; 「협동조합운동의 신구상(중)」, 『동아일보』1952년 9월 27일; 「협동조합운동의 신구상(하)」, 『동아일보』1952년 9월 28일.

42) 전진한 저, 『협동조합운동의 신구상』, 협동조합운동사, 1952; 전진한 『이렇게 싸웠다』, 무역연구원, 1996, 71쪽.

43) 전진한 저, 『협동조합운동의 신구상』, 협동조합운동사, 1952; 전진한 『이렇게 싸웠다』, 무역연구원, 1996, 72쪽.

44) 전진한 저, 『협동조합운동의 신구상』, 협동조합운동사, 1952; 『전진한 『이렇게 싸웠다』, 무역연구원, 1996, 73~74쪽.

45) 「협동조합을 어떻게 조직하나」, 『경향신문』1952년 10월 24일.

46) 「전진한씨 래통 협동조문제등 간담」, 『경남신문』1954년 8월 7일.

47) 「자유협동주의와 민족재건」, 『동아일보』1955년 3월 13일.

48) 「자유협동주의와 민족재건」, 『동아일보』1955년 3월 13일.

49) 「자유협동주의와 민족재건」, 『동아일보』1955년 3월 13일.

50) 「자유협동주의와 민족재건」, 『동아일보』1955년 3월 13일.

51) 「자유협동주의와 민족재건」, 『동아일보』1955년 3월 13일.

52) 「자유협동주의와 민족재건」, 『동아일보』1955년 3월 13일.

53) 「자유협동주의와 민족재건」, 『동아일보』1955년 3월 13일.

54) 「자유협동주의와 민족재건」, 『동아일보』1955년 3월 13일.

55) 「자유협동주의와 민족재건」, 『동아일보』 1955년 3월 13일.

56) 「자유협동주의와 민족재건」, 『동아일보』 1955년 3월 13일.

57) 「자유협동주의와 민족재건」, 『동아일보』 1955년 3월 13일.

58) 「자유협동주의와 민족재건」, 『동아일보』 1955년 3월 13일.

59) 「자유협동주의와 민족재건」, 『동아일보』 1955년 3월 13일.

60) 「자유협동주의와 민족재건」, 『동아일보』 1955년 3월 13일.

61) 「자유협동주의와 민족재건」, 『동아일보』 1955년 3월 13일.

62) 「자유협동주의와 민족재건」, 『동아일보』 1955년 3월 13일.

63) 「자유협동주의와 민족재건」, 『동아일보』 1955년 3월 13일.

64) 「자유협동주의와 민족재건」, 『동아일보』 1955년 3월 13일.

65) 「자유민주주의냐 사회민주주의냐 자유협동주의냐?」, 『동아일보』 1957년 5월 19일.

66) 김현우, 『한국정당통합운동사』, 을유문화사, 2000, 300~301쪽.

67) 「이인의원등 13명 31일 호동을 탈퇴」, 『경향신문』 1955년 8월 2일.

68) 「무소속구 등록 31명 28일 정식가입」, 『경향신문』 1955년 9월 29일.

69) 김현우, 『한국정당통합운동사』, 을유문화사, 2000, 304~306쪽. 1955년 9월 19일 민주당이 창당되자 혁신세력들은 1955년 12월 24일 진보당발기준비위원회를 결성하였다. 이 그룹은 1956년 5월 15일 대통령선거후 조봉암이 선전한 것을 계기로 1956년 11월 10일 진보당을 결성하였다. 진보당의 위원장은 조봉암, 부위원장은 박기출과 김달호였다.

70) 「일종모략에 불과 전씨, 진보당과 연합설 부인」, 『경향신문』 1956년 4월 20일.

71) 「평화통일문제에 관하여(상)」, 『경향신문』 1956년 4월 22일; 「평화통일문제에 관하여(중)」, 1956년 4월 24일; 「평화통일문제에 관하여(하)」, 1956년 4월 25일.

72) 서중석, 『이승만과 제1공화국』, 역사비평사, 2007, 156~169쪽.

73) 「양립선상의 사회주의정당」, 『경향신문』 1956년 6월 14일.

74) 「각정당의 신국면」, 『경향신문』 1956년 6월 23일.

75) 「사회당 불가담 전진한씨 성명」, 『동아일보』 1956년 6월 26일; 「사회당계와 불합류 전진한씨 25일 성명」, 『경향신문』 1956년 6월 26일.

76) 서중석, 『이승만과 제1공화국』, 역사비평사, 2007, 171~172쪽.

77) 「초유의 의원 데모 단행」, 『동아일보』 1956년 7월 29일.

78) 「민권옹호투쟁위 상임부서를 결정」, 『경향신문』 1956년 8월 1일.

79) 「기자석」, 『경향신문』 1956년 9월 12일.

80) 「21일에 결성 노농당 성동구당」, 『경향신문』 1956년 10월 21일.

81) 「이북동포 궐기하라, 노농당서 호소문」, 『경향신문』 1956년 10월 31일.

82) 「신춘정치지대(13), 춘궁기와 노농당」, 『경향신문』 1957년 3월 16일.

83) 「신춘정치지대(13) 춘궁기와 노농당」, 『경향신문』 1957년 3월 16일.

84) 「노농당위원장 전진한씨 협동주의를 고창」, 『경향신문』 1957년 4월 8일.

85) 「민주주의의 위기」, 『동아일보』 1957년 5월 27일.

86) 「사회문제화 않도록 노농당위원장 담화」, 『경향신문』 1957년 6월 20일.

87) 「진보당에 호소함」, 『경향신문』 1957년 6월 7~14일.

88) 「합당설을 부인 노농당당수 성명」, 『동아일보』 1957년 6월 25일.

89) 「대동통일추진위에 진보당등서 호응」, 『경향신문』 1957년 7월 3일.

90) 「대동통일추진위에 진보당등서 호응」, 『경향신문』 1957년 7월 3일.

91) 「민주사회당태동 조·장 양씨가 세력규합」, 『경향신문』 1957년 8월 5일.

92) 「혁신세력 집결위를 불원 구성 전진한씨 언명」, 『경향신문』 1957년 10월 13일.

93) 「노농당노선에 충실, 김두한 성명서」, 『경향신문』 1957년 10월 13일.

94) 「정우회 신발족」, 『경향신문』 1957년 1월 26일; 「정우회 원내교섭단체 발족」, 『동아일보』 1957년 1월 26일.

95) 「정우회 해체 주장」, 『동아일보』 1957년 12월 10일.

96) 「신춘 국내정국의 방향, 각정당지도자 지상좌담회」, 『동아일보』 1958년 1월 1일.

97) 「평균 30명 정도 공천」, 『경향신문』 1958년 1월 21일.

98) 「노농당공천자 발표 2차는 25일에 발표」, 『경향신문』 1958년 3월 16일.

99) 「상단하」, 『동아일보』 1958년 4월 28일.

100) 「5·2총선개표상황」, 경향신문 1958년 5월 3일.

101) 「정당중심의 경향 현저」, 『경향신문』 1958년 5월 4일.

102) 「정당중심의 경향 현저」, 『경향신문』 1958년 5월 4일.

103) 서중석, 『이승만과 제1공화국』, 역사비평사, 2007, 190쪽.

104) 「제삼당운동 태동」, 『경향신문』 1958년 5월 5일.

105) 「혁신정당 통합불능」, 『경향신문』 1958년 5월 18일.

106) 「집단지도제를 추진, 군소정당합당」, 『경향신문』 1958년 6월 7일.

107) 「기자석」, 『경향신문』 1958년 8월 5일.

108) 「제삼당성숙 구인위조직」, 『경향신문』 1958년 11월 6일.

109) 서중석, 『이승만과 제1공화국』, 역사비평사, 2007, 192~193쪽. 민주당, 「국가보안법은 이와 같이 악법이다」(1958.11.23.), 김인걸 외 편저, 『한국현대사 강의』, 돌베개, 1998, 165~166쪽.

110) 「보안법을 반대, 민혁·노농당 성명」, 『경향신문』 1958년 11월 25일.

111) 「동생파북하다 탄로 노농당 김용환 간첩음모사건」, 『동아일보』 1958년 12월 12일.

112) 「노농당 김용환 제명」, 『동아일보』 1958년 12월 12일.

113) 「동생파북하다 탄로 노농당 김용환 간첩음모사건」, 『동아일보』 1958년 12월 12일.

114) 「삼정당격려성명, 민주, 민혁, 노농당」, 『경향신문』 1958년 12월 12일.

115) 「민권수호를 호소」, 『경향신문』 1958년 12월 24일.

116) 「국민대회 내 10일 전후에 개최」, 『동아일보』 1958년 12월 29일.

117) 「전진한씨 소환 간첩 김사건에」, 『경향신문』 1959년 1월 8일.

118) 「전진한씨를 환문 김용환간첩사건의 증인으로」, 『동아일보』 1959년 1월 8일; "전연 몰랐다" 전진한씨 신문을 완료 김용환간첩사건」, 『동아일보』 1959년 1월 9일.

119) 「몽둥이 쫓긴 국민대회대표」, 『동아일보』 1959년 1월 13일.

120) 「민권수호국민연맹 발족」, 『경향신문』 1959년 1월 15일.

121) 「교포북송반대전국위 발족」, 『경향신문』 1959년 2월 17일. 지도위원은 이기붕 조병옥 장택상, 총무상임위원으로 이재형 등 6명, 재정상임위원은 원용석 등 7명, 선전상임위원으로 장기영 등 6명, 연락상임위원은 김의택 등 8명, 섭외상임위원은 윤성순 등 8명이었다.

122) 「민총, 사실상 와해」, 『동아일보』 1959년 3월 21일.

123) 「제삼당 결성 기운」, 『경향신문』 1959년 3월 22일.

124) 「정·부통령선거 정중동의 전초전준비공작」, 『동아일보』 1959년 8월 9일.

125) 「연내로 신당발족?」, 『동아일보』 1959년 12월 5일. 전진한이나 서상일을 대통령 후보로, 장택상을 부통령 후보로 생각하고 있었다.

126) 「민족주의민주사회당」, 『동아일보』 1959년 12월 20일. 이훈구를 부통령 후보로 지명하였다. 그리고 최고위원제를 골자로 하는 당헌개정안을 통과시켰다. 이훈구를 대표최고위원, 전진한·成樂勳을 최고위원으로 선정하였다.

127) 「야당연합반대 전진한씨 성명」, 『동아일보』 1959년 12월 22일.

제13장

1) 「정·부통령 선거전망과 포부」, 『동아일보』 1960년 1월 1일.

2) 「정·부통령 선거전망과 포부」, 『동아일보』 1960년 1월 1일; 「정·부통령 선거전망과 포부」, 『동아일보』 1960년 1월 5일.

3) 「민사당서도 오월선거요청」, 『동아일보』 1960년 1월 26일.

4) 「비보수연합 모색」, 『동아일보』 1960년 2월 3일.

5) 「김응조씨 지명」, 『조선일보』 1960년 2월 12일.

6) 「민사당 등록검토」, 『동아일보』 1960년 2월 13일.

7) 「전진한씨 출마 포기 민사당 명의로 등록할 수 없어」, 『마산일보』 1960년 2월 14일.

8) 「조건부로 등록을 허가」, 『조선일보』 1960년 2월 19일, 석간. 신청은 2월 17일 하였다.

9) 「28일 결성식 공명선거추진국위」, 『조선일보』 1960년 2월 27일, 조간; 「부정 선거 분쇄투쟁 선언」, 『동아일보』 1960년 2월 29일.

10) 「장소불허로 공명선거추진위 강연회 자연연기」, 『동아일보』 1960년 3월 6일.

11) 「선거무효선언 민사당서도 성명」, 『동아일보』 1960년 3월 17일.

12) 「비상대책도 강구」, 『동아일보』 1960년 4월 9일.

13) 「국민총의를 존중」, 『동아일보』 1960년 4월 21일.

14) 「국민총의를 존중」, 『동아일보』 1960년 4월 21일.

15) 「조각반향」, 『경향신문』 1960년 4월 29일.

16) 이혜영, 「4 · 19직후 정국수습 논의와 내각책임제 개헌」, 『이화사학연구』 40, 2010, 256~273쪽; 「국무회의록의 재발견」(https://theme.archives.go.kr).

17) 「구국연맹을 형성」, 『경향신문』 1960년 5월 2일.

18) 조현연, 『한국진보정당사』, 후마니타스, 2009, 35쪽.

19) 「신당태동 새로운 야당형성」, 『조선일보』 1960년 5월 6일.

20) 「정당 아닌 연맹체로 발족」, 『조선일보』 1960년 5월 6일.

21) 「육개분파로 난립」, 『경향신문』 1960년 5월 13일.

22) 김남태, 「사회대중당의 성립과 노선」, 『한국민족운동사연구』 80, 2014, 201~202쪽; 「한국사회당 발기」, 『동아일보』 1960년 5월 21일. 사회대중당은 서상일, 김달호, 윤길중, 박기출을 중심으로 이루어졌다. 그리고 정당에 참여하지 않은 인물이 중심이 된 혁신총연협의회가 있었다.

23) 「청년층의 진출현저 4 · 19사변후의 정계 전망」, 『동아일보』 1960년 5월 1일; 「민족사회당 태동, 전진한씨등 주동으로」, 『경향신문』 1960년 5월 17일.

24) 「한국사회당으로 발족」, 『조선일보』 1960년 5월 18일, 석간; 「31일 전당대회 자유당 결정」, 『조선일보』 1960년 5월 19일, 조간.

25) 「한국사회당으로 발족」, 『조선일보』 1960년 5월 18일, 석간; 「31일 전당대회 자유당 결정」, 『조선일보』 1960년 5월 19일, 조간; 「한국사회당 발기 전진한씨계의 혁신세력」, 『마산일보』 1960년 5월 20일.

26) 「한국사회당 발기」, 『동아일보』 1960년 5월 21일.

27) 「스스로의 결과 전진한씨담」, 『동아일보』 1960년 5월 30일.

28) 「용공태도 배격 전진한씨 성명」, 『동아일보』 1960년 6월 5일.

29) 「한국사회당결성대회서 결의」, 『동아일보』 1960년 6월 15일.

30) 「빈곤 없는 복지국가 지향」, 『조선일보』 1960년 6월 14일, 석간.

31) 「총무위원 칠명 선출」, 『조선일보』 1960년 6월 16일, 조간.

32) 네이버, 『한국민족문화대백과사전』과 『두산백과사전』 등. 대한민국헌정회, 「대별 회원정보」.

33) 「혁신세력연합 일차공천결정」, 『동아일보』 1960년 6월 24일.

34) 「7 · 29선거 열풍권에 돌입」, 『조선일보』 1960년 7월 3일, 조간.

35) 「21명입후보공천 한사당 명단 발표」, 『조선일보』 1960년 6월 19일, 석간.

36) 「7 · 29선거 열풍권에 돌입」, 『조선일보』 1960년 7월 3일, 조간; 「선거 장단고 지연 · 혈연 · 물연」, 『조선일보』 1960년 7월 9일, 조간.

37) 「전국개표결과 속속 판명」, 『동아일보』 1960년 7월 30일.

38) 「노동운동에 전력 전진한씨, 한사당서 탈당」, 『동아일보』 1960년 8월 4일.

39) 「종로갑에 출마 전진한씨 희망」, 『동아일보』 1960년 8월 14일; 「박은혜 · 김두한 · 전진한 삼씨 종로갑 보선에 등록」, 『동아일보』 1960년 9월 11일.

40) 「5분간 스케치, 전진한의원 난 정말 자신이 없었는데」, 『동아일보』 1960년 10월 14일.

41) 「5분간 스케치, 전진한의원 난 정말 자신이 없었는데」, 『동아일보』 1960년 10월 14일.

42) 「전진한씨 당선 조윤형씨도 확정적」, 『동아일보』 1960년 10월 11일.

43) 「전진한의원 민의원 등원」, 『마산일보』 1960년 10월 13일.

44) 「민주당 90석 민정구 두 의원 입당」, 『동아일보』 1960년 10월 19일.

45) 「조직을 정비 민정구락부」, 『동아일보』 1960년 11월 2일. 운영부 부장은 윤중 수위원, 김기령, 서태원, 한상준 등이었다.

46) 「규약개정 위해 공청회」, 『조선일보』 1960년 9월 24일, 조간; 「또 다시 집안 싸움」, 『조선일보』 1960년 10월 2일, 조간.

47) 한국노동조합총연맹, 『한국노총 70년 활동과 전략 연구(1946~2015)』, 2018, 283~284쪽; 「노련 다시 두 갈래로」, 『조선일보』 1960년 12월 5일, 석간.

48) 「오늘 세 번째 노동절」, 『조선일보』 1961년 3월 10일, 조간.

49) 「대한노총약사」, 『조선일보』 1962년 3월 10일, 조간.

50) 「대일유화정책을 비난」, 『조선일보』 1961년 1월 14일, 석간.

제14장

1) 「신민당」(namu.wiki).

2) 「신민당 결당대회」, 『조선일보』 1961년 2월 20일, 석간.

3) 「단군이래 최대위기」, 『조선일보』 1961년 5월 13일, 조간.

4) 「김기철 · 전진한씨와 접촉 서민호씨 정당 떠난 통일운동 모색」, 『동아일보』 1961년 5월 12일.

5) 한국역사연구회, 『한국현대사 3』, 풀빛, 1991, 38~39쪽.

6) 「그들은 무엇을 하고 있나? 전정치인들의 근황」, 『조선일보』 1961년 10월 22일, 조간.

7) 「내쫓길 바에야 내발로」, 『조선일보』 1962년 2월 15일, 조간.

8) 한국역사연구회, 『한국현대사 3』(풀빛, 1991), 43쪽. 김현주, 「5 · 16 군사정부의 정치활동정화법 제정과 운용」, 『대구사학』, 124, 2016, 6~8쪽.

9) 「공고」, 『조선일보』 1962년 3월 30일, 석간; 「심판청구자 명단공표를 중단」, 『조선일보』 1962년 4월 4일, 조간; 「오늘 적격판정자 명단 발표」, 『조선일보』 1962년 5월 30일, 조간.

10) 김현주, 「5 · 16 군사정부의 정치활동정화법 제정과 운용」, 『대구사학』, 124, 2016, 14~18쪽.

11) 「적격심판 이렇게 생각한다」, 『조선일보』 1962년 5월 30일, 석간.

12) 「정치활동에의 구상」, 『동아일보』 1962년 5월 31일.

13) 「정당발전의 발판」, 『조선일보』 1962년 11월 24일, 조간.

14) 한국정치외교사학회, 「5 · 16군사정변과 제3공화국: 정변의 실체와 민주공화당의 정당정치를 중심으로」, 『한국정치외교사논총』 15, 1997, 150~153쪽. 이 공고안은 12월 17일 국민투표에 부쳐 투표율 85.28%, 찬성률 78.28%로 통과되었고, 12월 26일 공포되었다.

15) 「제3공화국 기틀은 튼튼한가」, 『동아일보』 1962년 11월 6일.

16) 「박의장회견담을 이렇게 본다」, 『조선일보』 1962년 12월 28일, 조간.

17) 한국정치외교사학회, 「5 · 16군사정변과 제3공화국: 정변의 실체와 민주공화당의 정당정치를 중심으로」, 『한국정치외교사논총』 15, 1997, 153~157쪽; 김현주, 「1963년 정국 변동과 범국민정당운동」, 『한국근현대사연구』 94, 2020, 202쪽.

18) 「이미 수개월전부터 범야규합운동 전개」, 『조선일보』 1962년 12월 23일, 조간.

19) 「1년 7개월 만에 정치활동을 재개」, 『동아일보』 1963년 1월 1일; 「단일야당형성원칙에 합의」, 『조선일보』 1963년 1월 4일, 조간; 「참정고, 민정당(가칭)과 그 주변」, 『조선일보』 1968년 1월 18일, 조간.

20) 「단결원칙에는 찬동하나 대통령후보 추대에 이론」, 『조선일보』 1963년 1월 4일, 조간.

21) 「14일에 박의장 방문 이인·전진한씨등」, 『동아일보』 1963년 1월 12일; 「야계 대표 박의장과 면담」, 『동아일보』 1963년 1월 14일; 「조기선거반대·정정법해제를 관철」, 『조선일보』 1963년 1월 9일; 「정정법폐기와 조기선거반대 야당측 요구 모두 거부」, 『조선일보』 1963년 1월 15일.

22) 「단일야당발기에 혼선」, 『조선일보』 1963년 1월 11일, 조간.

23) 「6자불출마·조직비율 바터」, 『경향신문』 1963년 1월 17일.

24) 「진통·고함 끝에 드디어」, 『조선일보』 1963년 1월 18일, 조간.

25) 「국민주권수련 결성」, 『경향신문』 1963년 3월 22일.

26) 「당결속에 의견 교환 전진한·이인씨등」, 『동아일보』 1963년 3월 4일.

27) 「대통령후보·당내요직·공천문제 등 14일 신민계와 사전협상」, 『조선일보』 1963년 3월 13일, 조간.

28) 「극한투쟁전개 전진한씨 선언」, 『경향신문』 1963년 3월 20일; 「반대투쟁을 계속 데모계획 아는 바 없다」, 『조선일보』 1963년 3월 21일, 조간.

29) 「구국선언문에 서명 착수」, 『조선일보』 1963년 3월 22일, 조간; 「50여 명을 체포 김도연·전진한씨 등」, 『경향신문』 1963년 3월 22일; 「86명을 구속 군재에 송치」, 『조선일보』 1963년 3월 23일, 조간.

30) 김현주, 「1963년 정국 변동과 범국민정당운동」, 『한국근현대사연구』 94, 2020, 207쪽.

31) 「예비회담을 제의 시국수습회의 앞서」, 『조선일보』 1963년 3월 26일; 「시국수습회의 참석자들의 발언 요지」, 『조선일보』 1963년 3월 28일; 「정국일지 3·16 성명에서 4·8성명까지」, 『조선일보』 1963년 4월 9일.

32) 김현주, 「1963년 정국 변동과 범국민정당운동」, 『한국근현대사연구』 94, 2020, 211~216쪽.

33) 「전진한씨 선정」, 『조선일보』 1963년 4월 14일, 조간. 4월 13일 전진한은 군정 연장반대투쟁기구의 민정당 측 연락위원으로 선정되었다.

34) 「3·16, 4·8성명 철회하고 2·27선서를 실천하라」, 『동아일보』 1963년 4월 16일.

35) 「민정당각파 요직안배에 합의」, 『동아일보』 1963년 4월 26일.

36) 「민정당, 창당대회개최」, 『동아일보』 1963년 5월 14일.

37) 「한눈으로 본 정치 18년사」, 『경향신문』 1963년 1월 1일.

38) 「일년임기의 단일후보로」, 『조선일보』 1963년 5월 26일, 조간.

39) 「관리내각 구성 촉구」, 『조선일보』 1963년 5월 29일, 조간.

40) 「정치문제강연회」, 『조선일보』 1963년 5월 31일, 조간.
41) 「재야각당의 집중적인 대여공세, 의혹사건 등 철저규명」, 『조선일보』 1963년 6월 4일.
42) 「여측의 세력강화 계기 야당 결집을 모색」, 『동아일보』 1963년 6월 12일.
43) 「단일후보엔 의견일치」, 『동아일보』 1963년 6월 20일.
44) 「양당(신정 민정) 통합추진」, 『동아일보』 1963년 6월 27일.
45) 「선통합을 원칙 야당통합에 전진한씨 담」, 『동아일보』 1963년 6월 29일.
46) 「타당수와도 접촉」, 『동아일보』 1963년 7월 11일.
47) 「일면통합 일면연합으로 결론날 듯」, 『동아일보』 1963년 7월 12일.
48) 「타당수와도 접촉」, 『동아일보』 1963년 7월 11일.
49) 「출마포기운동」, 『동아일보』 1963년 7월 13일.
50) 「정일형씨와 요담 전진한·이인씨」, 『동아일보』 1963년 7월 13일.
51) 「9일경 각당공식회담」, 『동아일보』 1963년 7월 8일.
52) 「전진한씨 추가 국민의당 지도위원」, 『동아일보』 1963년 8월 3일.
53) 「지구당 조직책 34개구 선정완료」, 『경향신문』 1963년 8월 10일.
54) 「지구당 조직책 집단지도체제로」, 『동아일보』 1963년 8월 19일.
55) 「신정당서 민정당 요구 거부」, 『경향신문』 1963년 8월 24일.
56) 「신정당서 민정당 요구 거부」, 『경향신문』 1963년 8월 24일.
57) 「국민의당 싸고 틀어진 민정·신정 책임전가에 부관참시의 가관상」, 『동아일보』 1963년 8월 24일.
58) 「기적은 없다를 실증? 풍전등화의 국민의당」, 『동아일보』 1963년 8월 26일; 「제일장애 넘어선 국민의당」, 『조선일보』 1963년 8월 28일, 조간.
59) 「단일후보기준 재야지도자들 논의」, 『동아일보』 1963년 8월 29일.
60) 「오늘부터 개별접촉」, 『조선일보』 1963년 8월 30일, 조간.
61) 「연석회의 개최 야협·12인지도위」, 『경향신문』 1963년 8월 31일.
62) 「허정씨 추천키로 야협·지도자연석회의」, 『경향신문』 1963년 9월 4일.
63) 「소란 속에 중단 국민의당 창당을 선언」, 『경향신문』 1963년 9월 5일.
64) 「금명간에 운명 판가름」, 『동아일보』 1963년 9월 9일.
65) 「민정당고수파, 전당대회를 개최」, 『경향신문』 1963년 9월 12일.
66) 「민정당전당대회 윤보선씨 재지명」, 『동아일보』 1963년 9월 12일.
67) 「전진한씨 선출 민정당선거사무자」, 『동아일보』 1963년 9월 17일.
68) 「선거유세에 청중 안모여」, 『동아일보』 1963년 9월 18일.
69) 「단일후보 여망따라 추진」, 『동아일보』 1963년 9월 18일.

70) 「7개선거사무장 선위 신고 접수」, 『경향신문』 1963년 9월 19일. 각 정당의 사무장과 회계 책임자는 공화당 尹致暎 · 장경순, 자민당 蘇宣奎 · 曺영규, 정민회 印泰植 · 金知俊, 秋風會 金英培 · 吳震煥, 국민의당 盧鎭高 · 이호, 민정당 전진한 · 金顯基, 신흥당 政洙 · 金漢重.

71) 「마지막 100시간」, 『동아일보』 1963년 10월 11일.

72) 「선거열풍의 서곡」, 『동아일보』 1963년 9월 24일.

73) 「윤보선씨, 첫 유세」, 『동아일보』 1963년 9월 21일.

74) 「경찰녹음에 말썽」, 『경향신문』 1963년 9월 23일.

75) 「만여시민참집 윤씨 이리연설회」, 『동아일보』 1963년 9월 25일.

76) 「열띠는 유세전」, 『경향신문』 1963년 9월 26일.

77) 「다음 대통령은 내가 될 모양」, 『동아일보』 1963년 9월 28일.

78) 「찬조연설요지 광주서 송요찬씨 녹음유세, 사상 두려워 나라 못마껴」, 『동아일보』 1963년 9월 30일.

79) 「허정씨 만세 그는 죽지않고 사라질 뿐」, 『경향신문』 1963년 10월 3일.

80) 「래방」, 『경향신문』 1963년 10월 4일; 『조선일보』 1963년 10월 19일.

81) 「말의 격류, 입의 포화」, 『조선일보』 1963년 10월 6일, 조간.

82) 「김사만시 영주강연 부산과 대구엔 빨갱이가 많다」, 『경향신문』 1963년 10월 11일.

83) 「문제의 사나이」, 『경향신문』 1963년 10월 17일.

84) 「전씨도 간첩과 접선 혐의」, 『동아일보』 1963년 10월 12일.

85) 「13일 돈암교서 민정당 유세」, 『동아일보』 1963년 10월 11일.

86) 임영태, 『대한민국사』, 들녘, 1998, 338쪽.

87) 이명인, 『박정희 시대 제일야당의 파벌연구: 야당 지도자들의 회고록을 통한 접근』, 창원대학교대학원 사학과 박사학위논문, 2019, 52~57쪽.

88) 「민정당공천자 발표」, 『경향신문』 1963년 10월 24일; 「각당 공천자 명단」, 『조선일보』 1963년 10월 24일, 조간.

89) 「격전지대 11 · 26 총선」, 『동아일보』 1963년 11월 1일; 「격전장 2」, 『경향신문』 1963년 11월 5일.

90) 「격전장 2」, 『경향신문』 1963년 11월 5일.

91) 「민정당 유세일정」, 『경향신문』 1963년 11월 6일.

92) 「민정당, 2차유세」, 『경향신문』 1963년 11월 16일.

93) 「장기집권 위한 망발」, 『동아일보』 1963년 11월 14일.

94) 「서울특별시 종로」, 『동아일보』 1963년 11월 27일. 자유당의 최주열(崔柱烈)은 160표, 자민당의 박수형(朴秀衡)은 237표, 신흥당(新興黨)의 원일(元一)은 137표, 보수당의 박노일(朴魯一)은 123표를 얻었다.

95) 서중석, 『대한민국 선거 이야기』, 역사비평사, 2008, 142쪽.

96) 「기념촬영하는 감격파도」, 『조선일보』 1963년 12월 18일, 조간.

97) 「각상임위원을 배정」, 『조선일보』 1963년 12월 22일, 조간.

98) 「청원서를 국회에」, 『조선일보』 1964년 1월 8일, 조간.

99) 「노동삼법 개정요구」, 『조선일보』 1964년 1월 10일, 조간.

100) 「전진한·정해양씨 박대통령 초치 환담」, 『경향신문』 1964년 3월 4일; 「국정 감사 왜 반대했나」, 『경향신문』 1964년 3월 4일.

101) 「전진한·정해영 양의원과 환담」, 『조선일보』 1964년 3월 4일, 조간.

102) 「모든 수단 다하겠다 범국민투위서 구국선언」, 『동아일보』 1964년 3월 9일.

103) 「임원을 선정 범국민투위」, 『동아일보』 1964년 3월 10일.

104) 「15일 투쟁돌입 대일굴욕외교반대위 전국유세」, 『동아일보』 1964년 3월 12일.

105) 「해엄안 폐기 국회」, 『조선일보』 1964년 6월 24일, 조간.

106) 「이의장 여야중진 초청」, 『동아일보』 1964년 7월 29일.

107) 이명인, 『박정희 시대 제일야당의 파벌연구: 야당 지도자들의 회고록을 통한 접근』, 창원대학교대학원 사학과 박사학위논문, 2019, 61~62쪽.

108) 이명인, 『박정희 시대 제일야당의 파벌연구: 야당 지도자들의 회고록을 통한 접근』, 창원대학교대학원 사학과 박사학위논문, 2019, 62~66쪽.

109) 「전진한씨 사퇴 민정당최고위원」, 『경향신문』 1964년 8월 20일.

110) 「민정, 내분첨예화」, 『경향신문』 1964년 9월 12일; 「유씨제명문제 새국면 돌입」, 『동아일보』 1964년 10월 12일.

111) 「유진산씨 제명 확정」, 『동아일보』 1964년 10월 9일.

112) 「남북통일에 대하여」, 『동아일보』 1964년 10월 23일; 「남북통일에 대하여」, 『경향신문』 1964년 10월 29일.

113) 「강습강좌」, 『경향신문』 1964년 11월 11일. 경희대의 이원우교수는 「유엔과 한국통일」, 한국일보 논설위원인 박동운은 「통일과 국제정세」, 변종봉 국회 의원은 「중립화통일론의 문제점」이란 주제로 강의를 하였다.

114) 「승공통일에의 기본자세」, 『동아일보』 1964년 11월 26일.

115) 「여야가 바뀐 보사위」, 『경향신문』 1964년 9월 19일.

116) 「한지의료법안제안」, 『동아일보』 1964년 12월 21일.

117) 「민정·자민 합당 선언」, 『경향신문』 1964년 11월 26일.

118) 「월남파병동의안 통과」, 『동아일보』 1965년 1월 26일; 「지미별렬 민정전략 원내총무영도력도 의심」, 『경향신문』 1965년 1월 26일; 「퇴장 않고 항명한 9 의원」, 『경향신문』 1965년 1월 27일.

119) 「에스페란토협회를 노벨평화상후보로」, 『동아일보』 1965년 2월 2일.

120) 「정정법 폐기를 추진」, 『동아일보』 1965년 2월 24일; 「정정법은 타락법, 정계 중진 모여 폐기추진위 구성」, 『경향신문』 1965년 2월 24일.

121) 「야당통합 위한 자성기에」, 『조선일보』 1965년 2월 23일, 조간; 「말성 끝에 속개되는 민정당전당대회」, 『동아일보』 1965년 2월 20일; 「총재에 윤보선씨 선출」, 『동아일보』 1965년 2월 22일; 「밝아진 야당통합의 전도」, 『경향신문』 1965년 2월 23일.

122) 이명인, 『박정희 시대 제일야당의 파벌연구: 야당 지도자들의 회고록을 통한 접근』, 창원대학교대학원 사학과 박사학위논문, 2019, 68쪽.

123) 「민중당 지구당 조직책」, 『동아일보』 1965년 5월 13일.

124) 「민중당 생영도체계 확립」, 『경향신문』 1965년 6월 15일. 민중당의 창당대회 에서 대표최고위원에 박순천, 최고위원에 서민호·허정, 고문에 윤보선이 선 출되었다. 이는 윤보선계의 후퇴를 의미하였다.

125) 「지도체제는 확립」, 『동아일보』 1965년 5월 16일.

126) 「여야대결 원외로」, 『동아일보』 1965년 3월 17일; 「투위, 지방유세」, 『경향신 문』 1965년 3월 31일.

127) 「의원직사퇴결의의 주변」, 『경향신문』 1965년 4월 29일; 「의원직 사퇴 45명 서명」, 『경향신문』 1965년 5월 5일. 민정당 의원 중 총사퇴에 서명한 의원은 47명 중 나용균과 외유 중인 김은하 의원만 불참하였다.

128) 「의사당서 단식 전진한의원」, 『동아일보』 1965년 5월 8일.

129) 「원기 왕성 초지 꺾지 않아」, 『경향신문』 1965년 5월 11일.

130) 「메디컬센터 입원 전의원 단식중단」, 『경향신문』 1965년 5월 17일; 「동정」, 『동아일보』 1965년 5월 26일. 이후 메디컬센터에 입원하였던 그는 9일 만인 25일에 퇴원하였다.

131) 「두번이나 졸도 전의원이 격려」, 『동아일보』 1965년 6월 17일.

132) 「연사진을 선정 투위지방성토」, 『경향신문』 1965년 7월 6일.

133) 「투위 지방유세를 재개」, 『동아일보』 1965년 7월 9일.

134) 지병근, 「권위주의 정권하에서 야당의 내부갈등: 3·4 공화국 시기를 중심으 로」, 『한국정치외교사논총』 제37집 제1호, 2015, 44~45쪽.

135) 「민중당 총사퇴」, 『동아일보』 1965년 8월 12일; 「야의원사퇴서를 반려」, 『동아 일보』 1965년 9월 13일; 지병근, 「권위주의 정권하에서 야당의 내부갈등: 3·4 공화국 시기를 중심으로」, 『한국정치외교사논총』 제37집 제1호, 2015, 45쪽.

136) 「당내분수습 교착상태」, 『동아일보』 1965년 9월 27일; 「야당의 10월 복귀, 즉 각 신중 양론 맞서」, 『경향신문』 1965년 9월 27일.

137) 「나는 왜 국회복귀를 주장하나」, 『동아일보』 1965년 10월 1일.

138) 「복귀주장지도위원 투위서 7명을 제명」, 『경향신문』 1965년 10월 5일; 「11일 등원키로 결의」, 『경향신문』 1965년 10월 8일.

139) 지병근, 「권위주의 정권하에서 야당의 내부갈등: 3·4 공화국 시기를 중심으로」, 『한국정치외교사논총』 제37집 제1호, 2015, 45쪽.

140) 「상임위원배정 민중당·무소속서」, 『경향신문』 1965년 10월 22일.

141) 「탄원자 명단」, 『경향신문』 1965년 10월 16일.

142) 「민중당서 연사 선정 밀수규탄국민대회」, 『경향신문』 1966년 10월 3일; 「재벌 감싸지 말라」, 『동아일보』 1966년 10월 10일.

143) 「문화행사」, 『동아일보』 1966년 2월 3일.

144) 「트로이카 시안에 진산전위대 반발」, 『조선일보』 1966년 2월 20일, 조간.

145) 「우촌－진산간 간격」, 『조선일보』 1966년 2월 27일, 조간.

146) 「거듭된 대통령후보 자천」, 『경향신문』 1966년 3월 2일.

147) 「민중당 지도층 총사퇴」, 『동아일보』 1966년 7월 8일.

148) 「대통령 후보 당내에서 내기로」, 『경향신문』 1966년 8월 29일.

149) 「야당단일후보 촉진 민중·신한·재야 화합」, 『동아일보』 1966년 12월 6일.

150) 「내일 추진위 결성」, 『동아일보』 1966년 12월 23일.

151) 지병근, 「권위주의 정권하에서 야당의 내부갈등: 3·4 공화국 시기를 중심으로」, 『한국정치외교사논총』 제37집 제1호, 2015, 45쪽.

152) 「신민당에 불참여 전진한의원 성명」, 『동아일보』 1967년 2월 17일.

153) 「신민당에 불참 전진한씨 성명」, 『조선일보』 1967년 2월 18일; 「신민당에 제명 요구 전진한씨」, 『경향신문』 1967년 2월 20일.

154) 「신민당의 고민」, 『경향신문』 1967년 2월 20일.

155) 「태동하는 제3당기운」, 『경향신문』 1967년 2월 22일; 「제명요구서 제출」, 『조선일보』 1967년 2월 21일.

156) 「전진한의원 신민당 탈당」, 『경남매일신문』 1967년 3월 14일.

157) 「전진한씨 의원직을 상실」, 『동아일보』 1967년 3월 14일.

158) 「전진한씨 지명」, 『동아일보』 1967년 3월 16일.

159) 「박정희씨 첫 등록」, 『동아일보』 1967년 3월 24일.

160) 「대통령후보 7명으로 확정」, 『동아일보』 1967년 4월 4일.

161) 「이 민족의 역사방향은 전환되어야 한다」, 『동아일보』 1967년 4월 12일.

162) 「삼균사회 표방」, 『조선일보』 1967년 4월 19일.

163) 「선거전 무대 안팎」, 『조선일보』 1967년 4월 23일.

164) 「남북사상통일 전진한후보 주장」, 『경남매일신문』 1967년 4월 26일. 이날 연설에는 柳葉, 金山, 金基五 등이 찬조연설을 하였다.

165) 「5개군소정당 단합대회 제의」, 『조선일보』 1967년 4월 27일.

166) 「선거전무대 안팎」, 『조선일보』 1967년 4월 30일.

167) 「열전핵지대 6·8총선 … 초반각축」, 『동아일보』 1967년 5월 13일.

168) 「진맥 총선중반전 (1) 서울」, 『경향신문』 1967년 5월 22일.

169) 「전진한씨 한때 연행」, 『조선일보』 1967년 6월 8일.

170) 「전국 각후보 득표상황」, 『동아일보』 1967년 6월 10일.

171) 「군소정당 완전몰락」, 『경향신문』 1967년 6월 12일.

172) 「산파의 긍지 속에 … 제헌의원들은 어떻게 지내고 있나」, 『경향신문』 1968년 7월 17일.

173) 「구두 상품권 한 장씩 선사」, 『경향신문』 1968년 7월 18일.

174) 「쇼맨십 짙다는 빈축도」, 『경향신문』 1968년 8월 16일.

175) 「부음」, 『동아일보』 1968년 11월 29일.

176) 「부음」, 『동아일보』 1968년 12월 3일.

177) 「밀려난 5선과 인정무상」, 『조선일보』 1968년 12월 3일.

178) 「예기찮은 하사금에 흐뭇」, 『경향신문』 1968년 12월 5일.

179) 「국민의례 지킨 우촌」, 『조선일보』 1969년 3월 11일.

180) 「반공청년비 제막」, 『조선일보』 1969년 6월 26일.

181) 「새로운 창조에의 도전, 한국의 재발견 (7) 정치기강의 개선」, 『경향신문』 1970년 1월 31일.

182) 「태평양전쟁 전몰 일서 한인위령제」, 『조선일보』 1970년 10월 6일.

183) 「서울: 새 풍속도 (38) 현대화의 숲에 싸인 남산」, 『경향신문』 1970년 11월 24일.

184) 「일사천리 맘모스시위 공화지명대회 이모저모」, 『동아일보』 1971년 3월 17일; 「공화, 선대위 고문 등 80명 새로위촉」, 『경향신문』 1971년 3월 30일; 「20일 하오 서울 경동고교 교정에서」, 『경향신문』 1971년 4월 21일.

185) 「민족주체세력을 형성하자」, 『동아일보』 1971년 5월 28일.

186) 「통일과 민족주체사상」, 『동아일보』 1971년 9월 14일.

187) 「삼파전」, 『매일경제』 1971년 10월 18일; 「합리적 인력개발 촉구」, 『매일경제』, 1971년 10월 21일; 「노총위장 배상호씨」, 『조선일보』 1971년 10월 23일.

188) 「국제정세 급변대처 범국민운동연 발족」, 『경향신문』 1971년 12월 26일.

제15장

1) 「전의원 전진한씨 중태」, 『동아일보』 1972년 4월 14일.

2) 「노동자로 왔다 노동자로 간다」, 『경향신문』 1972년 4월 20일.

3) 「전사회부장관 오선의원 전진한씨 별세」, 『동아일보』 1972년 4월 20일.

4) 「각계인사 400여 명 다녀가 고 전진한씨 빈소 밤새 독경 소리」, 『동아일보』 1972년 4월 21일.

5) 「전진한선생 사회장 엄수」, 『동아일보』 1972년 4월 24일.

6) 「전근로자 묵념 올리기로 노총, 전진한씨 장례」, 『동아일보』 1972년 4월 22일.

7) 「전사회부장관 오선의원 전진한씨 별세」, 『동아일보』 1972년 4월 20일.

8) 「노동운동의 선각자」, 『경향신문』 1972년 4월 24일.

9) 「알림」, 『동아일보』 1973년 4월 18일; 「전진한선생1주기」, 『매일경제』 1973년 4월 20일; 「우촌 묘비 제막」, 『경향신문』 1973년 4월 20일.

10) 「한빛동지회 추모제」, 『조선일보』 1973년 10월 24일.

11) 「고 전진한선생 2주기 추도식」, 『경향신문』 1974년 4월 20일.

12) 「토막소식: 전진한선생 10주기 추도식」, 『매일경제』 1982년 4월 20일; 「전진한선생 추도식」, 『조선일보』 1982년 4월 18일.

13) 「우촌선생 20주기 추모제」, 『조선일보』 1992년 4월 21일.

1. 전진한 저작물

전진한, 『건국이념』, 사단법인 경천애인사, 1948.

錢鎭漢, 『協同組合運動의 新構想』, 협동조합운동사, 1952.

錢鎭漢, 『민족위기와 혁신세력』, 경학사, 1955.

전진한, 『自由協同主義』, 국회타임스사, 1957.

『내가 걸어온 길 내가 걸어갈 길』, 신태양사, 1957.

삼이사, 『救國鬪爭의 그의 一代記: 牛村 (錢鎭漢) 立志傳』, 삼이사, 1967.

전진한, 「나의 편력」(36)~(55), 『매일경제신문』 1969년 3월 11일~4월 4일.

전창원 편, 『이렇게 싸웠다』, 무역연구원, 1996.

2. 신문

『가정신문』, 『공업신문』, 『대한독립신문』, 『대한일보』, 『동아일보』, 『매일경제신문』,

『매일신보』, 『민중일보』, 『부산신문』, 『부인신보』, 『수산경제신문』, 『조선일보』, 『중앙신문』, 『중앙일보』, 『한성일보』

3. 문서

「慶尙道抽栍暗行御史 洪大重 進書啟別單」, 『日省錄』 1876.9.30.(음).

「기미육영회에 관한 건」(1920.5.8.), 金正明 편, 『朝鮮獨立運動』 제1권 분책, 原書房, 1967.

「順天160年史: 校名の変更」, https://www.junten.ed.jp/kousi/.

賀川記念館, 賀川豊彦について. http://core100.net/index.html.

4. 회의록 및 서한

「국회회의록: 국회제20차회의절차: 헌법안(제1독회)」(1948.6.29.).

「국회회의록: 국회제22차회의절차: 헌법안(제2독회)」(1948.7.1.).

「국회회의록: 국회제24차회의절차: 헌법안(제2독회)」(1948.7.3.), 〈문시환의원 발언〉.

「국회회의록: 국회제25차회의절차: 헌법안(제2독회)」(1948.7.5.), 〈전진한의원 발언〉.

「이승만이 Ben(임병직)에게 보낸 서신(1952.4.17.)」(「전진한에 대한 비난」) 『이승만관계서한자료집 4(1952)』.

「이승만이 임명직에게 보낸 서신(1952.5.26.)」(「전진한의 세계노동자회의 참석 비난」), 『이승만관계서한자료집 4(1952)』.

「이승만이 임병직에게 보낸 서신(1952.6.27.)」(「전진한 세계노동회의 비자 발급 불허」), 『이승만관계서한자료집 4(1952)』.

5. 단행본

『문경전씨(관산)대동보』, 1991.

건국청년운동협의회, 『대한민국건국청년운동사』, 1990.

경북경찰부, 『高等警察要史』, 1934,

경희대학교한국현대사연구원 편, 『한국의 국가형성과 민주주의: 해방에서 제2공
　　화국으로』, 경인문화사, 2018.

김도연, 『나의인생백서: 상산회고록』, 강우출판사, 1967.

김행선, 『해방정국청년운동사』, 선인, 2004.

김현우, 『한국정당통합운동사』, 을유문화사, 2000.

도진순, 『1945~48년 우익의 동향과 민족통일정부 수립 운동』, 서울대학교대학원
　　박사학위논문, 1993.

도진순, 『해방정국 우파 민족주의의 탐색』, 서울대출판부, 1997.

柳珍山, 『해뜨는 지평선』, 한얼문고, 1972.

李成市·劉傑 編著, 『留學生の早稻田: 近代日本の知の接觸領域』, 東京: 早稻田大
　　學出版部, 2015.

박진희, 『한일회담』, 선인, 2008.

朴贊一, 『韓國勞總, 韓國勞動組合運動史』, 한국노동경제학회, 1980.

백영철, 『제2공화국과 한국민주주의』, 나남, 1996.

서중석, 『한국현대민족운동연구: 해방후 민족국가 건설운동과 통일전선』, 역사
　　비평사, 1992.

서중석, 『한국현대민족운동연구 2: 1948~1950 민주주의·민족주의 그리고 반공
　　주의』, 역사비평사, 1996.

서중석, 『조봉암과 1950년대(상)』, 역사비평사, 1999.

서중석, 『조봉암과 1950년대(하)』, 역사비평사, 1999.

서중석, 『이승만과 제1공화국: 해방에서 4월혁명까지』, 역사비평사, 2007.

서중석, 『대한민국선거이야기: 1948년제헌선거에서 2007대선까지』, 역사비평사,
　　2008.

선우기성, 『한국청년운동사』, 금문사, 1973.

유세열 · 김태호 공저, 『玉溪 柳珍山: 生涯와 思想과 政治』 상 · 하, 사초, 1984.

이경남, 『분단시대의 청년운동(상, 하)』, 삼성개발문화사, 1989.

이윤섭, 『박정희 정권의 역사』 필맥, 2011.

이윤섭, 『박정희 정권의 시작과 종말 1』, 이북스펌, 2012.

이윤섭, 『박정희 정권의 시작과 종말 2』, 이북스펌, 2012.

임영태, 『대한민국사』, 들녘, 1998.

임현진, 『한국의 사회운동과 진보정당』, 서울대학교 출판부, 2009.

赤坂一郎, 『無産黨お動かす人人』, 岡部書店, 1936.

정인섭, 『못다한 인생』, 휘문출판사, 1979.

정태영, 『조봉암과 진보당』, 후마니타스, 2006.

조광 외, 『장면총리와 제2공화국』, 경인문화사, 2003.

조창화, 『한국노동조합운동사』, 한국노동문제연구원, 1978.

조현연, 『한국 진보 정당 운동사』, 후마니타스, 2009.

한국노동조합총연맹, 『한국노동조합운동사』, 1979.

한국노동조합총연맹, 『한국노총 50년사』, 한국노총정보센터, 2003.

한국노동조합총연맹, 『국제노동단체 및 주요국 노총 현황』, 2014.

한국노동조합총연맹, 『한국노총 70년 활동과 전략 연구(1946~2015)』, 2018.

한국역사연구회, 『한국현대사 3』, 풀빛, 1993.

6. 논문(회고기 포함)

김권정, 「1920~1930년대 유재기의 농촌운동과 기독교사회사상」, 『한국민족운동 사연구』 60, 174~176쪽.

김권정, 「1920~30년대 기독교계의 민주주의 인식」, 『한국민족운동사연구』 81, 2014.

김권정, 「1920~30년대 한국기독교의 농촌협동조합운동」, 『숭실사학』 21, 2008.

김남태, 「사회대중당의 성립과 노선」, 『한국민족운동사연구』 80, 2014.

김수자, 「대동청년단의 조직과 활동」, 『역사와 현실』 31, 1999.

김윤영, 「1950년대 내각책임제 개헌논의에 관한 연구」, 성균관대 석사학위논문, 1996.

김인덕, 「관동대지진 조선인학살과 일본 내 운동세력의 동향: 1920년대 재일조선인 운동세력과 일본 사회운동세력을 중심으로」, 『동북아역사논총』 49, 2015.

김지형, 「1955년 민주당 창당기 자유민주주의론의 배제 정치」, 『한국근현대사연구』 74, 2015.

김현숙, 「일제하 민간협동조합운동에 관한 연구」, 서울대 사회학과 석사학위논문, 1987.

김현숙, 「일제하 민간 협동조합 운동에 관한 연구」, 『사회와 역사』 9, 1987.

김현주, 「5·16 군사정부의 정치활동정화법 제정과 운용」, 『대구사학』, 124, 2016.

김현주, 「1963년 정국 변동과 범국민정당운동」, 『한국근현대사연구』 94, 2020.

남광규, 「해방 직후(1945.9~11) 정당협력운동의 실패와 이승만, 박헌영의 임정 견제」, 『한국국제정치논총』 46-1, 2006.4.

남시욱, 「전진한과 노농당」, 『한국 진보세력 연구』, 청미디어, 2009.

다나카 마사다카(田中正敬), 「간토(관동)대지진과 지바(千葉)에서의 조선인 학살의 추이」, 『한국독립운동사연구』 47, 2014.

大島眞理夫, 「猪谷善一の經濟史觀(1923~1928)に關する覺え書」, 『經濟學雜誌』 95권 3·4호, 1994.11.

류상영, 「8·15 이후 좌우익 청년단체의 조직과 활동」, 『해방전후사의 인식 4』, 한길사, 1989.

마정윤, 「해방 후 1950년대까지의 여성관련 법제화와 축첩제 폐지운동」, 『이화젠더법학』 8, 2016.

박승재, 「민국당의 반이승만투쟁연구」, 『한양대 사회과학논총』 6, 1987.

박찬승, 「1920년대 초반~1930년대 초 자치운동과 자치운동론」, 『한국근대 정치사상사연구: 민족주의 우파의 실력양성론』, 역사비평사, 1992.

박태균, 「1954년 제3대 총선과 정치지형의 변화: 자유당과 민주국민당을 중심으로」, 『역사와 현실』 27, 1995.

배석만, 「'조방사건'의 정치적 고찰」, 『항도부산』 25, 2009.

백운선, 「제헌국회내 '소장파'에 관한 연구」, 서울대 정치학과 박사학위 논문, 1992.

서중석, 「자유당의 창당과 정치이념」, 『한국사론』 42, 1999.

서중석, 「자유당 창당과 일민주의의 운명」, 『이승만의 정치 이데올로기』, 역사비평사, 2005.

손봉숙, 「한국 자유당의 정당정치 연구」, 『한국정치학회보』 19, 1995.

水野直樹, 「신간회 동경지회의 활동에 대하여」, 스칼라피노·이정식 외, 『신간회 연구』, 동녘, 1983.

안병선, 「자유당 정권 연구」, 『국사관논총』 27, 1991.

안상정, 「민족청년단의 조직과정과 활동」, 성균관대 정외과 석사학위논문, 1991.

오유석, 「미군정하의 우익 청년단체에 관한 연구」, 이화여대 사회학과 석사학위 논문, 1988.

오유석, 「한국 '보수'지배 세력 연구: 대한독립촉성국민회를 중심으로」, 『사회와 역사』 45, 1995.

윤길중·조영규 외 5인 편, 「개헌비사: 사사오일 개헌」, 『동아법학』 72, 2016.

윤병석, 「「조선독립신문」의 습유」, 『중앙사론』 1, 1972.

윤용희, 「자유당의 기구와 역할」, 『한국현대정치론 Ⅰ』, 나남, 1990.

윤은순, 「1920~30년대 기독교 절제운동의 논리와 양상: 금주금연운동을 중심으로」, 『한국민족운동사연구』 59, 2009.

윤준식, 「한국 진보정당에 관한 연구」 경기대 정치전문대학원 석사학위논문, 2013.

윤효원, 「자유협동주의의 기수, 전진한」, 『월간 한국노총』 516, 2015.

이강로, 「초기 자유당(1951.8~1953.11)과 기간사회단체의 관계 고찰: 이승만과 사회단체를 중심으로」, 『대한정치학회보』 16집 3호, 2009.

이경란, 「한국근현대사에서 공생적 관점의 도입과 협동조합운동사」, 『사학연구』 116, 2014.

이명인, 『박정희 시대 제일야당의 파벌연구: 야당 지도자들의 회고록을 통한 접근』, 창원대학교대학원 사학과 박사학위논문, 2019.

이상훈, 「해방후 대한독립촉성국민회의 국가건설운동」, 『학림』 30, 2009.

이선근, 「나의 이력서」, 『한국일보』 1975.2.1.

이순욱, 「백산 안희제의 매체 투쟁과 『자력』」, 『역사와 경계』 99, 2016.

이완범, 「1950년대 이승만 대통령과 미국의 관계에 관한 연구」, 『정신문화연구』 30권 2호, 2007.

이임하, 「1950년대 제 2대 국회의원 선거에 관한 연구」, 성균관대학교 대학원 석사학위논문, 1994.

이진경, 「조선민족청년단연구」 성균관대 사학과 석사학위논문, 1994.

이혜영, 「4·19직후 정국수습 논의와 내각책임제 개헌」, 『이화사학연구』 40, 2010.

이혜영, 「제헌의회기 이승만의 정당설립 시도와 대한국민당」, 『한국사연구』 173, 2016.

이혜영, 「제헌의회기 한민: 민국당의 집권 전략과 헌법 갈등」, 『사학연구』 124, 2016.

이혜영, 「제2대 국회 전반 의회내 여당형성 활동과 '원내자유당'」, 『사학연구』 132, 2018.

이환규, 「1920년대 한국협동조합운동의 실태」, 『한국협동조합운동연구』 3, 1985.

이흥재, 「이익균점권의 보장과 우촌 전진한의 사상 및 역할: 우촌의 사회법사상 궤적의 탐색을 위한 '초심곡'」, 『법학』 46권 1호, 2005.

이흥재, 「노동조합법제정사의 법사회학적 조명: 그 제정배경과 전진한의 역할 및 법인식의 探照」, 『법학』 46권 2호, 2005.

이흥재, 「노동법제정의 특징과 전진한의 역할」, 『법학』 50권 4호, 2009.

이흥재, 『노동법 제정과 전진한의 역할: 국회 속기록의 현장증언』, 서울대학교출판문화원, 2010.

임송자, 「미군정기 대한독립촉성노동총연맹의 조직에 대한 고찰」, 『성대사림』 9, 1993.

임송자, 「1946~1952년 대한노총의 내부갈등과 그 성격」, 『한국근현대사연구』 28, 2004.

임송자, 「1950년대 중·후반 대한노총 중앙조직의 파벌대립 양상과 그 성격」, 『한국근현대사연구』 35, 2005.

임송자, 「1953년 노동조합법 제정과 대한노총의 조직변화」, 『성대사림』 21, 2004.

임송자, 「반공 투쟁의 선봉장, 우촌 전진한: 노농 대중을 위해 균점을 주장하다」, 『내일을 여는 역사』 27, 2007.

임송자, 「牛村 錢鎭漢의 협동조합 및 우익노조 활동」, 『한국민족운동사연구』 36, 2003.

임송자, 「전진한의 협동조합 및 우익노조 활동」, 김택현 외, 『민족운동과 노동』, 선인, 2009.

임송자, 『대한노총 연구: 1946~1961』, 성균관대 박사학위논문, 2004.

임종명, 「조선민족청년단연구: 미군정의 향후 한국의 주도세력 양성정책을 중심으로」, 고려대 사학과 석사학위논문, 1994.

전명혁, 「1920, 30년대 식민지 경제구조와 사회주의 운동: ‘서울파’의 민족통일전선론 연구: ‘ML파’와의 논쟁을 중심으로」, 『역사연구』 6, 1998.

전명혁, 「1920년대 코민테른의 민족통일전선과 서울파 사회주의 그룹」, 『한국사학보』 11, 2001.

전명혁, 「민족통일전선론과 서울파: ML파의 논쟁」, 『1920년대 한국사회주의운동 연구: 서울파 사회주의그룹의 노선과 활동』, 선인, 2006.

정재현, 「1954년 개헌문제와 자유당의 갈등」, 성균관대학교대학원 석사학위논문, 2013.

정해구, 「분단과 이승만 : 1945~1948」, 『역사비평』 32, 1996.

정혜경, 「1930年代 初期 大阪地域 協同組合과 朝鮮人運動」, 『韓日民族問題硏究』 창간호, 2001.

조형열, 「1920년대 후반~1930년대 전반기 민족주의 계열의 농촌협동조합론 : 제기 배경과 경제적 지향을 중심으로」, 『한국사학보』 61, 2015.

조형열, 「薛泰熙의 協同組合主義와 ‘文化運動論’」, 『한국사연구』 130, 2005.

조형열, 「協同組合運動社의 조직 과정과 주도층의 현실 인식: 1926~1928」, 『한국사학보』 34, 2009.

지병근, 「권위주의 정권하에서 야당의 내부갈등: 3·4 공화국 시기를 중심으로」, 『한국정치외교사논총』 제37집 제1호, 2015.

中尾美知子·中西洋, 「美軍政·全平·大韓勞總(1): 解放から大韓民國への軌跡」, 『經濟學論集』 49-4, 1984.

中尾美知子・中西洋,「美軍政・全平・大韓勞總(2): 解放から大韓民國への軌跡」, 『經濟學論集』50-4, 1985.

中尾美知子・中西洋,「美軍政・全平・大韓勞總(3): 解放から大韓民國への軌跡」, 『經濟學論集』51-1, 1985.

진흥복,「한국협동조합운동의 역사적 기점에 관한 고찰: 문제 제기」,『한국협동조합연구』1권 1호, 1983.

최한수,『민주당의 성립과 변천과정에 관한 연구』, 건국대 박사학위논문, 1984.

하유식,「이승만 정권 초기 정치기반 연구: 대한청년단을 중심으로」,『지역과 역사』3, 1997.

한동민,「1920년대 후반 서울계 사회주의자들의 운동론: '신조선공산당'과 조선운동그룹을 중심으로」, 중앙대학교석사학위논문, 1996.

한국정치외교사학회,「5·16군사정변과 제3공화국: 정변의 실체와 민주공화당의 정당정치를 중심으로」,『한국정치외교사논총』15, 1997.

【ㄱ】

조규태

서강대학교, 동 대학원 석사 · 박사
한성대학교 크리에이티브인문학부 교수

〈저서 및 논문〉
『천도교의 민족운동 연구』(선인, 2006).
『천도교의 문화운동론과 문화운동』(국학자료원, 2006).
『개벽에 비친 식민지 조선의 얼굴(공저)』(모시는사람들, 2007).
『보천교와 보천교인의 민족운동(공저)』(선인, 2018).
「북경 '군사통일회의'의 조직과 활동」, 『한국독립운동사연구』 15, 2000.
「일제강점기 천도교의 의회제도 도입과 운용」, 『한국사연구』 164, 2014.
「대한적십자회의 설립과 확장, 1919~1923」, 『한국민족운동사연구』 102, 2020.
「1920년대 북경지역의 흥사단원과 민족운동」, 『대구사학』 132, 2021.
「일제강점기 돈암리 이주민 히라야마 마사쥬와 평산목장」, 『숭실사학』 46, 2021.
천도교, 북경과 미주지역 한인민족운동, 대한적십자와 지역사 논문 다수